文化哲学视域中的价值观研究

王现东 著

九州出版社 全国百佳图书出版单位

图书在版编目（CIP）数据

文化哲学视域中的价值观研究 / 王现东著. -- 北京：
九州出版社，2019.12
ISBN 978-7-5108-8649-2

Ⅰ．①文… Ⅱ．①王… Ⅲ．①文化哲学－研究 Ⅳ.
①G02

中国版本图书馆CIP数据核字 (2019) 第279419号

文化哲学视域中的价值观研究

作　　者	王现东　著
出版发行	九州出版社
地　　址	北京市西城区阜外大街甲 35 号 (100037)
发行电话	(010)68992190/3/5/6
网　　址	www.jiuzhoupress.com
电子信箱	jiuzhou@jiuzhoupress.com
印　　刷	北京九州迅驰传媒文化有限公司
开　　本	710 毫米 ×1000 毫米　16 开
印　　张	17
字　　数	200 千字
版　　次	2020 年 1 月第 1 版
印　　次	2020 年 10 月第 2 次印刷
书　　号	ISBN 978-7-5108-8649-2
定　　价	68.00 元

基金项目：

山东省社会科学规划研究项目"青年学生社会主义核心价值观文化认同教育研究"(14CZXJ18)

山东青年政治学院博士科研启动项目"文化哲学视野中高校社会主义核心价值观教育的有效路径研究"(A14014)

序

　　价值观研究本是哲学研究的重要内容，后来逐渐成为经济学、政治学、社会学、人类学、教育学、心理学等诸多研究领域普遍关注的问题。可以说，价值观研究正方兴未艾，并呈现出多学科交叉研究和融合发展的趋势。而当前我国培育践行社会主义核心价值观的理论和实践，使价值观建构成为社会普遍关心的问题，也使价值观问题再次成为理论界关注的热点。

　　我的学生王现东较好地完成了博士学位论文，他结合自己的研究方向，从文化哲学的视角探讨价值观问题，可以说是一次勇敢的、崭新的尝试。目前呈现在我们面前的，是现东以其博士毕业论文为基础，结合自己的教学工作和科研课题，进一步丰富和深化研究的结果。书稿既成，即将出版之际，现东嘱我撰写序言，身为导师，我甚感欣慰，于是欣然命笔。

　　全球化时代的文化和价值问题是一个非常值得关注和研究的课题。全球化是不可逆转的世界潮流和发展趋势，除了经济的全球化，人类生活的其他方面都经历着全球化的洗礼，文化现象和文化问题当然也不例外。一方面，文化的深层次问题——价值观问题在全球化境遇中史无前例地凸显出来，以多元文化的冲突、碰撞、融合的形式抛在人们面前，形成复杂多变的文化现实;另一方面,针对上述文化现实的实证分析、理论探讨和文化争论构成了繁复的文化景观。全球化时代的文化博弈和文化竞争,本质上是思想和智慧之争,核心是价值体系和价值观念之争,这样的观点在理论界也已达成一定共识。不论从现实层面还是从理论层面,价值观问题都已成为理解全球化背景下文化问题的一把钥匙,也成为当代中国文化和价值观建设的重大问题。

文化哲学的兴起和发展为价值观研究打开了全新的视野。在西方哲学的发展进程中,文化哲学被视为哲学的"文化转向",标志着一种不同于传统哲学的崭新的哲学形态,是人类走向文化自觉的表征。国内文化哲学兴起和发展较晚,将文化哲学视为一种新的哲学范式和哲学形态,在国内学界也已成为一种基本趋势。这种意义上的文化哲学,可以概括为一种对人类文化作超越性、总体性把握的哲学企图。其实,经验文化研究中所包含的哲学理念和思维倾向,人们对文化现象的哲学反思,对文化现实的分析和批判,对人与自然、社会关系的理论阐发等,都具有文化哲学的倾向和意蕴。作者在对文化哲学的理论特质进行探讨和定位的基础上,围绕价值观这一文化结构的核心层次,抓住价值观与文化的内在联系深入探讨价值观问题,为价值观研究打开了更深刻、更开放和更具包容性的视域。

作者以文化哲学为研究视域,比较全面地探讨了关于价值观的一系列问题,构成了比较完整的体系、丰富的内容和系统的观点。书中内容主要涉及价值观与文化的相互关系、价值和价值观的文化存在及表现形式、价值观的文化功能及其发挥功能的文化机制、价值观与文化冲突和文化转型的关系、传统文化价值观的现代转换、社会主义核心价值观建设的文化维度等。作者从文化发生、文化结构、文化模式、文化认同的角度论证了价值观在文化中的核心地位，指出文化是价值和价值观的存在和表现形式。在探讨价值观的文化功能、分析价值观发挥功能的文化机制基础上，指出中国社会转型过程中面临的文化冲突和文化转型的核心是价值观冲突，因而必须注重文化转型过程中的价值观调适、整合与建构，重视传统文化价值观的现代性转换，重视价值观建构的文化维度，并将社会主义核心价值观建设作为研究的落脚点。

综上所述，现东博士对文化和价值观问题的研究做了有益的尝试和扎实的探索。本书的出版既是对他所做研究工作的总结，也是他矢志向学的心路历程的见证。在我的印象中，现东是一个执着、坚韧的人。当初他毅然辞掉了工作，携妻将子再次踏上求学之路，及至博士毕业时已年届不惑，期间多历坎坷。行百里者半九十，愿他不改初心，在工作和生活上都能更上层楼。

是为序。

张禹东

2019 年 6 月 9 日

目　录

导　论

一、问题的提出

尽管"全球化"仍是个极具争议的概念，但谁也不能否认当今时代"全球化"这一基本特征，不能否认社会各领域在全球化进程中的变化和各国、各民族为适应这种变化而做出的努力。

在全球化境遇中，众多问题不断凸显出来，引起人们的思考和应对。文化和价值问题虽然是一个深层次的问题，但却越来越引起各方关注。全球化发端于经济领域，经济全球化是全球化的发动机，也是全球化的基础。但全球化又不限于经济领域，在经济全球化的基础上，全球化不断向人类社会其他领域渗透和发展。事实上，纯粹经济意义上的全球化也是不存在的。经济全球化同样具有重要的政治、文化和社会意义。

当今时代，全球范围内经济、政治、文化等各方面交流和碰撞的趋势，是无论哪个国家、哪个地区、哪个民族都阻挡不了的，这一趋势所带来的影响也是规避不了的。中国这样一个历史悠久的国家，历史上曾经几度辉煌，近代却积贫积弱，任人宰割；新中国成立后，国家和民族在恶劣的国际环境中摸爬滚打，期间有执着的探索和卓越的成绩，也有重大的失误和沉痛的教训。以 1978 年改革开放为分水岭，中国进入了全新的历史发展阶段。改革开放后的中国，最强烈的渴望是摆脱贫困落后，尽快富起来、强起来，所以我们心无旁骛，砥砺奋发，对内推行改革，对外开放搞活，矢志不渝发展经济，改变贫穷落后的面貌。经过艰苦卓绝的努力，中国抓住了难得的历史机遇，逐渐融入了全球化的潮流中。但这几十年的改革开放和经济社会发展历程中，经济、政治、文化、社会、生态等各领域的发展存在着显著的不平衡。经济领域的改革大刀阔斧，使经济得到跨越式发展；但政治、文化和社会发展领域的改革相对滞后，而且发展过程中新问题层出不穷，新旧问题相互叠加、相互交织。在经济发展方面，我们把经济全球化看作是难得的历史机遇，主动打开国门，张开双臂，热切拥抱世界；但对待政治、文化等方面的全球化效应，却不能不如临深渊，慎之又慎。当然，这样的策略和选择有历史的缘由，有现实的镜鉴，也有长远的谋划和考量。在文化问题上，我们应该有谨慎的态度，有稳妥的策略，应厚培文化根脉，增强文化交流和文明互鉴意识，提高文化可持续发展能力；同时，也应打开文化发展的全球视野，保持深刻的文化危机意识。要清醒地认识到，经济的全球化竞争不可避免，政治和文化的全球博弈同样不可避免。

历史地来看，文化是全球博弈中影响更为悠远而深刻的领域。清末以来的中国，一直不间断地在文化上接受着"西风东渐"的影响，这是一个不争的文化事实。全球化发展态势下，文化之"西风"尤烈。有学者指出，"全球化背景下的文化竞争，将是以价值体系和价值观念为核心的思想和智慧之争"，[1] 这是极为深刻的洞见。可以这样说，全球化态势下

① 李德顺：《价值论》，中国人民大学出版社，2007，第 29 页。

的文化博弈和文化竞争，是思想和智慧之争，其本质及核心是价值体系和价值观念之争。文化的深层次问题——价值观问题从没有这样突出地抛在我们面前。价值观问题不仅成为认识全球化背景下文化问题的一把钥匙，也成为中国文化和价值观建设的关键议题。

文化上的"西风东渐"既是历史也是现实，与此相关的价值观重构既是一个现实问题，也是一个理论问题。在理论层面，价值观问题一直是哲学研究的重要领域，而价值哲学也已成为哲学研究的新兴领域。如何把价值观研究置于更广阔的文化视野、提升到更适宜的高度、拓展和深化价值观问题的研究，越来越引起学界的关注。刘奔认为，价值论必须提高到历史观的高度，因为价值归根到底是作为历史主体的人之生存、发展、活动及其结果的意义，其所涉问题需通过揭示人的历史活动的本质和规律才能解决，单从认识论角度无法透彻理解。① 李连科指出，应善于从伦理学、美学、宗教学、文化学等方面汲取营养，理顺价值问题与它们之间的关系；价值哲学研究归根到底是为了寻找正确的价值观，而价值观研究将是价值哲学研究的有力支撑点。② 袁贵仁系统探讨了价值、价值观和马克思主义价值观的若干理论问题，并从价值观教育与实践的角度探讨了思想道德建设、思想政治工作、素质教育、大学文化建设等一系列问题，显示了作者紧密结合现实研究价值观问题的学术意识。③ 李德顺有意用"价值的意识论"取代"价值的认识论"，意在说明，在知识论以外还存在非知识性的精神文化活动（如欲望、兴趣、情绪、情感、

① 刘奔：《从历史观的高度研究哲学价值论——一个并非可有可无的"旧话重提"》，《求是学刊》2000年第6期，第9页。

② 李连科：《价值哲学在中国》，《求是学刊》2000年第6期，第11—12页。

③ 袁贵仁：《价值观的理论与实践：价值观若干问题的思考》，北京师范大学出版社，2006，第1—16页。

意志、信念、信仰等与价值生活特殊相关的意识形式），人的精神现象总体上是价值论的研究对象。①

价值观问题亦为文化研究所关注的内容，而且是颇为重要的内容，文化研究者历来重视价值观在文化问题中的意义。张岱年指出，"不同民族的彼此有别的文化体系的差异，主要系于价值观的差异。而文化的发展演变也表示着价值观的发展演变。"②袁贵仁认为，应在"人—价值—文化"的三维坐标系中审视一切哲学，马克思主义的价值学是一种人学、文化学的价值学。③但现实是，文化研究还没有建立起从价值观视角考察文化的普遍自觉。因为我们"很少用价值哲学的视角去审视文化生活，所以，很难揭示文化的深层意蕴而流于表面的现象"；当然，我们更没有去"深入分析文化的特性、功能和价值观念的内在联系，解开文化的魅力之谜的根源，推动文化研究深入发展"。④这表明，文化研究欲得以深入，应将文化与价值问题结合起来，从价值观的视角去挖掘文化的深层结构，从而开辟出文化研究的更广阔、更深刻的领域。

另一方面，价值观研究同样需要深化和拓展。文化哲学的兴起和发展为价值观研究提供了新的视域。将文化哲学视为哲学的"文化转向"，即对以传统本体论哲学和意识论哲学为标志的思辨哲学的超越和反叛，已成为西方文化哲学的主流。而经验文化研究中所包含的哲学理论基础和倾向，人们对文化现象的广义的哲学认识，各哲学流派从各自哲学立场出发对文化现实的分析和批判，等等，也常常被视为文化哲学。其实，

---

① 李德顺：《价值论》，中国人民大学出版社，2007，第173—176页。

② 张岱年：《论价值与价值观》，《中国社会科学院研究生院学报》1992年第6期，第24页。

③ 袁贵仁：《价值学引论》，北京师范大学出版社，1991，第2页。

④ 王玉樑：《当代中国价值哲学》，人民出版社，2004，第320页。

马克思主义对资本主义的批判，对人与自然关系的理论阐发，对人的全面而自由发展的哲学认识，等等，都为文化哲学研究提供了理论资源，而唯物辩证法和历史唯物主义则为文化哲学研究提供了方法论。西方马克思主义对现代性的批判，也可资借鉴。研究价值观，可以有哲学、政治学、人类学、心理学等诸多视角。而文化哲学则为价值观研究提供了更深刻、更开放和更具包容性的研究视域。

鸦片战争以来，中国一直处于现代性主导的社会转型进程中：由半殖民地半封建社会转型为社会主义社会，由农业社会转型为工业社会和信息化社会，由前现代社会转型为现代社会。所以，中国的政治、经济、文化、社会，以至于生态环境，方方面面都在转型发展的进程之中。转型社会中物质生活的变迁往往是显性的，而且在这方面人们很容易获得强烈的感受。当物质财富的积累达到一定程度时，人们所关注的问题会慢慢越出物质生活的视野，更加关注人之为人的文化和精神世界。中国社会发展到今天，我们应该清醒地意识到，社会转型本质上是文化的转型和重塑，而文化的转型和重塑，核心问题恰恰是价值观问题。所以，在中国社会转型的进程中，我们时刻都面临着价值观念的矛盾与冲突，面临着价值观的调适和重构。美国政治学家塞缪尔·亨廷顿提出了"文明冲突"的论断，文明冲突也就是文化冲突。全球化时代，文化冲突和文化矛盾已成为常态，成为时代的基本文化特征。文化冲突的本质和焦点何在？在于价值观念的冲突。冲突导致危机，危机引起变革，变革导向新生。所以我们不得不重新审视我们的文化，走向更深层次的文化变革和新生之路。我们已提出建设社会主义先进文化问题，提出践行科学发展观，提出和谐社会的理念，提出培育践行社会主义核心价值观，在文化建设上进行了多方面探索，对文化发展趋势和规律也有了更多的认识。在这个多元文化和价值交汇的时代，价值观不仅仅是一个道德和政治层面的问题，还是一个文化层面的问题，是事关社会发展的整体性问题。在文化哲学视野中讨论和建构价值观，我们将会获得更深刻的认识。我们需要坚守的自信，需要鉴赏的慧眼，更需要"综合创新"① 的责任心和使命感。

二、研究的意义

（一）理论意义

第一，价值观的文化哲学研究有利于厘清价值观与文化的关系这一基本的理论问题。从文化哲学的观点来看，人是一种文化的存在，人的生活世界就是一个文化世界。"文化"是人类源于自然又超越自然的产物，是人类寻求和创造"价值"的世界，是一个对人类而言"有意义"的世界。人类对"价值"和"意义"的追求与创造就是文化，就是生活。所以，价值和文化在"人之为人"的深层意义上联系在一起。很大程度上，人类持有什么样的价值观，就创造和拥有什么样的文化、什么样的生活；而人类已有的生活方式和文化样态也制约和规范着人类的价值追求和价值实践。有学者指出："文化是由科学、法律、道德、文学、艺术、哲学等多种因素构成的，表现为文化产品、创作方式（体制）、文化观念等多种层次，但核心是价值观。中西文化、古今文化的不同，最根本的是价

---

① 蒙培元:《张岱年的中西哲学观及其"综合创新论"》,《北京大学学报（哲学社会科学版）》2004 年第 5 期，第 28 页。

值观的不同。文化的社会作用，最主要的是价值观的作用。"①那么，价值观何以成为文化的核心？价值观和文化有怎样的内在联系？在文化哲学视域中研究价值观有利于展开对这些问题的探讨。

第二，在文化哲学的视域中研究价值观，有利于学术研究视野的转换。除了经济学意义上的价值，价值问题大多是作为哲学问题被关注和讨论的，并常常从属于认识论范畴。西方价值哲学的兴起和发展，表明了人类对价值问题的自觉。但价值问题的研究要走向深入，也需要学术视野的扩展和转换。人类对文化问题的自觉是近代以来的事情，在近代化的历程中，文化问题日益被提上日程。进入现代社会，文化问题已成为一个普遍性的问题，引起人们的广泛关注。哲学、政治学、历史学、人类学、文化学、社会学、心理学等，几乎所有人文社会学科都在以不同的方式关注文化问题。这样，文化问题研究的学术视野转换就有了可能。另外，跨学科研究已逐渐成为一种必然的学术研究趋势。文化哲学、人类学、文化学等学科实际上都是跨学科研究的产物。学科间的影响和渗透，不仅为文化和价值研究提供了新的理论增长点，也促使了学术研究视野的转换。本书试图把价值观问题放在文化哲学的视野中，借鉴文化哲学和文化学等学科的研究成果，力求进一步廓清价值观与文化的关系，澄明价值观建构与文化发展的内在关系，进一步丰富价值观问题的研究。

（二）现实意义

第一，在全球化境遇中，文化问题已经远远超出理论的层面，成为一个不容回避的现实问题，而价值观与文化的内在相关性，使得价值观

① 袁贵仁：《价值观的理论与实践：价值观若干问题的思考》，北京师范大学出版社，2006，第338页。

问题在文化中的地位和作用日益凸显。当今这样一个急剧发展和变革的时代,人们时刻面对着民族文化与外来文化的冲撞,面临着生存和发展方式、思维方式、价值观念、道德传统、风俗习惯等各方面的重大变革。全球化时代的文化冲突问题,本质上是一个价值冲突问题,任何国家和民族都不可能超越这一问题而谋求自身的发展和完善。对中国这样一个有着深厚文化传统和处于社会转型与变革进程中的发展中国家而言,价值观问题显得尤为迫切。传统价值体系逐渐被打破、被边缘化,而新的现代价值观正经历选择和建构的过程,文化冲突鲜明地表现为价值观的碰撞和冲突,这是当代中国最紧迫的文化现实。我们所面临的传统文化与现代化问题,社会主义核心价值体系的建构问题,等等,诸多发展中的现实问题,也都需要从价值观的视角和文化的高度予以检视和重构。

第二,价值观建构与文化发展还没有在实践中形成自觉的统一。从价值观与人类进步的关系来看,有学者指出,"文化价值观和态度可以阻碍进步,也可以促进进步,可是它们的作用一直大体上受到政府和发展机构的忽视"①。我们在实践中是否也存在类似的"忽视"呢?事实上,我们对文化问题的自觉,从"先进文化",到"和谐社会",到"社会主义核心价值观",到五位一体的社会发展总体布局,再到新时代坚定"四个自信",只经历了非常短暂的认识过程,而我们对价值问题的关注也同样如此。价值观研究在价值哲学领域内目前仍是一个相对薄弱的方面,所以我们对价值观问题的自觉程度,也可以想见。近年来令国人忧心忡忡的所谓"信仰缺失""价值失范"等现实,时刻在印证价值观问题的重要性。可以说,无论理论上还是实践上,价值观建构与文化发展、社会

---

① [美]塞缪尔·亨廷顿、[美]劳伦斯·哈里森:《文化的重要作用——价值观如何影响人类进步》,程克雄译,新华出版社,2010,第43页。

进步还远远没有形成自觉的统一。价值观自觉与文化发展的疏离，往往使核心价值观的建构失去文化依托；而文化发展中的价值迷失，又容易导致文化发展偏离正常的轨道。价值观建构与文化发展的自觉统一，是社会进步的必然要求和大势所趋。所以，重视价值观与文化问题的研究，使价值观反思与文化发展在实践中达到自觉的统一，对中国社会转型期的价值观建构和文化发展有直接的现实意义。

三、国内外研究动态

（一）关于文化哲学的发展及其理论定位

西方文化哲学已有三百多年的历史。一般认为，意大利思想家维科（Giovanni Battista Vico，1668-1744）的《新科学》首开文化哲学的先河。维科主张用非理性的方法和诗性智慧代替理性主义哲学对人和社会现象的分析和描述，这基本奠定了西方文化哲学的基调。德国哲学家康德（Immanuel Kant，1724-1804）更为自觉地认识到人的理性的有限性，他指出了纯粹理性和实践理性的差别，强调实践理性必须对灵魂不朽、意志自由、上帝存在等问题给予特殊对待，这些涉及人的道德活动的因素是无法用纯粹理性来把握的。从维科开始，经过狄尔泰、文德尔班、李凯尔特、卡西尔等一大批新康德主义文化哲学家的努力，文化哲学在现代西方哲学中业已成为重要的理论形态。

有学者从多维视角概括了文化哲学的几种基本形态：一是人类对文化现象的哲学认识；二是以德国新康德主义文化哲学家为代表的专门文化哲学；三是以斯宾格勒、汤因比等为代表的"文化归因主义者"的文化哲学；四是当代各哲学流派从各自哲学立场出发对现实文化进行分析和批判过程中提出的各种文化理论。① 但总起来看，将文化哲学视为哲学的"文化转向"，是西方哲学界对文化哲学的基本理论定位。也就是说，文化哲学在西方哲学史上被认为是对以传统本体论哲学和意识论哲学为标志的思辨哲学的超越和反叛，它仍然被界定为一种哲学形态。

中国文化哲学真正兴起和发展是在 20 世纪 80 年代。有学者认为，当代中国文化哲学研究经历了三个发展阶段，相应地产生了三种基本的文化哲学理论形态：20 世纪 80 年代为第一阶段，主要是"文化的哲学研究"；90 年代进入第二阶段，主要表现为"哲学的文化研究"；21 世纪的文化哲学，即第三阶段的文化哲学，"真正的文化哲学"，应是以人之生存模式为底蕴、以文化与哲学的互融互动为基础的文化哲学。②

文化哲学的理论定位问题虽然在学界一直存在争论，但总体上讲，把文化哲学作为一种新的哲学范式，是当前国内文化哲学研究的主要倾向。这种倾向认为，文化哲学并非一个独立的哲学学科或研究领域，而是内在于众多现代哲学流派和学说之中的哲学主流精神和哲学发展趋势。李鹏程的《当代文化哲学沉思》，邹广文的《当代文化哲学》，霍桂桓的《文化哲学论稿》，等等，都不同程度地体现出这种理论倾向。

（二）关于文化的内涵与本质的研究

英国人类学家、文化进化论的代表人物泰勒（Edward Burnett Tylor, 1832-1917），是在"文化"和"文明"等同的意义上界定"文化"的，他认为，"文化或文明""是指这样一个复合整体，它包含了知识、信仰、艺术、道德、法律、习俗以及作为一个社会成员的人所习得的其他

---

① 庄锡昌等：《多维视野中的文化理论》，浙江人民出版社，1987，第 12—13 页。
② 李小娟：《新世纪中国文化哲学的发展趋势》，《哲学动态》2002 年第 12 期，第 40 页。

一切能力和习惯"。① 英国文化功能学派的代表马林诺夫斯基（Bronislaw Malinowski，1884-1942）认为，"文化是指那一群传统的器物、货品、技术、思想、习惯及价值而言的，这概念实包容着及调节着一切社会科学"②，文化包括"物质设备""精神方面的文化""语言""社会组织"等。③ 美国文化人类学家本尼迪克特（Ruth Benedict，1887-1948）认为，文化在本质上是趋于整合的，各种文化特质的整合形成一种具有内在统一精神和价值取向的文化模式，这种文化模式把每一个体的行为包容于文化的整体之中。"文化行为也是趋于整合的。一种文化就如一个人，是一种或多或少一贯的思想和行动的模式。"④ 可见，本尼迪克特注重从文化模式的角度对文化进行整体解读，而不是抽象地去界定文化。美国学者塞缪尔·亨廷顿（Samuel Huntington，1927-2008）"从纯主观的角度界定文化的含义"，认为文化是"指一个社会的价值观、态度、信念、取向以及人们普遍持有的见解"。⑤ 美国文化人类学家克利福德·格尔茨认为，所谓文化就是"由人自己编织的意义之网"，"对文化的分析不是一种寻求规律的实验科学，而是一种探求意义的解释科学"。⑥

---

① [美]杰里·D.穆尔：《人类学家的文化见解》，欧阳敏等译，商务印书馆，2009，第13页。

② [英]马林诺夫斯基：《文化论》，费孝通译，中国民间文艺出版社，1987，第2页。

③ [英]马林诺夫斯基：《文化论》，费孝通译，中国民间文艺出版社，1987，第2—9页。

④ [美]本尼迪克特：《文化模式》，张燕、傅铿译，浙江人民出版社，1987，第45页。

⑤ [美]塞缪尔·亨廷顿、[美]劳伦斯·哈里森：《文化的重要作用——价值观如何影响人类进步》，程克雄译，新华出版社，2010，第8—9页。

⑥ [美]克利福德·格尔茨：《文化的解释》，韩莉译，译林出版社，1999，第5页。

国内对文化内涵与本质问题的研究起步虽晚，但成果也很多。梁漱溟在《东西文化及其哲学》中指出："文化并非别的，乃是人类生活的样法。"① 朱谦之在《文化哲学》中指出，"文化就是生活"，是生命的创造和进化。②《中国文化概论》一书概括了文化结构诸学说：物质文化和精神文化的两分说；物质、制度、精神的三层次说；物质、制度、风俗习惯、思想与价值四层次说；物质、社会关系、精神、艺术、语言符号、风俗习惯六大子系统说；等等。③ 蔡俊生等著的《文化论》将文化定义为"由共识符号系统载荷的社会信息及其生成和发展"，并认为文化的本质是社会信息。④ 冯天瑜、杨华在《中国文化发展轨迹》中指出，文化的本质意蕴是"人类化""自然的人化"，是人的价值观念在社会实践中对象化的过程与结果。文化可以分为技术体系和价值体系：技术体系表现为文化的器用层面，是人类物质生产方式和产品的总和，是文化大厦的物质基础；价值体系表现为文化的观念层面，即人类在社会实践和意识活动中氤氲化育出的价值取向、审美情趣、思维方式，是文化的精神内核。⑤

（三）关于价值哲学及价值、价值观的研究

人类对价值问题的关注有悠久的历史。但在人类思想史上，真正对价值进行系统研究，形成价值哲学（或价值论、价值学），在西方也不过才一百多年的历史。

英国哲学家休谟（David Hume，1711-1776）总体上把知识区分为事实的知识和价值的知识。休谟指出，事实的知识从经验观察得来，并且

① 梁漱溟：《东西文化及其哲学》，商务印书馆，1999，第60页。
② 朱谦之：《文化哲学》，商务印书馆，1999，第10页。
③ 张岱年、方克立：《中国文化概论》，北京师范大学出版社，2004，第1—6页。
④ 蔡俊生、陈荷清、韩林德：《文化论》，人民出版社，2003，第8—37页。
⑤ 冯天瑜、杨华：《中国文化发展轨迹》，上海人民出版社，2000，第2页。

由经验来检验；价值的知识不是从经验观察得来，也不能由经验证明或反证。事实的知识有真理和谬误之分，而一切价值观念无非是人们的喜好或社会风尚，无所谓真理或非真理。休谟还提出，由"是"与"不是"是否可以推出"应该"与"不应该"的问题。"是"与"不是"是事实陈述，"应该"与"不应该"是价值判断。事实陈述和价值判断之间是何种关系，确实值得思考。这一问题的提出也促进了价值哲学的产生。

德国哲学家康德赞同休谟对知识的区分，但他同时指出，事实知识是现象界的知识、经验知识，而价值知识是先验的知识，不能由经验知识来证明。康德不同意休谟对价值知识的真理性的否定，认为事实知识是知性的知识，价值知识则是理性的知识。康德把世界分为事实世界和价值世界，认为事实世界是人可以经验的现象世界，价值世界是人可以经验到的现象世界之外的本体世界，是真正自由自觉的世界。人类的理性是有限的，只能把握现象世界、事实世界，而不能把握价值世界。这表现了他在价值问题上的二元论和不可知论立场。在"是"与"应该"的问题上，康德认为，"应该"如何与实际"是"什么、实际如何之间，是不可逾越的。康德关于区分事实世界与价值世界及两个世界的关系的思想，对独立的价值哲学学科的诞生具有重要意义。

德国哲学家洛采（Rudolf Hermann Lotze，1817-1881）被称为价值哲学之父。他认为世界可分为三个领域：事实的领域、普遍规律的领域和价值的领域，事实领域的经验观察与因果必然规律都是手段，只有价值才是目的。一切观察和认识的意义的标准在于它们的价值，这就把价值提到了哲学的中心地位。德国哲学家尼采（Friedrich Nietzsche，1844-1900）曾提出"重估一切价值"的口号。尼采认为，人是价值的创造者，又是价值的尺度。他要求对传统或日常生活中被假定为具有最大价值的东西进行重新评价。尼采认为，欧洲文明的颓废通过基督教及其道德渗透于一切价值之中，必须重新评价基督教道德和一切传统价值。尼采的思想进一步凸显了价值问题的地位和意义，他也被认为是价值哲学的先驱。

19 世纪末 20 世纪初，经过德国哲学家文德尔班（Wilhelm Windelband，1848-1915）和李凯尔特（Heinrich Rickert，1863-1936）等人的努力，价值哲学终于形成了独立的学科。文德尔班是价值哲学的奠基人。他承认事实的世界和价值的世界的划分，认为事实的世界是表象世界、现象世界，属于主体的表象；价值的世界是本体的世界、实践的世界，是主体的一种公设；两个世界都是主观世界，而不是实在、客观的世界，二者的区别是主观世界内部的区别。与事实世界和价值世界相对应，存在事实的知识和价值的知识两种知识。事实知识的命题是普通逻辑判断，而价值知识的命题则完全取决于主体的情感、意志和态度，不包含必然性。价值命题或价值判断是主观的，价值完全是主观的。他还把价值区分为特殊价值和普遍价值，研究了判断与评价的区别。文德尔班是典型的主观主义价值论者。他创立的弗赖堡学派的价值哲学还有用价值哲学取代哲学的倾向，具有元哲学的意蕴。李凯尔特继承并推进了文德尔班的理论，他把价值作为整个哲学的研究对象，认为价值领域是哲学的真正领地，哲学的目的就是研究作为价值的价值。他还认为价值是区分自然和文化的标准，自然无价值，不需从价值的观点进行考察，而文化是有价值的，"文化作为人为的现象的突出特征是其价值内涵"①，必须从价值的观点来考察文化。

20 世纪的价值哲学，还出现了很多有影响的理论流派，如爱德华·摩

---

① [德]李尔凯特：《文化科学和自然科学》，涂纪亮译，商务印书馆，1986，第21 页。

尔的直觉主义价值论、马克斯·舍勒的现象学价值论、杜威的实用主义价值论、以罗素为代表的逻辑实证主义价值论、萨特的存在主义价值论，等等。

中国的价值哲学起步更晚，情况独特。20 世纪前半叶，虽有人稍有涉猎，但还未展开；20 世纪 50 到 70 年代，它被主流意识形态所拒斥，成为学术界的禁区、空白；改革开放后，价值哲学很快成为热门话题，并为官方所提倡。①

价值是价值哲学的基本概念。张岱年指出，基本的价值是真、善、美；不同类型的价值必然有共同的本质和基本的标准，只有符合一定的标准，才能称为价值。② 李连科认为，"价值或价值属性，是客体与主体需要之间的一种客观的关系。客体是客观的，主体需要也是客观的，客体与主体需要之间的肯定与否定关系也是客观的"③，价值"来源于客体""取决于主体""产生于实践"，"既是主体的物化或对象化，又是客体的人化"。④ 袁贵仁认为，"价值是主体和客体之间的一种特殊关系"，他详细阐明了价值与"意义""作用""效用"的关系，以及价值与"价值关系"和"价值属性"的关系。⑤ 李德顺总结了关于价值的五种基本观点，即"观念说""实体说""属性说""关系说""实践说"。作者本人持第五种观点。"实践说"以彻底的唯物主义实践观为基础，承认价值是一种关系现象，其客观基础是人类社会实践所特有的对象性关系——主

---

① 李连科：《价值哲学在中国》，《求是学刊》2000 年第 6 期，第 11 页。

② 张岱年：《中国古典哲学的价值观》，《学术月刊》1985 年第 7 期，第 14 页。

③ 李连科：《关于价值、价值评价与科学认识》，《学习与探索》1985 年 3 期，第 4 页。

④ 李连科：《价值哲学引论》，商务印书馆，1999，第 94—98 页。

⑤ 袁贵仁：《价值概念的语义分析》，《社会科学辑刊》1991 年第 5 期，第 61 页。

客体关系，价值产生于人按照自己的尺度认识和改造世界的现实活动，价值的本质是客体属性与人的主体尺度之间的一种统一，是世界对人的意义。①

关于价值观概念的研究。在严格意义上，价值观是关于价值问题的系统的根本观点或基本观点，一般情况下，是指我们习惯上常说的价值观念。王玉樑认为，价值观念是在长期的价值活动中积淀而成的关于一类事物的价值信念、价值取向、价值标准的稳定的观念模式。价值观和价值观念是一般与特殊的关系，价值观指导价值观念，价值观念体现一定的价值观。②袁贵仁具体区分了价值观和价值观念，认为价值观是关于价值的根本看法，价值观念是关于某类事物的意义或价值状况的看法。价值观念是主体对客体的一种态度，同主体的理想、志向及决定着主体行为特征和社会表现的种种需要密切联系。价值观念意味着主体对客体的选择。③李德顺指出，价值观念是观念形态的价值意识，是指人们关于基本价值的信念、信仰、理想的系统，是人们内心深处的价值取向和态度情感，其基本表现形式是信念、信仰和理想。④晏辉认为，价值观和价值观念是有所不同的：价值观念是个人与组织在特定环境下形成的关于对象有无价值、有多大价值的认识；价值观是一个人或组织对当下事物及将来事物是否具有价值，有多大价值，有何种价值的信仰、观念认知、

---

① 李德顺：《价值论》，中国人民大学出版社，2007，第37—39页。

② 王玉樑：《邓小平的价值观》，陕西人民出版社，1995，第7—8页。

③ 袁贵仁：《价值观念与价值认识——兼论价值真理概念的科学性》，《人文杂志》1987年第3期，第23—24页。

④ 李德顺：《价值论》，中国人民大学出版社，2007，第199页。

情感以及意志的总称。① 黄凯锋认为，价值观就是人们关于生活中基本价值的看法、信念、理想等思想观念的总和。鉴于价值观和价值观念之间的密切关系，以及人们的使用习惯，很多论者在讨论现实生活中的价值观问题的时候，并不把价值观和价值观念做严格区分，往往直接把价值观当作价值观念来运用。②

（四）关于价值观与文化的关系的研究

价值观与文化的关系问题受到了广泛关注。以德国社会学家马克斯·韦伯（Max Weber，1864-1920）为代表的一些社会学家认为，价值系统决定了一个社会的文化心理，价值意识对人类行为具有决定性的影响，进而会对整个文化心态产生深刻影响。韦伯在《新教伦理与资本主义精神》中指出，商业、货币制度、工场手工业等经济组织，在非西欧社会文化中，早在古代和中世纪就已经存在，但这些因素并未导致在这些社会中产生欧洲类型的产业资本主义，原因何在？他认为，近代欧洲产业资本主义的兴起，与宗教改革后人们的价值观的转变有密切关系。价值观以新教的形式，影响人们的思想和行为，尤其是经济思想和经济行为。他发现，基督教在宗教改革时倡导的一些新的价值观念与工业革命时期实业家们的看法很类似，例如：第一，借钱抽取利息是正当的行为。基督教的新伦理主张认为，人与神是直接交通的，不必经由教士或教会转达，教徒也并非就是兄弟。这种思想消除了中古欧洲社会"凡信徒皆兄弟"的价值观念，提供了一种激烈竞争的新观念——商业上的竞争并不违反教义，抽取利息只是商业行为的一部分，赚钱不计人情是天

---

① 晏辉：《现代性语境下的价值和价值观》，北京师范大学出版社，2009，第33、34页。

② 黄凯锋：《当代中国价值观研究新取向》，学林出版社，2007，第2页。

经地义的。第二，侍奉上帝的方式不在于参加礼拜或其他宗教仪式，而是把尘世的事情做好。每个人的心灵都可以直接跟上帝交通，侍奉上帝最好的方式是把个人在尘世的事情做好，要做到不奢侈、不浪费、不懒惰，等等。这些宗教价值观与资本主义精神之间有必然的联系。这些探讨有利于我们理解价值观与文化的关系。

本尼迪克特作为现代最有成就的人类学家之一，其学术生涯中有一个重要的理论范畴，即"文化模式"。在她极负盛名的著作《文化模式》中，用"模式"的概念指称某一社会潜在的"存在价值"，并试图通过对主体价值观的阐述来解释为什么特定社会成员会存在某些固定的行为方式。她认为，核心价值所塑造的文化实践形成了文化的独特模式。所以，她的另一部名著《菊与刀》实际上"是对日本社会核心价值以及这些价值如何影响到了日本在二战期间及战后美国占领期间的行为的考察"。①

美国政治学家塞缪尔·亨廷顿认为，文化是一个社会中的价值观、态度、信仰、取向以及人们所持的普遍见解，这一定程度上是把文化理解为一种自觉的精神和价值观念体系。他和劳伦斯·哈里森主编的《文化的重要作用——价值观如何影响人类进步》一书的副标题表明了这样的倾向，他们将文化与价值观紧密联系起来，以使人们理解价值观在社会进步中的重要作用，进而理解"文化的重要作用"。该书虽然是从文化的宏观视野去考察文化作用的，但它的切入点与讨论的核心概念却是"价值观"，各部分都是围绕价值观展开研究和讨论的。例如，第一部分"文化与经济发展"的引论这样叙述道："经济发展的自相矛盾之处在于，经济价值观不足以保证经济发展。经济发展十分重要，决不可仅仅托付于

---

① [美]杰里·D.穆尔：《人类学家的文化见解》，欧阳敏等译，商务印书馆，2009，第98页。

经济价值观。一国人民接受什么价值观或不接受什么价值观，这属于文化领域的事情。所以我们也可以说经济发展是一个文化过程。"① 从这个引论的表面，仿佛可以得出经济价值观对经济发展并不那么重要或经济价值观并非影响经济发展唯一因素等结论，而事实上，论者是在更深的层次上讨论经济价值观问题的。他们首先肯定价值观是"属于文化领域的事情"，因而单纯地讨论经济价值观对经济发展的影响是抽象的，不能说明实际问题，必须把经济发展视为一个"文化过程"。在他们看来，一种经济价值观和什么样的文化结合，在什么样的文化环境中发挥作用，对经济发展的影响是不同的。经济历史学家戴维·兰德斯举例说，"为什么有的民族——譬如说华人——在海外办企业那么出色，在自己国内却长期效率低下？"② 在俄国，"人们受了 75 年的反市场、反利润的教育，只有权贵能享受特权，于是人们形成了反企业的态度。"③ 兰德斯的论断和例证的价值取向是非常明显的，其意识形态的倾向也是明确的，其言外之意无非是说市场经济价值观在社会主义条件下不能很好地促进经济发展，市场经济价值观与资本主义文化是一致的，发展市场经济就必须接受资本主义的制度和体制，本质上就是在文化上实行资本主义化。抛开兰德斯观点的政治倾向性，我们也不得不承认这样一个事实，即价值观和文化之间确实存在密切的关系。长期以来，我们注重学习和引进西方国家的某些价值观，但这些价值观是放置在我们的民族文化环境中发挥作用

---

① ［美］塞缪尔·亨廷顿、［美］劳伦斯·哈里森：《文化的重要作用——价值观如何影响人类进步》，程克雄译，新华出版社，2010，第 45 页。

② ［美］塞缪尔·亨廷顿、［美］劳伦斯·哈里森：《文化的重要作用——价值观如何影响人类进步》，程克雄译，新华出版社，2010，第 47 页。

③ ［美］塞缪尔·亨廷顿、［美］劳伦斯·哈里森：《文化的重要作用——价值观如何影响人类进步》，程克雄译，新华出版社，2010，第 48 页。

的，新旧价值观必然发生冲突和碰撞，这种冲突和碰撞表现为不同文化间的冲突和碰撞。我们面对的一个问题是，如何使外来的文化价值观和我们的民族文化融合与适应，这是价值观与文化关系要研究和探讨的一个重要的侧面。

国内学者对价值观与文化的关系问题也有丰富的探讨。冯天瑜、杨华认为，文化可以分为技术体系和价值体系，其中，价值体系即文化的观念层面，是文化的精神内核。[①] 张岱年认为，不同民族文化体系的差异，主要在于价值观的差异，文化的历史演变也表示着价值观的历史演变。他指出，"现在要创造新中国的社会主义文化，其中起核心作用的就是改变价值观，建立新的价值观；改变思维方式，建立新的思维方式。"[②] 何新认为，价值观念的差异，不仅构成文化中最具特征的表现形态，而且价值系统往往是制约社会发展方向的关键性因素。[③] 司马云杰认为，文化是人的创造物，是人类创造的各种物质构成的有意义的现象世界，是由各种文化特质构成的意义的复合整体。文化一旦被人创造出来，就在代代传递和积累中变成了一个价值体系，其文化价值和意义是超越社会有机体和个人心理的。正是文化世界塑造了一代代人的心理和价值观念，创造着不同国家，民族，地区的人们的性格、心理、行为方式、思维方式和种种价值观念。在这一思想的指导下，他写了由《文化价值论》《文化悖论》《文化主体论》组成的《文化价值哲学》三部曲。[④] 王玉樑认为，文化与价值和价值观密不可分，要深入了解文化的本质、结构和功能，

---

① 冯天瑜、杨华：《中国文化发展轨迹》，上海人民出版社，2000，第 2 页。

② 张岱年：《文化与哲学》，中国人民大学出版社，2006，第 97 页。

③ 何新：《中国文化史新论——关于文化传统与中国现代化》，黑龙江人民出版社，1987，第 26 页。

④ 王玉樑：《当代中国价值哲学》，人民出版社，2004，第 233 页。

必须首先研究价值、价值观念问题；研究文化问题离不开价值哲学理论，文化是价值的存在形式，而价值和价值观念是文化的内容。文化是人类创造的物质财富、精神财富和制度典章，是主体本质力量对象化的产物，它包括实体、活动和关系在内，在这个意义上，文化比价值更广泛。① 但他还指出，文化的核心是思维方式和价值观念，价值观念居于文化的最深层，文化的影响力、凝聚力主要是文化深层价值观念的作用。文化的灵魂与精华是真善美，而真善美是价值问题，深入研究文化问题，必须深入分析文化内涵的价值和价值观问题。② 李连科指出，研究价值哲学归根到底是为了寻求正确的价值观，价值观研究将是价值哲学研究的有力支撑点；在"三观"（世界观、人生观、价值观）教育中，价值观更现实、具体，更迫切。③ 邹广文认为，文化构成了人的全部生活方式，通过对文化的反思和观照，人类才能洞悉自身存在的价值和要义。他还指出，文化从外到内由物态文化层、制度文化层、行为文化层和精神文化层构成，不同的文化层价值密度不同，对异质文化的阻抗力也不同。一般而言，物态文化层文化阻抗力最弱，其对异质文化的吸纳融合也较为容易；文化层次越往纵深延伸，其对异质文化的拒斥力便越大，乃至于到了精神文化的核心层次，即由特定民族历史蕴化出的价值观念、审美情趣、思维方式等因素积淀而成的民族文化心理结构，文化的阻抗力也就越强。④ 宋惠昌指出，价值是一种文化，人的价值观就是他的文化素质的反映，一定社会的价值观是该社会文化发展状况的表现形式，社会主义

---

① 王玉樑：《当代中国价值哲学》，人民出版社，2004，第22页。
② 王玉樑：《当代中国价值哲学》，人民出版社，2004，第319页。
③ 李连科：《价值哲学在中国》，《求是学刊》2000年第6期，第12页。
④ 邹广文：《当代文化哲学》，人民出版社，2007，第111页。

核心价值体系是社会主义文化的一个组成部分。人是文化主体，人是一种价值存在物，对于人而言，价值观比一般文化更重要、更核心，人之为人，最重要的标志之一是他的价值观。在实践中，一定的价值观决定了人的存在方式、思维方式、生活方式和行为方式；同时，一定的文化，可以说是人的价值观的对象化，即人的一定价值观经过社会实践而采取的社会形式，或者说是一种符号化了的价值观。因此，价值观是文化的最本质特征，现实的人的一定价值观，是一定文化的核心内容。[①]苏国勋认为，文化起着重要的社会规范作用，规范本质上与价值观相连，是内在价值的外化和体现。所以可以把文化视为一个观念层面上的价值体系，即价值观，它由最高层次的理念价值、中间层次的规范价值和最低层次的实用价值三部分构成，三者环环相扣、相互依存、相辅相成。三者保持适度的张力时，人们的行动会由个体层面的冲突无序转变成集体层面的和谐有序；反之，三者由张力变为对立冲突时，价值体系就会混乱错位，人们就会行为失范。[②]蔡俊生等认为，文化既是科学体系又是价值、评价体系。文化之所以是价值和评价体系，是因为文化是人创造的，人们通过积极的有价值的人类活动创建文化、文化形态时，已经将其作为价值体系创建起来，并且，文化、文化形态也同时作为一种进行价值评价的体系出现了。[③]李德顺认为，文化的本质和核心在于价值和价值观念体系，全球化背景下的文化竞争，将是以价值体系和价值观念为核心的

---

① 宋惠昌：《社会主义核心价值观专题解读》，中共中央党校出版社，2010，第1—11页。

② 苏国勋、张旅平、夏光：《全球化：文化冲突与共生》，社会科学文献出版社，2006，第7—9页。

③ 蔡俊生、陈荷清、韩林德：《文化论》，人民出版社，2003，第358—362页。

思想和智慧之争。①

（五）关于价值观与文化的其他方面的研究

关于文化认同和价值认同。不论经济全球化还是文化全球化②，事实上都必须以某种程度的价值认同为前提和基础。有学者指出，在西方发达国家看来，他们的价值观是"普世价值"。为把发展中国家纳入自己的价值体系，他们在文化认同和价值认同上采取了"强制认同"和"引诱认同"两种基本方式。③在全球化时代，"引诱认同"成为西方发达国家

---

① 李德顺：《价值论》，中国人民大学出版社，2007，第29页。

② "文化全球化"是一个比"全球化"和"经济全球化"更具争议的概念。这首先是由于"全球化"本身是一个动态变化的过程，而且有一个复杂的、多层次的结构；其次是由于"文化"现象的复杂性和人们对于"文化""全球化"概念的不同理解；再次是各国各民族出于对本民族文化的独特情感而秉持的谨慎和保守态度。如果再加上关于文化问题的各种政治维度的考量（如亨廷顿的"文明冲突论"强调了文化在影响和塑造全球政治中的作用），恐怕人们对"文化全球化"的理解就更加莫衷一是了。有学者指出"全球化"本质上就是"文化全球化"，也有学者从狭义文化的角度将"文化全球化"与"经济全球化""政治全球化"并称，作为"全球化"的一部分。当然，学界也不乏学者质疑"文化全球化"这一概念，认为"文化全球化"的提法不科学、不严谨，不是一个严格的概念。从学术和理论研究的角度看，一个概念的内涵和外延必须加以澄清，以便相对固定下来，准确地加以运用。学术和理论问题应允许质疑和讨论，甚至可以无休止地争论下去，但不能因此而否认相关概念所指涉的客观现实。如若我们承认"全球化""经济全球化"是越来越真切的事实，那我们也没有理由否认"文化全球化"作为一种存在的客观性。基于上述理由，本书没有对"文化全球化"的概念做出明确的界定。本书使用这一概念，一般情况下是从狭义文化的角度去理解的，强调"全球化"和"经济全球化"背景下各国各民族文化在"互异"和"融合"共同作用下的全球范围内的流动，以及由此引起的文化碰撞、冲突、交流和互鉴。"文化全球化"的语境，强调的不是"大一统"的"世界文化"，不是强势文化对弱势文化的吞并，不是民族文化个性的泯灭，它更多的是强调世界范围内不同文化间的竞争、交流、共存和共生态势，强调文化交流广度不断扩大、深度不断拓展、文明交流互鉴不断增强的趋势。

③ 汪信砚：《全球化中的价值认同与价值观冲突》，《哲学研究》2002年第11期，第23页。

把非西方国家纳入其价值体系的主要方式。价值认同是文化认同的核心。也有论者指出，"在经济全球化的背后隐藏的是特定价值观的普世性与文化的单一性与压抑性。"① 这一点必须引起人们的警惕，价值认同和文化认同应该是文化多样化前提下的认同。

文化和价值观是互为表现的，价值观是文化的存在和表现形式，文化也是价值观的存在和表现形式。关于这一点，有学者指出，"在一定意义上说，文化是价值的存在形式，而价值和价值观念是文化的内容。"② 有学者认为，"文化是一种对大多数人都学到并吸收的核心价值的表达。"③ 有学者进一步指出，"价值观念不是赤裸裸、孤零零地存在着的。一个社会、民族、阶级的价值观念就存在于它的行为和产品（物质产品和精神产品）之中，特别是渗透在哲学、科学、文艺、宗教、法律、制度，以及风俗习惯之中。"④

文化冲突、文化转型、社会转型和价值观变革密切相关。关于这一点，学者们也有很多讨论。例如，有学者敏锐地指出，"在冷战后的世界中，人民之间最重要的区别不是意识形态的、政治的或经济的，而是文化的区别"⑤；政治不是从此不再重要，重要的是"全球政治开始沿着文化

---

① 余晓慧、张禹东：《文化认同的世界历史语境》，《东南学术》2011 年第 2 期，第 135 页。

② 王玉樑：《当代中国价值哲学》，人民出版社，2004，第 22 页。

③ ［美］杰里·D. 穆尔：《人类学家的文化见解》，欧阳敏等译，商务印书馆，2009，第 98 页。

④ 袁贵仁：《价值观念研究与价值学的发展》，《哲学研究》1992 年第 9 期，第 26 页。

⑤ ［美］塞缪尔·亨廷顿：《文明的冲突与世界秩序的重建》，周琪等译，新华出版社，2010，第 5 页。

线被重构"①，"文化和文化认同形成了冷战后世界上的结合、分裂和冲突模式"②。有学者认为，"价值观念的变化是一个不以个人的意志为转移的客观现象"，"在历史上，一切进步的阶级总是始终抱着改革、开放的态度，变革那些已经过时的陈腐观念，站在时代前列，引导社会前进"，③价值观变革对每一个国家和民族的历史发展都有重大的意义。"所谓现代化，一个重要的内容就是实现传统价值观念向现代价值观念的转化。"④有学者指出，"在宏观的历史背景下，文化转型主要是指作为文化模式核心的价值体系的根本性转换。"⑤只有价值观发生了根本性的变革，才意味着整个文化的根本性变革。有学者更明确地指出，"文化转型的核心内容就是价值观转变，文化现代化的关键环节就是建立科学的现代价值观"，"文化转型最终必须通过价值重构来完成，没有价值重构，文化转型就不能真正完成。"⑥

关于社会主义核心价值观与社会主义文化。有学者认为，"社会主义核心价值观"是"当代中国文化发展的灵魂"。⑦有学者认为，当前我国的社会主义核心价值观"就是指我们党和政府的价值观。它是由党和政

---

① [美]塞缪尔·亨廷顿：《文明的冲突与世界秩序的重建》，周琪等译，新华出版社，2010，第 3 页。

② [美]塞缪尔·亨廷顿：《文明的冲突与世界秩序的重建》，周琪等译，新华出版社，2010，第 4 页。

③ 袁贵仁：《价值观念研究与价值学的发展》，《哲学研究》1992 年第 9 期，第 27 页。

④ 袁贵仁：《价值观念研究与价值学的发展》，《哲学研究》1992 年第 9 期，第 25 页。

⑤ 郑广永：《文化的超越性研究》，黑龙江人民出版社，2006，第 158 页。

⑥ 张友谊：《文化转型与价值重构》，《理论学刊》2009 年第 7 期，第 67 页。

⑦ 王中汝：《社会主义核心价值观与当代中国的文化发展》，《科学社会主义》2010 年第 6 期，第 105 页。

府的立场、基础所决定的，并用马克思主义理论装备起来的一整套价值观体系。党是领导核心，党的价值观也成为各种价值观的共同核心"。[1]有学者指出了社会主义核心价值观建设的意义："价值观是一国文化的体现，坚强有力的核心价值观建设，对内可以凝聚和团结人民，促进经济发展，对外是体现国家的文化形象，使国家具有屹立于世界民族之林的建设支柱。"[2]所以，要重视价值观建构与社会主义文化发展的关系，加强社会主义核心价值观建设。因为很大程度上，"掌握了社会主义核心价值体系的领导权，也就掌握了文化意识形态的领导权，从而社会主义国家政权也就从根本上得到了稳固。"[3]

综上所述，国内外文化哲学、价值观和文化等方面的研究拓展了价值观问题的视野。关于价值观、文化及其相互关系的研究散见于各种学科、各种理论之中，其中不乏深刻的见解，为本书的研究提供了资料，创造了条件。但总体上看，立足于价值观建构和文化发展、从文化哲学的视角研究价值观的成果并不十分突出，对价值观与文化之间关系的理论探讨也有待系统和深入；而且，由于各种研究成果所持的立场和研究方法等方面的差异，各种理论观点间存在诸多矛盾和冲突。在下一步的研究中，必须以文化全球化为背景参照，结合我国价值观建构和文化发展的实际，对这些理论观点进行进一步的分析和综合，并沿着价值观与文化的关系这条红线，做更加深入的探讨。

---

[1] 李德顺：《关于社会主义核心价值观的几个问题》，《上海党史与党建》2007年第7期，第9页。

[2] 宋惠昌：《社会主义核心价值观专题解读》，中共中央党校出版社，2010，第213页。

[3] 余超文：《葛兰西文化领导权思想与社会主义核心价值体系》，《理论界》2009年第9期，第163页。

第一章　|　　　　　　　　　文化、价值、价值观
　　　　　　　　　　　　　　　　　与文化哲学

价值观是一个哲学问题，但根本上却是一个文化问题。文化哲学的兴起和发展把文化研究提升到了哲学的层面，也为价值观研究提供了一个崭新的视域。在文化哲学的视域中审视价值观和文化，是价值观研究的深化，也是文化研究的拓展。

本章从文化哲学的兴起和发展入手，考察文化哲学的理论定位，审视文化哲学视野中的文化内涵和文化矛盾，梳理价值、价值观的内涵与特征，并阐述价值观研究与文化哲学结合的必要性，为全书的研究奠定理论基础。

第一节　文化哲学的兴起、发展和理论定位

文化哲学是一种新的理论，其兴起和发展基于特定的历史背景，是特定历史时代的理论产物。关于文化哲学的理论定位，西方哲学的基本立场认为，文化哲学是对西方哲学传统的反叛和超越，是一种新的哲学形态；中国学界对文化哲学的理论定位趋于多元化，但主流观点也倾向于其本身的哲学特性。面对"文化"这样一个极具争议性的概念，文化哲学的解读重在把握其本质内涵，并在此基础上达到对全球化背景下文化矛盾的整体性把握。

一、文化哲学的兴起和发展

任何一种思想理论的产生和发展都离不开特定的历史条件，文化哲学作为一种理论得以兴起和发展也是如此。14世纪的欧洲，以意大利为代表，已经出现了资本主义萌芽。伴随着资本主义萌芽的发展，相应地，思想文化领域的变革也必然不断酝酿和发展。文艺复兴、宗教改革等就是这种状况的反映。这样，欧洲就开始撕破中世纪的黑幕，开始了由传统农业文明向现代工业文明的社会转型，开始了现代化的进程。可以说，

资本主义现代工业文明的发展和"世界历史"① 的形成，是文化哲学兴起的最深刻的历史条件。

资本主义生产方式不同于以往任何时代的生产方式，它的以扩大再生产为基本特征的社会化生产，释放了史无前例的生产力，积聚了数量巨大的社会财富，极大地改变着世界的面貌，改变着人类的生存方式和发展方式，塑造着与先前迥然不同的人类文化形态。马克思、恩格斯在考察了资本主义的历史发展后深刻指出，"生产的不断变革，一切社会状况不停的动荡，永远的不安定和变动，这就是资产阶级时代不同于过去一切时代的地方。一切固定的僵化的关系以及与之相适应的素被尊崇的观念和见解都被消除了，一切新形成的关系等不到固定下来就陈旧了。一切等级的和固定的东西都烟消云散了，一切神圣的东西都被亵渎了"；"资产阶级，由于开拓了世界市场，使一切国家的生产和消费都成为世界性的了……古老的民族工业被消灭了，并且每天都还在被消灭。它们被新的工业排挤掉了，新的工业的建立已经成为一切文明民族的生命攸关的问题"，工业原料的取得和产品的消费需要都跨越了本国界限，成为世

---

①　本书中多处出现的"世界历史"，不是通常的历史学意义上的"世界历史"，它指的是世界各国各地区因为日益频繁、广泛、深刻的联系而形成的作为一个整体而存在的世界的历史。这样的"世界历史"是以地理大发现和资本主义的发展为前提条件的，是以资本主义发展条件下的世界经济一体化为基础的。马克思主义的"世界历史"理论以唯物史观为基础，同时也是其唯物史观的组成部分。马克思、恩格斯很早就敏锐地洞察到"历史向世界历史转变"的客观趋势，他们指出，"各个相互影响的活动范围在这个发展进程中越是扩大，各民族的原始封闭状态由于日益完善的生产方式、交往以及因交往而自然形成的不同民族之间的分工消灭得越是彻底，历史也就越是成为世界历史。"（参见《马克思恩格斯文集》第 1 卷，人民出版社，2009，第 541 页）可以说，"世界历史"是"全球化"的原因和条件，"全球化"是"世界历史"发展的必然结果，也是"世界历史"向纵深发展的表现。

界性的了，所以，"过去那种地方的和民族的自给自足和闭关自守状态，被各民族的各方面的互相往来和各方面的互相依赖所代替了。物质的生产是如此，精神的生产也是如此。各民族的精神产品成了公共的财产，民族的片面性和局限性日益成为不可能，于是由许多民族的和地方的文学形成了一种世界的文学。"①马克思、恩格斯的这些描述和论断，揭示了蕴含于资本主义生产方式中的"现代性"冲动，阐明了"世界历史"形成的必然趋势，也预言了一种突破"民族的片面性和局限性"的"世界的文学"的诞生。的确，冲破了中世纪文化禁锢的人性的解放，追求利润和财富的内在冲动，不可遏抑的消费需求的升级，使市场如滚雪球般不断扩大，地域间的封闭和隔绝已渐成过去，历史不断冲破它原有的尺度，向宏阔的"世界历史"迈进，从而使世界范围内的人类交往以及人类文化的交流与融合成为不可阻遏的趋势和潮流。这样一来，处于现代化和"世界历史"进程中的人们，必将面临民族文化与异质文化的碰撞，面临传统文化与现代文化的冲突，面临生活方式、思维方式、道德和价值观念、文化心理和风俗习惯等各方面的适应和变革。对文化的思考和研究也就成了必然。

　　另一方面，历史的车轮总是在现实生活中的"善"与"恶"的二律背反中前行，近代资本主义的发展无疑使这一规律更加赤裸地呈现在世人面前。资本主义生产方式一方面创造了震天撼地的物质文明，把人的精神从中世纪的文化钳制中解放出来，一方面又到处打破田园诗般的温馨与宁静，用物对人的统治取代中世纪人对人的依赖，把人抛掷到赤裸

---

① ［德］马克思、［德］恩格斯：《马克思恩格斯文集》（第 2 卷），人民出版社，2009，第 34—35 页。（引文中的"文学"不仅仅是诗歌小说等文学作品意义上的"文学"，而应当理解为与物质产品相对的"各民族的精神产品"。）

裸的金钱交易场和利己主义打算的冰水中。资本原始积累时期,资产阶级对无产阶级剥削的残酷和血腥、社会秩序的混乱已经昭示出这一点。伴随工业革命而来的是愈加严重的劳动异化,劳动者"被剥夺了最必要的对象——不仅是生活的必要对象,而且是劳动的必要对象",异化已达到这样的程度,"以致工人生产的对象越多,他能够占有的对象就越少,而且越受自己的产品即资本的统治"。① 资本的统治不但造成了资产阶级和无产阶级间日益尖锐的阶级对立,造成了无产阶级的苦难,而且使东方从属于西方,使弱小民族和国家成为欧洲资本主义强国任意宰割的羔羊。19 世纪末至 20 世纪初,伴随着第二次科技革命,资本主义生产得到更长足的发展,许多新兴资本主义国家后来居上。生产的发展和财富的积累并未真正给人类带来幸福,反而导致了更加残酷的竞争和掠夺。第一次世界大战是喧嚣的资本主义近代史的必然结果。战争使资本主义列强重新排定座次,开始对世界的新一轮掠夺和瓜分。所以,随之而来的世界现代史不过是一个新的轮回,其间虽然有红色革命号角的动人旋律,有世界人民团结一致战胜法西斯恶魔的正义凯歌,但最终结局也不过是铁幕之下两大阵营的政治、军事、意识形态对峙和钩心斗角。放眼世界当代史,人类不乏科学技术理性的节节胜利、征服和战胜自然的高歌猛进、以商品的大量堆积和消费为标志的物质文化的空前繁荣,但也不乏民族宗教冲突、局部战争、恃强凌弱、贫困饥饿、生态环境危机以及时刻笼罩于整个人类头上的核战争阴云。

可以说,资本主义的发展,一方面创造了空前的物质财富,造就了"世界文化"形成的基础和发展条件,一方面也造成了人类世界的异化和

---

① [德] 马克思:《1844 年经济学哲学手稿》,人民出版社,2000,第 52 页。

分裂，促使人类对现代工业文明条件下人类文化境遇进行反思，走向真正的文化自觉。"人类向何处去？"这一发问代表了现代人类的迷茫，也预示了现代人类的警醒。

文化哲学的兴起和发展，是人类文化自觉的需要，也是哲学理论自身发展的结果。古希腊哲学素有两大传统：理论思维和实践思维。理论思维以数学、物理学等自然科学的发展为基础，面向外部自然界，旨在说明外部世界以及人如何认识外部世界，以德谟克利特的原子论为代表，形成了具有科学主义特征的理性主义哲学传统。与此不同，苏格拉底和智者派开创的实践思维范式，以人的伦理道德、日常生活的发展为基础，面向人的社会生活，指向人的生活的价值和意义，揭示人的生命存在及自由本性，从而逐渐形成具有实践特征的人文主义哲学传统。不过，在古希腊哲学的时代，这两大哲学传统并没有那么壁垒森严。因为那时还不存在完全脱离人之存在、以自然为对象的抽象科学。哲学和科学仍浑然一体，人文和自然仍旧保持着原始的统一，人的自由是两大哲学传统所秉持的根本理念。两大哲学传统的断裂和冲突是随着近代自然科学的发展而出现的。近代自然科学的发展使哲学在近现代的发展出现了"自然科学化"的趋向。这使得人类的思维方式发生了根本性变化，追求理性逻辑、绝对真理、普遍规律的形而上学和认识论的理性主义哲学与自然科学的理论范式统一起来，逐渐成为占统治地位的哲学形态。

近代理性主义的哲学世界观开阔了人类视野，增强了人类征服和战胜自然的信心，推动了自然科学的发展，解放了生产力，促进了社会历史的进步。但与此同时，随着理性主义的僭越，人类的生活世界、伦理道德世界，人的生存领域却被剥夺了特殊性，自由逐渐失落了，意义和价值的世界被冰冷的规律性所替代，人的主体性在哲学体系中丧失了立足点。随着人的复杂性在资本主义时代的不断显现，人们逐渐认识到，人并非仅仅是理性的存在物，同时也是感性的存在物，理性不能成为人的唯一的标志。所以，西方文化哲学兴起，不能不表现为对长期统治哲学领域的近代理性主义哲学传统的反叛。

自觉意义上的文化哲学可以上溯到 18 世纪的意大利思想家维科（Giovanni Battista Vico，1668-1744）。维科主张用非理性的方法和诗性的智慧代替理性主义哲学对人和社会现象的分析和描述，这一主张实际上奠定了西方文化哲学的大致基调，开辟了不同于传统的理性主义哲学的新路径。康德则更为自觉地认识到人的理性认识的有限性，他指出了纯粹理性和实践理性的差别，强调实践理性必须对灵魂不朽、意志自由、上帝存在等问题给予特殊对待，因为这些涉及人的情感、意志和道德活动的因素是无法用纯粹理性来把握的。完整意义上的文化哲学肇始于新康德主义，经过狄尔泰、文德尔班、李凯尔特、卡西尔等一大批新康德主义文化哲学家的共同努力，文化哲学业已成为现代西方有重大影响的哲学形态。将文化哲学视为哲学的"文化转向"，是西方哲学对文化哲学的基本理论定位。也就是说，文化哲学在西方哲学史上被认为是对以传统本体论哲学和意识论哲学为标志的思辨哲学的超越和反叛，它是一种新的哲学形态，代表了不同于理性主义的新的哲学致思路径。

中国的文化哲学研究起步较晚。这也与中国社会的特殊历史状况密切相关。当欧美资本主义国家步入比较成熟的工业社会的时候，中国仍处于落后的农耕时代，并在西方列强的侵略和压迫下沦为半殖民地半封建社会。"救亡图存"是一百多年的中国近代史的主旋律。在救亡图存的抗争中，从变法图强到辛亥革命再到新文化运动，中国人民经历了一个由器物到制度再到文化的认识过程。以"科学"和"民主"为旗帜的新文化运动极大地解放了人们的思想，先进的中国人接受了马克思主义，建立了中国共产党。新民主主义革命胜利后，新中国迅速医治战争创伤，恢复和发展经济，初步建立起独立的国民经济体系和比较完整的工业体系，中国开始向现代化迈进。20 世纪 70 年代末，中国步入改革开放的新时期，才加快了工业化和现代化的步伐。所以，虽然新文化运动中有过激烈的文化论争，20 世纪 30 年代初朱谦之先生也曾写作《文化哲学》，但是，文化哲学在中国学界受到普遍关注和重视，还是 20 世纪 80 年代以来的事情。随着中国现代化进程的深入，人们逐渐加深了对现代化的认识和理解，意识到现代化绝不仅仅是经济的现代化，经济的发展也不仅仅是单纯的经济问题，从根本上讲，现代化是一个整体的文化整合进程，必须从文化整体的高度推进中国现代化进程。从 20 世纪 80 年代后期开始，中国社会一度出现了"文化热"现象。中国传统文化的命运，东西方文化的比较，传统农业文明与现代工业文明的冲突等问题成为文化论争的焦点，一批关于文化哲学研究的成果出现了 [①]，中国的文化哲学研究开始走向自觉。

二、文化哲学的理论定位

就西方文化哲学来看，一般认为，意大利思想家维科的《新科学》首开文化哲学的先河。维科的"新科学"实际上就是一种新哲学，即与理

---

① 　这些成果如司马云杰的《文化悖论》(山东人民出版社 1989 年版)，许苏民的《文化哲学》(上海人民出版社 1990 年版)，李鹏程的《当代文化哲学沉思》(人民出版社 1994 年版)，邹广文的《文化哲学的当代视野》(山东大学出版社 1994 年版)，刘进田的《文化哲学导论》(法律出版社 1998 年版)，等等。

性哲学相对的"文化哲学",它旨在突破理性主义的思维传统,把对人的本性的研究提高到形上的层面,建立一种研究人的哲学,即"人类的形而上学"。以人的文化符号象征意义规定人的文化存在方式,通过"民政世界"①和各民族的制度、风俗习惯、神话、宗教、艺术、语言等人的文化形式揭示人的文化本性,是维科"人类的形而上学"的文化哲学的主题。②

作为新康德主义文化哲学的代表,卡西尔(Ernst Cassirer,1874-1945)的文化哲学具有典型性和代表性。哲学史上,哲学家们曾试图用自然、理性、精神、实践、历史等概念或范畴来达到对人的理解和把握,曾经使自然哲学、理性主义、进化论、精神现象学、生命哲学等哲学思潮各领风骚,盛行一时,但这些哲学范畴和哲学思潮都存在这样或那样的不足。卡西尔认为,对于人类文化生活的丰富性和多样性而言,理性是一个很不充分的根据。在人性问题上,走形而上学和经验科学的老路,去寻求什么"物质本体"或"精神本体",已经走不通了。"我们不能以任何构成人的形而上学本质的内在原则给人下定义;我们也不能用可靠经验的观察来确定的天生能力或本能来给人下定义。人的突出特征,人与众不同的标志,既不是他的形而上学本性,也不是他的物理本性,而是人的劳作(work)。正是这种劳作,正是这种人类活动体系,规定和划定了'人性'的圆周。语言、神话、宗教、艺术、科学、历史,都是这个圆周的组成部分和各个扇面。因此,一种'人的哲学'一定是这样一种哲学:它能使我们洞见这些人类活动各种的基本结构,同时又能使我们把这些活动理解为一个有机整体。"③他主张用文化符号来理解和把

---

① 这里的"民政世界"可以理解为与人的理性思辨相对的人的社会生活世界。
② 何萍:《马克思主义哲学和文化哲学》,武汉大学出版社,2002,第23—24页。
③ [德]恩斯特·卡西尔:《人论》,甘阳译,上海译文出版社,2004,第95—96页。

握人。他指出，人类的所有文化形式都是符号形式，人就生活在一个符号宇宙、符号之网中，"人不再生活在一个单纯的物理世界中，而是生活在一个符号宇宙中。语言、神话、艺术和宗教则是这个符号宇宙的各部分，它们是织成符号之网的不同丝线，是人类经验的交织之网。人类在思想和经验之中取得的一切进步都使这个符号之网更为精巧和牢固。"① 因此，"我们应当把人定义为符号的动物，来取代把人定义为理性的动物。只有这样，我们才能指明人的独特之处，也才能理解对人开放的新路——通向文化之路"。② 对卡西尔来说，文化符号只是他用以研究人的一种中介，他的文化哲学就是通过文化符号对人类自身做总体性的理解和把握，这是其文化哲学的显著特色。卡西尔《人论》一书的译者甘阳先生认为，卡西尔的文化哲学"实际上可以概括为一个基本的公式：人—运用符号—创造文化"，"人—符号—文化"构成了一种三位一体的东西，而"人的哲学"、"符号形式的哲学"、文化哲学自然而然地成为同一个哲学。③

　　总的来看，将文化哲学视为哲学的"文化转向"，是西方哲学对文化哲学的基本理论定位。也就是说，文化哲学在西方哲学史上被认为是对以传统本体论哲学和意识论哲学为标志的思辨哲学的超越和反叛，它标志着一种不同于传统哲学的崭新的哲学形态。

　　与西方相比，中国的文化哲学研究还处于起步和探索阶段，文化哲学的生态表现出多样性。有学者从研究范式出发，把文化哲学归纳为文化学视域中的文化哲学、哲学史视域中的文化哲学、哲学人学视域中的

---

① ［德］恩斯特·卡西尔：《人论》，甘阳译，上海译文出版社，2004，第35页。
② ［德］恩斯特·卡西尔：《人论》，甘阳译，上海译文出版社，2004，第37页。
③ ［德］恩斯特·卡西尔：《人论》，甘阳译，上海译文出版社，2004，第9页。

文化哲学、现象学视域中的文化哲学等几类。① 也有学者把文化哲学的理论定位归纳为这样几类：（1）文化哲学是一种对人的生活世界的内在启蒙或内在教化方式；（2）强调哲学的文化本性，认为哲学应该面对整个人类文化，换句话说，它本身就应该成为一种"文化形态"；（3）从"哲学"和"文化"的亲缘关系来反思文化哲学的定位问题，以人为根据，哲学对人的关照归根到底是对人类"文化"的关照。②

当前文化哲学研究所面临的一个重要问题是其理论边界的模糊。理论边界的适度开放性对于学术理论的创新具有积极意义，但如果这种开放性没有必要的限制和边界，那么一个学术领域存在的合法性就将受到挑战。把文化学、人类学、文艺学、历史学等领域的研究"非反思"地冠以文化哲学的名义，是一种值得反思的理论倾向，无助于厘清文化哲学的理论边界。文化哲学应有两个基本的理论边界：其一，不应将文化哲学作为关于文化现象的非反思的、一般性的描述，而应将其作为关于各种文化现象内在的文化精神和文化模式的理性反思；其二，文化哲学亦不同于宗教哲学、科技哲学、经济哲学、历史哲学、政治哲学等哲学研究领域，文化哲学的研究对象有其特殊性。因为文化哲学毕竟不是哲学研究领域中的一种部门哲学，它是内在于哲学研究各领域之中的一种哲学范式。

文化哲学不是一个部门哲学，不是哲学的分支学科，同时，文化哲学也不同于其他进行文化研究的学科。例如实证文化研究的众多学科——民族学、人类学、历史学、考古学等，主要是从各自学科的视角、坚持

---

① 洪晓楠：《文化哲学研究的回顾与展望》，《哲学动态》2000 年第 12 期，第 27—28 页。

② 邹广文：《新时期文化哲学研究检视》，《求是学刊》2000 年第 4 期，第 7 页。

实证的文化研究方法，得出具有本学科特色的结论，说明人类文化历史或现实的某些侧面。即便是作为文化理论研究的"文化学"，实际上也只是由实证文化科学——文化人类学"升华"出的一门理论科学。[①] 文化学产生于20世纪50年代的美国，它"是面对现代民族、现代社会、现代的文化共同体应运而生的，它的功能在于，与实证文化研究相结合，尽量科学准确地把握现代文化共同体的特殊性及其发展变化"。[②] 可见，文化学的任务主要是对实证文化研究的成果进行理论分析，其结论也只是文化哲学研究的理论资源。尽管20世纪六七十年代的苏联建构了从哲学中的"人学"出发的严密的文化理论体系，形成了不同于美国"文化人类学—文化学"路线的"哲学人学—文化学"路线，[③] 但即便如此，这种意义上的文化学也只是作为哲学的分支学科出现的，并非现代意义上的文化哲学。

总之，理解文化哲学要同传统的形而上学区别开来。文化哲学更多地体现为一种实践理性。文化哲学同哲学的关系显然不是部分和整体的关系，文化哲学是对哲学的一种理解方式，一种思维范式，一种哲学形态。将文化哲学视为一种新的哲学范式和哲学形态，在国内已经成为一种基本趋势。这种意义上的文化哲学，其实可以概括为一种对人类文化做超越性、总体性把握的哲学企图。在这样的企图中，本体论的追求，理性的权威，哲学体系的完满，等等，已经不再重要，从总体上把握人类的生存境遇和文化本质，充实人的文化精神，实现人的多方面的生存价值，达到人的自我完善、全面发展和自由解放，已经成为文化哲学的

---

① 蔡俊生、陈荷清、韩林德：《文化论》，人民出版社，2003，（序言）第1页。

② 蔡俊生、陈荷清、韩林德：《文化论》，人民出版社，2003，（序言）第4页。

③ 蔡俊生、陈荷清、韩林德：《文化论》，人民出版社，2003，（序言）第1页。

自觉追求。

实际上，哲学史上任何一种哲学形态都不足以涵盖整个哲学的历史发展，哲学本身总是向前发展的，文化哲学应成为一种更具开放性和包容性的哲学理论形态。经验文化研究中包含的一定的哲学理论基础和倾向，人们对文化现象的广义的哲学认识，各哲学流派从自己的哲学立场出发对文化现实的分析和批判，等等，都透显着文化哲学的意蕴。马克思主义经典作家对资本主义的批判，对人与自然关系的理论阐发，对人的全面而自由发展的哲学认识，等等，都提供了文化哲学研究的理论资源，而唯物辩证法和历史唯物主义又为文化哲学研究提供了方法论。文化哲学研究应该坚持马克思主义的立场、观点和方法。其中最重要的是把握一个基本的核心：人及其具体的历史的社会实践。毕竟，现实的人是文化创造的主体，社会实践是文化创造的基本动力，是人类精神自我确证的方式。文化的发展规律，从根本上讲就是人的实践活动的规律。离开现实的人的具体的历史的实践活动，不可能达到对人类文化的总体性理解和把握。

第二节　价值观研究走进文化哲学视域

价值观是一个哲学问题，也是一个文化问题。价值观研究不能仅仅局限于哲学领域，它需要面对复杂的文化矛盾，需要广阔的文化视野，需要加强和文化研究的结合与互动。文化哲学为价值观研究打开了新的、更广阔的视域。

一、价值和价值观的内涵与特征

（一）价值与价值观的内涵

价值是价值哲学的基本概念。唯心主义往往把价值归结为纯粹的精神现象、某种特殊的实体或某种实体所具有的属性。唯物主义坚持价值的客观实在性、主体性和社会实践性，坚持在主客体关系的框架中说明价值。李连科认为，"价值或价值属性，是客体与主体需要之间的一种客观的关系。客体是客观的，主体需要也是客观的，客体与主体需要之间的肯定与否定关系也是客观的"，[①]价值"来源于客体""取决于主体""产生于实践"，"价值既是主体的物化或对象化，又是客体的人化"。[②]李连科的观点强调了价值的客观性、主体性和社会实践性特征，与唯心主义

---

① 李连科:《关于价值、价值评价与科学认识》,《学习与探索》1985年第3期,第4—8页。

② 李连科:《价值哲学引论》,商务印书馆,1999,第94—98页。

价值观划定了界限。李德顺认为，"所谓价值，就是指客体的存在、属性及其变化同主体的尺度是否相一致或相接近"。他指出，这一界定概括了人类在经济、政治、文化、科技、宗教、艺术、日常生活等领域中一切价值判断所具有的共同含义，是对价值现象本质的揭示。他还进一步指出，这一界定为区分价值关系与非价值关系提供了根据，也为理解正负价值、各不同领域和不同类型价值的共同本质、特征及质量标准提供了基础。① 总起来看，价值就是对客观事物对于主体需要的意义关系（即价值关系）性质的概括。

与价值密不可分的一个概念是价值观。袁贵仁认为，"价值观"和"价值观念"两个概念在严格意义上是有区别的。价值观是关于价值的根本看法，如同运动观之于运动，时空观之于时空，是关于某个对象领域的系统的理论观点。马克思主义价值观就是马克思主义关于价值的基本观点，如对什么是价值，价值的本质、结构、功能等一系列问题的基本看法。价值观可分为"世俗的价值观"和"哲学的价值观"，但二者从根本上讲是一致的。价值观念是指关于某类事物的意义或价值状况的看法。就价值观和价值观念的关系来看，价值观比价值观念更为根本，价值观是价值观念的核心与基础，是各种价值观念的抽象和概括，价值观念则是价值观在有关问题上的体现和具体化。对于每个人、阶级或社会而言，价值观可能只有一个，而价值观念则有许多。人类每一活动领域都相应存在一种由总的价值观具体化而成的价值观念。② 一般情况下，"价值观"和"价值观念"往往不做严格的区分。我们俗常所说的"价值观"就是

---

① 李德顺：《价值论》，中国人民大学出版社，2007，第 27 页。
② 袁贵仁：《价值观的理论与实践：价值观若干问题的思考》，北京师范大学出版社，2006，第 131 页。

"价值观念"，即"观念形态的价值意识"，"是人们关于基本价值的观念系统"，它"不是指一套理论或学说，而是指人们内心深处的价值取向或态度情感"，"作为人类特有的一种精神形态，是指人们关于基本价值的信念、信仰、理想系统"，是"人们内心深处的评价标准系统"。[①]

　　鉴于价值观与价值观念之间的紧密联系，以及人们的使用习惯，笔者认为：价值观就是人们在社会实践中形成的关于价值的基本看法、信念、信仰、理想等思想观念的总和，是人们在社会生活中权衡事物的利弊得失、有无价值及价值大小的标准体系，它反映了主体的地位、利益、需要和情感，也反映了主体维护其地位，实现其利益、需要和情感的能力和活动方式等方面的主体特征，是反映主体信仰什么、追求什么、实现什么的精神和目标系统。利、真、善、美、自由是人类所追求的基本价值，关于这些基本价值的观念是基本的价值观。

　　"利"的价值是指客体（包括人）对作为主体的人的有用性。与"利"相对应的价值观是功利观、利益观、义利观等。功利可以表现为可计算、可量化的物质价值，如财富和金钱，也可以表现为精神性价值，如幸福和快乐。一般地，功利常常侧重于物质利益，简称为"利"，与"害"相对。"利"是人类生活中最经常、最基础的价值，体现着价值与人的生活的直接联系。因为"利"的方面在人的整个生活中是居于基础和根本的方面，所以在世俗社会中，人们常常用功利观来评价其他价值。当然，功利本身也要受到其他价值的制约。在农业社会中，功利更多地受到伦理道德的制约，在东方社会尤其儒家的价值观体系中，重义轻利成为最基本的方面。在市场经济条件下，功利成为人们进行社会活动的基本动力。

---

① 李德顺:《价值论》，中国人民大学出版社，2007，第199页。

　　"真"作为价值的特殊含义是指获得知识和真理，在思想、行动和情感上享有真理所具有的功能和意义。真理代表了人类在认识和实践中对客体必然性的把握，是建立在客体尺度基础上的主客体高度统一的状态。真理的价值既包括真理的认识价值，也包括真理的实践价值。作为人类所倡导和追求的理想价值境界，"真"包括科学之真（"真知"）和信仰之真（"信仰"）两种形式。达到科学之真——求知、求真是人的本性，是人类的价值目标和理想，是人类实践活动的结果和达到这种结果的手段。追求信仰之真是人类精神生活的需要和支撑，信仰有自发的、盲目的，也有科学的、理性的，但人不能没有信仰。宗教也是人类信仰的一种基本形式。真知和信仰相互联系、相互补充、相互转化。真知引导科学先进的信仰，真诚的信仰促进人类对真知的渴求和探索。

　　"善"的价值是指以主体必然性为尺度所实现的主客体的统一，它表达的主要是人类行为对于人类的生存、进步和发展具有普遍的肯定性意义。与"真"代表客体尺度不同，"善"主要侧重于人的主体必然性，代表了人之为人所"应当"追求的生活，而人只有满足自己和社会的需要才能达到至善。人应当成为追求善的有理性的存在。在现实生活中，"善"的内涵往往是非常广泛的，既包括伦理学意义上的狭义的"善"，也包括经济、政治利益的"利"，而且现实的"善"和"利"总是结合为一个整体，所以，广义的"善"包含着道德之善和功利之善。道德之善主要指人的行为能够满足人们社会关系的需要，维护和促进了人与人之间相互关系的结构和秩序的稳定和发展。功利之善实际上就是"利"，是事物对于人的有用性，是指人们在经济、政治、文化、社会日常生活中所获得的功用、效益、使用价值等。而我们平常所说的"利"，往往是指狭义的物质、经济之功利。道德之善和功利之善是统一的，其实质是人的现实生存和发展的统一。

"美"的价值即审美价值，是指客体的存在和属性满足了主体身心的某种特殊需要——对美感的需要。"美"是在"真"和"善"的基础上达到的更高的价值境界。真正的美是超越功利需要的满足和自由。"美"的需要不仅是一种精神、观念的需要，也是人的一种感性状态，其中包含了人的感觉、生理、理性、理智的统一。现实生活中，主体从客体（包括自然物、艺术品、人等）那里体验到了生活的积极、健康、和谐、自由的内容与形式，对这些内容与形式的需要，即审美需要，这种审美需要的满足，就是美和美感。主体通过美感的获得和满足，自由地、能动地创造自己的生活。"真"和"善"是"美"的基础，"美"是"真"和"善"的统一和升华。美源于生活，源于实践，真善美统一的文化创造是美的源泉。

"自由"的价值是人在"真""善""美"的价值不断实现并充分发展的基础上获得的最高的综合价值。人类追求的最高价值是自由，自由的获得是一个历史过程，也是一个永无止境的过程。"人类的历史就是人类自由度不断增大的历史，是提高人的创造力，提高人的价值的历史"[①]，"文化上的每一个进步，都是迈向自由的一步"[②]。不同历史时代的人们有不同的自由理想，人们之间的自由追求也有很大的差别，人们总是在现有自由的基础上追求更高的自由、绝对的自由。但绝对的自由永远也不可能达到。也正因为如此，自由的价值才成为人类所追求的最高价值、终极价值。自由意味着主体的充分实现和充分发展状态，是

---

① 王玉樑:《当代中国价值哲学》，人民出版社，2004，第22页。
② [德] 马克思、[德] 恩格斯:《马克思恩格斯文集》（第3卷），人民出版社，2009，第120页。

"真""善""美"和谐统一的状态。自由的获得是一个认识和实践相统一的过程，人类只有不断地去认识、去实践，把握自身和外部世界的规律，才能不断创造自由、获得自由。

（二）价值和价值观的基本特征

价值的基本特征主要体现在以下几个方面：一是价值的主体性。"价值因主体而易，价值本身的特点直接同主体的特点相联系，价值的特性表现或反映着主体性的内容"。[①] 价值的主体是人，价值是相对于人而言的，离开人这个主体，就无所谓价值。价值是基于主体的需要而产生的，主体的需要是客观具体的，也是丰富多样的，不同主体的需要表现出明显的差异性。因为需要是基于人之特殊性，即人是作为具有生理、心理、意识、情感、历史发展等特征的独特存在——主体性的存在。二是价值的多样性。价值的多样性与价值主体的需要的多样性和主体特征的多样性直接相联系，也与客体的丰富性和客体特征的多样性相联系。三是价值的客观性。价值的客观性，是指价值不是臆想出来的，不是纯主观的东西，而是基于主体的客观性、客体的客观性以及主客体关系的客观性的具有主体性特征的客观存在。四是价值的普遍性。价值对人而言是具有普遍性的存在，因为人必须依靠各种各样的价值而生存，必须创造价值，享用价值，过有价值、有意义的生活。价值关系存在于人类生活的方方面面。价值的普遍性也表现为人类在某些方面的价值的相通性和相似性。五是价值的社会实践性。价值本质上是社会实践的产物，具有社会实践性。需要的满足是人类实践活动的终极动因，人类要实现生存、发展和享受的需要，就必须认识和创造价值。人类实践的结果，表现为

---

① 李德顺：《价值论》，中国人民大学出版社，2007，第102页。

价值的创造和享用，同时，人创造价值的过程，也是人的自我价值实现的过程。总之，价值在人的社会实践中产生，并随着社会实践的发展而变化。

价值观的基本特征主要表现为：一，主体性。和价值具有主体性一样，价值观也有主体性，而且表现更为复杂。任何价值观都只能是一定主体的价值观，不存在所谓"无主体"的、抽象化、单一化的"普遍价值""终极价值"；任何价值观的思想内容和倾向都是主体自身社会存在及生活经历的反映；价值观通过主体的立场、态度、情感和评价标准表现出来，往往具有鲜明的主观性和情感化色彩；不同主体间价值观的异同与主体的社会存在、生活方式、地位、需要、利益、经历等之间的异同相联系。二，超知识性。即"价值观念的存在和作用往往表现于已有知识的范围以外，不是知识所能包含或代替的"。[1]构成价值观的要素如信仰、理想等，和知识、经验可能有交叉，但并非重合。知识为价值观提供基础和选择范围，价值观指导人们在已有知识的基础上进行价值选择和定位。但每个人的知识总是有限的，越是在知识和经验达不到的情况下，理想、信仰等价值观要素就越是起作用。在知识的边缘和界限以外，人们对问题的解决或价值选择，就更需要信仰和理想了。的确，在很多情况下，理想和信仰是发生在知识之外的。而每个人在自己的专业之外，可能都是无知者。有时知识越多的人，越会感受到自己的无知，越是需要建立信仰。正是知识的有限性，使信仰成为必要。价值观所具有的非理性、情感性因素，也是价值观超知识性的表现。三，多样性。在一定的社会生活范围内，主体的存在是多元的，每一主体都有各自的

---

[1] 李德顺：《价值论》，中国人民大学出版社，2007，第217页。

价值观，彼此之间不能等同或替代，这就使价值观在总体上呈现出多样性。价值观的多样性也来自价值的多样性。四，阶级性。在阶级社会和有阶级存在的社会，价值观总是具有阶级性。价值观的阶级性是不同阶级在政治、经济地位、利益要求、理想信仰、情感等方面的差异的必然反映。五，民族性。价值观具有鲜明的民族性。同一性质的价值观，会因为民族特点的不同表现出差异性。六，社会历史性。社会是不断发展的，不同历史时代的价值观都具有自己的时代特点。价值观的变迁还表现出历史的继承性，人类总是要继承价值观在历史发展过程中的合理性要素。

二、文化及其矛盾的文化哲学审视

（一）文化哲学视域中的文化

首先要对"文化"做一番语源学意义上的分析。在中国古代，"文"本义是指各色交错的纹理，后来演化出文字、文章、文学、典籍之义，并引申出人文教化和修养之义，在此基础上又抽象出美、善、德行的外延；"化"本义为生成、化易、造化、变化等，指事物形态或性质的改变，后来引申出了文明、教化之义，并延伸为教行迁善之义。"文""化"二字并用始见于《易经》中"观乎天文，以察时变；观乎人文，以化成天下"的说法，其基本含义是"以文教化"，即用人伦规范、道德秩序等"人文"去教化人民脱离"野蛮"，走向文明和开化。"文化"作为一个词独立使用，最早出现于汉代刘向的《说苑·指武》："凡武之兴，为不服也；文化不改，然后加诛。"这里的"文化"，指的也是"文治""教化"。在西方，英语和法语中的"文化"一词均来自拉丁语的"cultura"，原意是耕种及对动植物的培养、培育等，后来逐渐转化引申为培养、教育、修养、发展、信仰、尊重等含义。在西方人的观念中，"文化"被用来表示以劳动为主的人类活动的方式，其中隐喻着人类改造自然的素质和能力。

近代以来，越来越多的哲学家、历史学家、文化学家、人类学家、社会学家以及其他领域的研究者都十分重视文化问题，但是，关于文化内涵的界定却并未由此而达成共识。这种情形主要出于两方面的原因：一是文化本身的复杂特性；二是学者们总是从不同目的和视角对文化问题进行研究和探讨，导致文化内涵总在不断自觉和日益丰富的思想进程中。在美国学者克鲁伯和克鲁克洪于 1952 年发表的《文化——关于概念和定义的评论》中，竟列举了 160 余种关于文化的定义，人们对于"文化"这一概念理解的巨大差异由此可见一斑。

一般地说，人们往往从广义和狭义两个角度来理解文化。广义的"文化"概念认为，凡自然存在物以外的一切人为创造物均为文化，进而言之，凡是打上人的印记的存在均属于文化，文化是人类所创造的物质文化和精神文化的总和。狭义的"文化"概念认为，文化是相对于有形物质的精神的东西，即人类的各种精神现象或精神产物，如思想境界、风俗习惯、伦理道德、知识学问、典章制度等。著名文化人类学家泰勒（Edward Burnett Tylor）认为，文化或文明"乃是包括知识、信仰、艺术、道德、法律、习俗和任何人作为一名社会成员而获得的种种能力和习惯在内的复杂整体"，[①] 这是一种典型的狭义"文化"的理解。文化功能学派的代表人物马林诺夫斯基（Bronislaw Malinowski）认为，"文化是指那

---

① 庄锡昌等：《多维视野中的文化理论》，浙江人民出版社，1987，第 99—100 页。

一群传统的器物、货品、技术、思想，习惯及价值而言的，这概念实包容着及调节着一切社会科学"①，"文化是一个组织严密的体系，同时它可以分成基本的两方面，器物和风俗，由此可进而再分成较细的部分或单位。"② 梁漱溟认为，文化"就是吾人生活所依靠之一切"，包括物质生活、社会生活、精神生活的各个层面；"文化之本义，应在经济、政治，乃至一切无所不包"。③ 这些理解实际上是对文化的广义理解。梁漱溟还指出："俗常以文字、文学、思想、学术、教育、出版等为文化，乃是狭义的。"④ 这样的界定也是对文化的狭义理解。

　　西方文化哲学突破了对文化概念的传统理解框架，主要从"主体性"的文化思路来理解文化，如维科、康德、狄尔泰、卡西尔、马尔库塞等，都是如此。主体性文化思考对文化内涵进行了更深远的拓展，具有十分强烈、鲜明的人本主义特色。尤其在当代思想家的文化理论运思中，将文化与人的生存、人的价值实现紧密联系起来的努力愈加明显。这与现时代人类文化发展的特殊历史境遇不无关系。在他们看来，文化在本质上是人的一种完善，是以人的理性、道德和审美为标志的内在人格的自我完善。文化应当关注人们对幸福的要求，人的心灵的真正解放才是文化的最高成就。在西方文化哲学看来，文化不仅仅是人所创造的有形的物质实体，更核心、更根本的是：文化构成了人类的存在方式。因此，对文化的理解的更为根本的部分，即能动的人自身。例如，卡西尔称其

---

① ［英］马林诺夫斯基：《文化论》，费孝通译，中国民间文艺出版社，1987，第2页。

② ［英］马林诺夫斯基：《文化论》，费孝通译，中国民间文艺出版社，1987，第11页。

③ 梁漱溟：《中国文化要义》，上海人民出版社，2005，第6页。

④ 梁漱溟：《中国文化要义》，上海人民出版社，2005，第6页。

文化哲学为"人论",原因即在于此。对卡西尔来说,人是处于文化符号之网中的动物,人不应当被定义为理性的动物,也不应当被定义为政治的动物,而应当是"符号的动物",语言、神话、宗教、艺术、科学、历史等文化符号构成了人性的圆周,彰显着人的丰富本质。以这些文化符号为中介,就可以达到对人的总体性的把握。所以,研究文化就是研究人,研究人离不开对人的文化符号的把握。尽管卡西尔没有给文化下定义,但从他的论述中,我们可以领悟到,文化(符号)就是人的存在方式,是展示人之本质的有机的符号系统。

中国学者在文化哲学研究中对文化的概念也提出了独到的理解。例如,许苏民的《文化哲学》给文化下了这样的定义:"文化是一个标志着人类在真善美诸方面的发展水平的哲学范畴,是人处理其与客观世界的多重现实的对象性关系和解决人类心灵深处永恒矛盾的方式,这种方式表现为、对象化为千态万状的文化现象;具体地说,是'人化的自然''自然的人化'和对象化活动中介的有机统一体。"[①]这一归纳启示我们,在文化哲学的意义上,应避免非反思的、描述性的文化概念。把政治、经济、科学、宗教、艺术、教育、语言、习俗、信仰等人的一切创造物都纳入文化的范畴,仅仅是对文化外延的描述和广义的归纳,这种意义上的"文化"和"文明"其实是同一个范畴。在实际运用"文化"这一概念的时候,人们很少用它来指称人类生活中具体的、有形的、可感的、不断处于生生灭灭之中的各种具体的文化造物,而是用它来指称文明成果中那些历经社会变迁和历史浮沉而难以泯灭的、深层的、稳定、无形的东西。这样一来,"文化"就是历史地凝结成的人类稳定的生存方

---

① 许苏民:《文化哲学》,上海人民出版社,1990,第43页。

式，其核心是人自觉不自觉地建构起来的人之为人的精神和血脉，它熔铸在总体性文明的各个层面以及人的内在规定性之中，自发地左右着人的各种生存活动。所以，文化所代表的生存方式总是特定时代、民族、地域中占主导地位的生存模式，它通常以自发或自觉的文化模式、文化精神的方式存在。

可见，人们对文化的认识和理解仍存在很多分歧，远未在学术层面上达成一致。但是，这些探索和争论对于我们加深对人类文化以及当今时代人类的生存境遇的理解，仍然颇有启发和教益，对于进一步加强对文化的深层次问题的研究，也提供了借鉴。文化哲学意义上的文化内涵也在探索和丰富之中。也应该看到，文化哲学研究也常常使用物质文化、制度文化、行为文化、技术文化、精神文化、大众文化、精英文化等概念，但这些概念不过都只是对"文化"本身进行分析的方式和手段，它们本质上都是"文化"的外延，是"文化"的不同表现形式而已。总之，文化哲学在对文化概念的理解上，主张突破对"文化"的结构性、功能性的描述，直接指向人的根本生存方式，注重对人的"文化"本质的总体性把握，凸显"文化"的属人性质，强调人的生存模式和内在文化精神，强调人是文化的存在。

"文化"究竟是什么？笔者认为，在文化哲学的意义上，"文化"是人类对生存意义的追求，它体现为一种活的、不断成长的精神，这种精神塑造着人和人类社会，并外化在各种文化形态中，它是对人类生存方式的总体性、超越性把握，是一个动态的、处于生成中的把握。"在文化哲学看来，文化不论以什么形式出现，在本质上都是人的精神的外化，是人的理想的实现"①，是人之价值追求和价值创造的确证。正是在这个意义上，"物质文化"不过是"文化"的外化和物化表现，是文化的物质成果；"精神文化"不过是"文化精神"的观念形态。马克思主义的文化观点不仅不排斥文化的合理分类，而且把"物质文化"作为文化的"物质基础"加以对待，其他的文化形式终究以"物质文化"为基础，"物质文化"是"文化精神"的确认和保障。

这里还需要简略说明一下"文化"和"文明"的关系问题。对"文化"和"文明"的认识和理解，仍然是一个复杂的问题。有的学者倾向于将二者不做严格区分，在同等意义上加以使用；有的倾向于将二者区别开来，并认为文明是文化总体中代表先进和进步的部分，文化的精髓是真、善、美和自由；有的认为"文化"和"自然""原始"相对，"文明"和"野蛮""愚昧"相对；等等。在不同的时间、不同的场合，对不同理论立场和不同研究目的的研究者来说，人们对"文化"和"文明"总会有不同的理解和运用。

（二）文化哲学视域中的文化矛盾

"世界历史"的形成和发展，促进了民族文化的变革和发展，各民族在创造自己文化的同时，也在创造着属于世界的文化。在文化哲学的视野中，人类文化面临着民族与世界、传统与现代、一元与多样、冲突与共生、固守与变革等复杂的矛盾。在这样的矛盾系统中，人类文化生生不息，演绎着纷繁多样、鲜活生动的历史。

1. 民族与世界

文化的民族性与世界性矛盾是"世界历史"的必然结果。在农业文

---

① 何萍：《马克思主义哲学和文化哲学》，武汉大学出版社，2002，第102—103页。

明时代，人类受地理环境、交通运输、经济发展、信息传递等条件的制约，经济文化交流仅局限于非常狭小的地域，各民族、地区、国家间的交流相对较少，世界范围内的频繁互动和交流就更谈不上了。那时的历史只具有区域性的意义。直到欧洲文艺复兴，特别是 15 世纪末 16 世纪初新航路的开辟和地理大发现以后，资本主义经济迅猛发展，世界市场逐渐开辟，世界范围内的民族交往不断发展，历史才翻开了崭新的一页，才有了真正意义上的"世界历史"。马克思、恩格斯在 19 世纪中叶就敏锐地捕捉到了历史向"世界历史"转变的发展趋势。他们指出，"资产阶级，由于开拓了世界市场，使一切国家的生产和消费都成为世界性的了"，"过去那种地方的和民族的自给自足和闭关自守状态，被各民族的各方面的互相往来和各方面的互相依赖所代替了"，"世界历史"的形成必然导致"世界文化"的形成，因为物质的生产是如此，精神的生产也必然会如此，所以，"各民族的精神产品成了公共的财产，民族的片面性和局限性日益成为不可能，于是由许多民族的和地方的文学形成了一种世界的文学。"① 所以，民族的地域的文化不断受到世界性文化的冲击，民族文化与"世界文化"的分野和冲突日益凸显。

概括地说，"民族文化"是指历史上各个民族独立创造的、具有鲜明的民族个性和民族特色的地域性的文化模式或文化精神，而这种文化模式或文化精神，相对于资本主义现代文明而言，又具有强烈的个性文化特征。一般来说，民族文化具有强烈的民族个性、地域性和稳定性。当然，民族文化本身也会随着时代的发展而嬗变，比如有的文化因素会逐渐消亡，有的文化因素会在新的历史条件下与时俱进，变换形态。"世界

---

① ［德］马克思、［德］恩格斯：《马克思恩格斯文集》（第 2 卷），人民出版社，2009，第 34—35 页。

文化"是指在普遍交往的"世界历史"条件下，由众多民族的和地方的文化所共同追求的一种具有世界性的文化精神、价值取向和价值观念。世界各民族、国家的文化在世界交往的条件下，日益突破地域、习俗和民族隔阂，使世界文化成为呈现出互补、交融和共享趋势的现代文化。"世界文化"具有鲜明的世界性、现代性、时代性、开放性色彩。

民族文化是个别、特殊，"世界文化"是一般、普遍，它们之间存在着矛盾和冲突，也存在统一与和谐的可能。在"世界历史"条件下，民族文化不断审视自身、革新自我、完善自我，谋求融入世界，谋求民族性与世界性的统一，成为"世界文化"的一部分。民族的越来越有可能成为世界的。"凡是民族作为民族所做的事情，都是他们为人类社会而做的事情，他们的全部价值仅仅在于：每个民族都为其他民族完成了人类从中经历了自己发展的一个主要的使命（主要方面）。因此，在英国的工业、法国的政治和德国的哲学制定出来之后，它们就是为全世界制定的了，而它们的世界历史意义，也像这些民族的世界历史意义一样，便以此而告结束。"①

"世界文化"是在资本主义工业文明的历史条件下形成和成长的，是资本主义世界市场、世界分工、世界交往的产物和表现，因而一开始就具有鲜明的资本主义色彩和资产阶级烙印。资本主义上升时期的资产阶级为了追逐利润，必然会凭借先进的生产力和生产方式，通过贸易、殖民活动和战争等方式，对落后国家和民族进行政治经济文化干预，从而"使未开化和半开化的国家从属于文明的国家，使农民的民族从属于资产

---

① [德]马克思、恩格斯：《马克思恩格斯全集》（第42卷），人民出版社，1979，第257页。

阶级的民族,使东方从属于西方"①。资本主义世界文化的强势,使它处于中心文化的地位,民族文化则处于边缘文化的地位。各民族为了生存和发展,不得不自觉或不自觉地接受和认同一些人类共同的文化价值。另一方面,资产阶级在征服世界的同时也在接受其他民族文化的影响,其自身也在不断发生变化。"世界文化"发展的早期,资产阶级文化是资产阶级战胜封建文化的工具和表现,也是人类文明的共同成果,具有人类性的特征,这是其文化为世界其他国家和民族接受的先决条件。随着时代的发展,"世界文化"在融汇世界各民族文化的基础上不断发展,它的世界性、人类性特征不断加强。"世界文化"的进一步发展,将使代表先进生产力的无产阶级文化成为人类先进文化的代表。同时,文化交流的方式也在改变,逐渐由权力压迫转向和风细雨,由外在强加转向内在自觉,由全盘吸收走向创新改造、推陈出新。当然,现代资本主义强国利用文化交流之名行文化侵略和文化殖民主义之实,推行自己的文化和价值观,控制别国的经济文化命脉,建立文化霸权,以实现自己的利益,也需要我们警惕。

2. 传统与现代

在文化哲学的视野中,文化总是处在不间断的生成和变易之中。传统与现代的矛盾是文化生成和变易中固有的矛盾。从普遍的意义上说,每个时代的每个民族都有自己文化的"传统"与"现代"。传统文化的传承与弘扬是民族文化发展的基本方式,传统与现代的冲突形成了民族文化发展的基本动力。文化传统不是死的东西,它就活在当下,存在于人们的社会生活和社会实践中,时时刻刻支配着人们的思想和行动。传统

---

① [德]马克思、[德]恩格斯:《马克思恩格斯文集》(第2卷),人民出版社,2009,第36页。

不是一成不变的，它总是在变化，这种变化不只表现在同一文化传统的地域性、群体性差别上，也体现在文化传统的历时态变化中。不过，在传统农业社会中，这种变化是非常不显著的、隐性的变化，以至于人们不易察觉到。资本主义的发展使人类文化疾风暴雨般地告别了农业文明的传统，走向了现代工业文明，传统文化与现代文化的区别也从此获得了实质性的意义。"生产的不断变革，一切社会状况不停的动荡，永远的不安定和变动"，是资本主义现代性的生动写照。很多时候，仿佛一夜之间，"一切固定的僵化的关系以及与之相适应的素被尊崇的观念和见解都被消除了，一切新形成的关系等不到固定下来就陈旧了。一切等级的和固定的东西都烟消云散了，一切神圣的东西都被亵渎了"。① 传统与现代之间悠忽出现了某种断裂，以至于人们一时难以适应，不免生隔世之感叹，发思古之幽情。在现代科技高歌猛进的时代背景下，这种情势更为明显、人们的感受也更为强烈了。因为相对于经济、政治而言，文化总是有某种惰性的，其发展总是相对滞后的，它似乎永远赶不上现代科技和现代生产力的加速度发展，社会结构、伦理道德、文化心理、信仰和价值取向等方面，总是产生这样那样的错位、断裂和冲突，这就导致了传统文化与现代文化之间日趋激烈的矛盾。但是，任何传统，都不会那么轻易地偃旗息鼓，退出历史舞台，它总是在现代社会的既定条件下寻求某种新的、具有现代气息的形式来延续自己的历史。例如恋爱与婚嫁，媒妁之言是传统，网络征婚是现代；鸿雁传书是传统，短信传情是现代；花前月下是传统，视频聊天是现代。传统文化的形态在变，但传统文化所承载的价值和意义却未完全丧失。另一方面，现代的东西总是

---

①　[德]马克思、[德]恩格斯:《马克思恩格斯文集》(第2卷)，人民出版社，2009，第34—35页。

会渐渐成为过去，成为传统，或为新的时尚所替代，因而没有永远的现代。一味地追求现代，造成文化传统的失落，最后的结果就是"单向度的人""单向度的思想"和"单向度的社会"，文化的多维度和丰富性将不复存在。寻求传统与现代的契合，科学与人文的协调，将是现代社会人类文化建构的必然选择。

3. 一元与多样

一元与多样是文化的一个固有矛盾。每一种文化都是一元与多样、共性与个性的有机体。在每个民族内部，民族文化总是在一元主导的前提下，呈现出多样化的特点。在世界范围内，每个民族的文化都是独特的，相对于其他民族的文化，它是一元；相对于世界民族文化的百花园，它只是丰富多彩的文化百花中的一朵。

一元与多样的文化矛盾在文化全球化的背景下呈现出新的特点。一方面，民族文化要保持自己的身份印记，维护它一元主导的地位；另一方面，它还要面对全球化文化主体、文化客体、文化生产、文化消费和文化产品的多样化挑战。在这个过程中，如何在强势文化主导下的文化全球化中保持民族文化的身份认同，成为一个非常突出的问题。例如，即使像法国这样发达的文化大国，也对这一问题非常敏感。法国一方面力主文化的多样性，一方面又强调每个民族都要保持自己文化所具有的独特价值和对人类文明的贡献。法国非常重视本民族的语言，处处高扬本民族的文化，对美国文化的入侵保持着高度警惕。所以，民族文化的发展应坚持一元主导和多样共存的格局，这是长期的文化交流与融合的结果，也是民族文化存续的必然选择。

世界文化的一元与多样的矛盾在文化全球化的背景下呈现出新的特点。全球化态势一方面消解了传统的文化边界，打破了传统价值体系的垄断地位，使文化的个性得以彰显，另一方面也使社会信仰和价值体系极度分化，使世界文化呈现出多样性和复杂性的特点。但是，现代世界文化是在科学技术和工具理性的统治下发展的，资本和市场的强势逻辑导致了文化在实践层面上的单一性，技术化、规范化、标准化、同质化的文化产品充斥世界各个角落，大众文化消费垄断了世界文化市场，文化发展呈现出单一化的一元主导态势。"和实生物，同则不继"，单一化的文化一元性将导致文化的脆弱，多样性才能形成和谐稳定的局面。协调科技与人文的关系，打破某些强势文化的垄断，创造文化和谐共存的新局面，才能维护人类文化的多样性。

4. 冲突与共生

每一种文化都是有机的系统，每一个文化系统内部的各文化要素之间，每一个大的文化系统中的子系统之间，以及异质文化系统之间，都存在文化系统及文化要素间的相互排斥、相互斗争，融合适应、彼此共存的倾向和过程，这就是文化冲突与共生的矛盾，文化的消长是在冲突与共生的矛盾中实现的。前现代文化如此，现代文化也是如此。

前现代文化主要是在帝国或宗教的框架下存续的。在帝国的框架下，文化统一性的基础首先是政治，因而文化的疆域与帝国的疆域基本是同一的，如古代埃及、波斯、罗马和中国。在宗教的框架下，宗教是文化统一和认同的基础，统一的文化旗帜下又常常分出多个自主的政治实体或独立的亚文化实体，如古希腊、印度和欧洲基督教文明。伊斯兰文化则先经历了"帝国—宗教"的形式，然后分裂为多个独立的文明实体。这些前现代的文化形态，常常是在无序的斗争和流血冲突中共生的，冲突的形式主要是地缘政治或宗教因素引起的战争或征服。武力的均势是古代文化冲突和共生的基本条件。[①]

现代早期是一个长达三百多年的殖民主义时代，直到二战结束，文化的发展都是在西方殖民主义对非西方文化的冲击下实现的。发端于欧洲的现代文化与前现代文化有本质的差别，它超越了古典文化，打破了古典时代的文化均势，在西方和非西方之间形成了巨大的文化落差。几百年间，广大的亚非拉地区基本上沦为西方列强的殖民地或半殖民地。一战以后建立的世界性的国际体系就是几百年殖民主义的结果及对这种结果的确认和维护。所以，这个时期的文化冲突与共生是通过殖民和被殖民的世界体系实现的。这是一种单极的文化共生体系，一方的生存以另一方的萎缩和毁灭为代价，欧洲中心主义和西方文化优越论的文化体系作为为殖民主义辩护的工具，成为西方文化的主流，所有的国际公约或国际组织，都不过是维护殖民主义文化秩序的工具。

二战后，西方列强的势力大大削弱，资本主义世界殖民体系土崩瓦解，社会主义和资本主义两大阵营的对峙形成了，以联合国为基础的新的国际秩序建立起来，意识形态的对立和冲突成为占统治地位的问题。冷战时期的文化冲突与共生问题以新的形式表现出来，这就是资本主义文化与社会主义文化的对立和冲突，这两种文化的冲突主要表现在对现代化理论的认识和对现代化道路的选择上。两大阵营对峙的后期，一些社会主义国家遭遇现代化进程的挫折，转而寻求更加现实和理性的现代化道路。

冷战结束后的当代世界，科学技术迅猛发展并表现出新的势头，信息化、数字化和网络化成为科技发展的潮流；意识形态领域的斗争相对

---

① 参见苏国勋、张旅平、夏光：《全球化：文化冲突与共生》，社会科学文献出版社，2006，第202—219页的相关阐述。

弱化，其至出现了"去意识形态化"的倾向；单边主义盛行；民族主义和宗教争端凸显；恐怖主义成为突出的全球性问题；经济全球化步伐日益加快，"消费社会"逐步形成；以大众传媒为载体的大众文化蓬勃发展，"虚拟世界"成为新的社会控制形式，文化传播和复制的途径更加多样化，速度更快捷，文化产品的数量呈爆炸式增长，质量则泥沙俱下；以经济全球化为基础的全球一体化和同质化空前深入和强化。这些情况和特征的出现，增加了世界文化发展的不确定性，使文化冲突与共生的矛盾出现了更为复杂的局面。

5. 固守与变革

从根本上讲，人类面对文化传统的固守与变革的矛盾，大概基于两种基本的情形：一是对文化二重性本质的反思，一是文化危机的发生。

文化是具有二重性的存在，也就是说，对人而言，文化既具有肯定性价值，又具有否定性因素。一方面，文化是人类自我意识对象化的结果，文化就是人化，文化塑造着人，通过文化的塑造，人确证了自己的本质存在，从而成为一定文化模式、文化规范中的文化存在；另一方面，人一旦成为某种文化的存在，即被某种文化模式、文化规范所范导，人的各种丰富的潜能就有可能被规定于一种既定的文化形态中，从而形成对人的丰富本质的否定和更深意义层次上的自由创造性的压抑。所以，人必须对自己所处的文化有反思的自觉，对文化的二重性有清醒的和充分的认识，然后诉诸主体性的抗争，挑战文化的否定性，从而达到对自身既定文化桎梏的超越。否则，人就只能固守既定的文化，墨守成规，难以突破旧的文化模式的束缚，寻求变革和新生。然而，既定文化传统的稳定性和阻滞力，人所固有的惰性和安于现状的习惯，使绝大多数人不会自动形成对文化的自觉的主体反思能力。这种情况只有在文化危机降临时，才可能有更多的改观。

一旦文化危机发生，会直接将固守与变革的文化矛盾暴露出来。文化危机表现为人们所固守的特定时代的主导性文化模式的失范。当人们赖以生存的习惯性的文化模式或自觉信奉的文化精神不能再有效地规范个体行为和社会运行，并开始为人们所质疑、批判，而且在行动上背离，同时，某种新的文化特质和文化要素开始介入个人行为和社会运行，并同原有文化模式和文化观念发生矛盾和冲突时，文化危机便发生了。

文化危机的主要表现形态可以划分为内源性文化危机和外源性文化危机。内源性文化危机是由于文化模式内在的超越性与自在性矛盾冲突以及文化内在的自我完善机制的合理性要求所导致的，如欧洲中世纪传统农业文明的经验主义文化模式的危机。外源性文化危机发生的根本原因也是文化模式内在的超越性与自在性矛盾冲突以及文化内在的自我完善的合理性要求。但在外源性文化危机已经发生的民族和社会中，即使旧的主导性文化模式已经丧失其合理性，它仍旧可以有效地抑制文化内部的批判性和怀疑性、否定性的新文化因素的产生和成长，它最终必须凭借一种外来文化的冲击才能形成旧文化自身的裂变，达成文化变革的目的。例如中国近代的文化危机就表现为外源性文化危机。两种文化危机的表现形态并非截然分开，而是不可分割、相互交织的。

文化危机发生时，人们就不得不直接面对是固守传统还是变革传统的选择。在全球化时代，外源性文化危机发生的频率越来越高，人们几乎时时刻刻都要面对民族与世界、传统与现代、固守与变革等文化矛盾。如何正视和处理这些矛盾，需要人们认真思考和谨慎应对。

（三）价值观研究与文化哲学的结合

价值观是对人之文化存在的根本的哲学抽提，是人的文化存在的本质反映。文化哲学为价值观研究的深入和拓展提供了一个新的视域。

第一，从现实的角度出发，价值观问题是全球化时代提出的一个必要而紧迫的课题。

全球化是工业文明的产物和必然趋势。马克思、恩格斯指出："资产阶级，由于开拓了世界市场，使一切国家的生产和消费都成为世界性的了。"[①] 资本主义的扩张促成了"世界历史"的形成，全球化的序幕也从此拉开。所以，全球化其实是资本主义所开创的世界历史进程的必然产物，只不过，不同的历史阶段，全球化的主题和形式各有侧重。工业文明早期直到二战结束，资本主义开辟的是长达几百年的殖民主义全球化局面，这一局面主要是用暴力的、血与火的方式写进历史的；冷战时期，资本主义与社会主义的斗争采取的主要是意识形态斗争的形式，双方就各自的政治制度、思想体系、价值观念等互相攻击，互相叫板，互不相让，几度剑拔弩张，这本质上就是一种激烈的文化斗争；20 世纪后半期，发展中国家的崛起和觉醒，冷战阴云的逐步消散，信息技术的发展等因素，改变了资本主义的传统扩张方式，资金、技术、包罗万象的商品和服务成为全球化的主要内容，经济全球化迅速升温；进入 21 世纪，互联网的发展，数字和信息技术的成熟，使全球化步入了新的时代——文化全球化时代。

全球化的浪潮是不可阻遏的，文化全球化是经济全球化纵深发展的结果，它已经成为一种现实，而且正在加速发展。任何一个国家和民族，都不可能在文化全球化浪潮中置身其外。我们必须看到，"文化"作为一种软实力正越来越受青睐。对发达国家来说，"文化"已成为越来越频繁

---

① ［德］马克思、［德］恩格斯:《马克思恩格斯文集》(第 2 卷)，人民出版社，2009，第 35 页。

使用的一张王牌、一种手段、一种工具，已成为更隐秘、更有效的全球战略武器。发达国家为推行其文化霸权，宣扬其"普世价值"，兜售自己的民主价值观，采取了各种显性和隐性的文化手段，甚至经济和贸易本身也成了这样的文化手段。纯粹经济意义上的全球化是不存在的，经济全球化必然包含文化全球化，经济全球化本身就是某种意义上的文化全球化。因为市场经济本质上是理性经济和主体经济，科学和人文相互交织，作为人的文化精神内涵于市场经济之中。这种文化精神通过新的经济体系的建构和发育，通过科学研究和民主决策，通过人的科学文化素养，等等，成为经济运动的基本内涵和内在机制。而且，"文化"的一大特殊性在于，它可以附着在资金、技术上，可以渗透在商品和服务中，所以，根本不存在没有文化因素的资金、技术、商品和服务，也不存在没有任何附加条件的纯粹的文化交流。如今，在现代科学技术的推动下，现代工业文明创造着越来越巨大的生产力，所以，以经济全球化为发动机的全球化浪潮只能越来越汹涌，它对世界各国各民族尤其是发展中国家的冲击也越来越剧烈。在全球化浪潮中，发展中国家总体上处于守势，它们不仅要应对经济全球化的冲击，还要谨慎地应对文化全球化的压力。

商品、资本、技术、服务等是发达国家进行文化渗透的基本载体。对商品和资本而言，世界上仿佛没有什么禁区，它们几乎所向披靡。现代工业文明以商品和资本为武器，可以向世界上（不仅仅限于地球）任何一个可能的角落渗透和拓展，不管你愿意不愿意、自觉不自觉，你迟早都要接受现代工业文明的沐浴和洗礼。现代工业文明的力量何以如此强大？因为生产力是推动人类社会发展的根本动力，而生产力本质上不过是人们以物质利益为基础的价值追求，即人们追求和创造价值的能力。现代工业文明可以比传统的生产方式更能满足人们对价值的追求，首先是对物质价值——"利"的追求。面对丰裕而便捷的现代商品和服务，即使最虔诚的禁欲主义者也难以不为所动，因为作为文化存在的人之本性深处，有一种根深蒂固的价值取向——追求幸福和快乐。不同的只是在于人们如何去追求，如何追求才是正当的、应该的。人类对价值的追求始终伴随着"真""善""美"与"假""恶""丑"的博弈，只有和"真""善""美"相统一的"利"才是正当的、应该的，反之就是不正当、不应该的。现代工业文明改变了人类的生产力和生产方式，实质上是改变了人类追求价值和意义的方式，急剧地改变了人类的价值观，重塑了人类的价值观念和价值意识。现代工业文明所到之处，人们的价值观念无不受到冲击。

　　文明总是趋向于使一个社会群体中的人们按照同一规则活动，就如同按照一个节拍跳舞，现代工业文明的发展使这种趋向更为明显。它使世界各地各民族越来越相似，越来越向同质化和齐一化的方向发展，这就是现代工业文明的趋同效应。而文化与文明的不同之处在于，文化总是有个性的，它要保持自我，它要追求身份的认同。所以，如何在现代工业文明的冲击下保持自我，不至于丧失文化个性，就成为一个回避不了的课题。面对文化全球化的现实，我们不禁追问，"'文化全球化'是一个客观必然的历史过程，还是一种主观的兴趣和要求？'文化全球化'是否意味着全世界的文化将走向同质化和齐一化？对于世界各民族的文化来说，这是一个福音，还是一场灾难？"① 显然，文化全球化有其客观必然性，但是，对于某些别有用心的国家来说，文化全球化就不能不附带它们"主观的兴趣和要求"了。为了不至于被强势文化吞没，为了避

---

　　① 李德顺：《价值论》，中国人民大学出版社，2007，第 464 页。

免民族文化的浩劫，那些在文化竞争中处于劣势的国家和民族就必须重新审视自己的文化，尤其是处于"文化本质和核心"地位的"价值和价值观念体系"。①

第二，从理论上讲，价值观和文化具有不可分割的内在联系，这种联系也把价值观研究和文化研究密切地联系在一起了。

"文化的真正内容是投射、凝聚在劳动及其产品中的人的行为方式和价值观念。从根本上说，文化就是一系列有机组织起来的价值观念。只有抓住价值观念，才是抓住了文化的根本"，正是"在这个意义上，传统或文化传统，也就是传统价值观念。所谓现代化，一个重要的内容就是实现传统价值观念向现代价值观念的转化"。② 现代化要求文化的现代化，文化的现代化必然要求价值观念的现代化。价值观和文化不可分割。价值观是文化的核心内容，文化是价值观的存在和表现形式，价值观和文化相互影响、交融互渗。价值观问题虽然也是一个哲学问题，首先在哲学的视域中得以研究和讨论，但它本质上却与文化问题互相交织，不是脱离文化现实的哲学思辨；另一方面，文化发展是一个系统而复杂的过程，这一过程总是离不开价值的创造，离不开对价值观的反思和建构。事实上，只有在价值观与文化的相互作用、辩证统一过程中，价值观和文化才都可以得到深刻而全面的理解和阐释。

基于价值观与文化的相互影响和内在关系，价值观研究就必须要有文化的视野、文化的胸怀。价值观研究虽然从学科属性上讲属于哲学研究，在理论上也已经比较系统和深刻，但哲学思辨使价值观问题系统和

---

① 李德顺:《价值论》，中国人民大学出版社，2007，第464页。

② 袁贵仁:《价值观念研究和价值学的发展》，《哲学研究》1992年第9期，第26页。

深刻的同时，也潜藏着使之脱离文化现实的危险。把价值观理论应用于文化研究，使价值观研究进入更广阔的文化视野，就为价值观研究打开了新的研究视角，提供了新的理论增长点。同时，文化是一个复杂的综合体，文化研究涉及诸多学科和不同层次，如何整合文化研究的成果，推动文化研究的深化和发展，更好地服务于现实的文化实践，是一个亟待思考的课题。价值观源于人类的文化生活并支配着人类的文化活动，对价值和价值观的考察是文化研究中必不可少的内容。价值理论的参与，有利于文化研究成果的整合，也有利于文化研究以至于各门社会科学、人文科学的发展。"要深入研究文化学特别是文化哲学，必须深入研究价值哲学。"① 其实，整个文化研究的深入都需要价值哲学的参与。

第三，文化哲学是具有深刻性、开放性和包容性的有生命力的理论形态，为价值观研究同时也为文化研究提供了一个更具开放性和包容性的理论视域。

文化哲学理论具有其他文化研究所不具有的深刻性。文化哲学致力于对人类文化现象做出超越性、总体性的观念把握，对人的文化存在方式做出抽象、本质的概括，从总体上关注人类的文化境遇，揭示人的文化本性，反思人类文化的价值维度和发展规律。因此，文化哲学具有对人类文化作超越性、总体性把握的哲学企图，这种哲学倾向和哲学运思方式，是其他的文化研究学科望尘莫及的。其他文化研究，正如前文所述，实证文化研究的众多学科如民族学、人类学、历史学、考古学等，为理论文化研究如文化学等提供理论分析的材料，而理论文化研究的结果则为文化哲学研究提供理论资源。所以，文化哲学在文化研究中显示

---

① 王玉樑:《当代中国价值哲学》，人民出版社，2004，第 23 页。

出其独特的深刻性。

文化哲学是具有开放性的理论形态。在研究对象上，文化哲学面对整体的人类文化现象，面对人类文化的历史和现实，面对人类文化的整体性发展和变迁，总之是人类的整个文化存在。而"文化"，"是一个涉及和贯穿人类社会世界的各个层次和所有方面的，因而具有全面性、综合性和总体性的基本维度"，它是全球化的精神基础，也贯穿全球化的各个方面。[1] 在理论旨趣上，它既执着于社会人文，也重视科学技术；既追求价值，也不排斥理性；既重视民族传统，又坚持全球视野。在理论渊源上，它重视哲学和文化的亲缘，又摒弃门户之见，向其他学科敞开胸怀，汲取不同学科的理论营养。

文化哲学的包容性，既是其深刻性的必然要求，也是其开放性的结果。海纳百川，有容乃大，文化哲学面对"文化"这个复杂的有机体，敢于向各学科敞开胸怀，对各学科的学术立场和理论观点袒露包容的胸襟。在此前提下，文化哲学执着于全面地分析和批判地扬弃，从而最大限度地建立起具有科学性、合理性、时代性的学术立场和理论观点。在这里，学术的探讨和争鸣得到提倡和鼓励，派性和唯我独尊的立场则难以立足。

---

① 霍桂桓:《文化哲学论稿》，中国社会科学出版社，2007，第13页。

第二章 ｜ 价值观与文化的关系

在文化哲学的视域中研究价值观，核心问题是如何认识和理解价值观与文化的关系。总的来说，价值观是文化的核心，文化是价值和价值观的存在形式，价值、价值观与文化密不可分。

第一节 价值观是文化的核心

本节拟从文化发生、文化结构、文化模式、文化认同等角度系统阐明价值观在文化中的核心地位。

一、价值意识与文化发生

人类总是怀着对自己身世的不可遏抑的好奇和强烈兴趣，总是执着地探究人类的起源和文化的发生等问题，总是要"寻根"、要"溯源"，要刨根问底，这是人类永恒的本体论思维倾向。文化学、文化人类学、历史学、考古学等学科都力求对文化的原始发生的事实作详尽的实证考察和微观研究，试图揭开人类文化原始发生之谜。对人类文化原始发生的讨论，除了凭借现有的各种各样的资料，还必须借助哲学理性的分析和思考。文化哲学对原始文化发生的研究，注重对文化研究成果的总体把握，注重对文化原始发生的前提条件的反思。通过对文化发生各种条件的反思，我们可以深刻地认识精神、意识在文化发生过程中的地位和作用。所以，本部分考查的落脚点是价值意识与文化发生。

（一）文化发生说简要考察

文化是属人的，人类诞生以前，只有纯粹的自然，无所谓文化。从逻辑上讲，总是先有人而后才有人类文化，但实际上，人和人类文化的发生是同一个过程。人形成的过程，就是文化发生和创造的过程，同时也是人被自己所创造的文化不断塑造和推动的过程。这种本体论意义上的文化发生,即文化的原始发生。文化的原始发生隐含着两个相关的问题:其一,现实的人类文化是从其原始发生形态逐步演化而来的;其二,文化发生本身就是人类起源的应有义项,研究人类的起源不能离开文化,同样,研究文化的发生也不能离开人类的起源。

关于文化的原始发生,历来存在诸多学说,这里仅简要考察其中的几种。

1. 文化发生的"神创说"(包括"圣创说")

"神创说"是人类认识自然进而认识自身的最初表现,主要存在于神话传说和宗教故事中。在古希腊神话中,人和人类的一切都是神所赋予,神创造了人,并主宰着人类生活的方方面面。古希腊神话中说,被众神之王宙斯流放的神祇族的后裔普罗米修斯,用泥土按照神的形象创造了人,普罗米修斯的朋友智慧女神雅典娜赋予了这种人形动物以灵性,普罗米修斯还教人类如何利用宇宙万物生存,并舍身为人类盗取火种。可以看出,在"神创说"中,人类文化是人类所秉受的神意的体现,是神所创造和赐予的。欧洲中世纪是"圣创说"的时代。基督教的《圣经》记载,上帝用七天创造了包括人在内的整个世界。生活在伊甸园的人类始祖亚当和夏娃,因为受诱惑偷吃了知识树上的禁果,具有了智慧,知道了羞耻和善恶,变得与上帝相似。上帝为了防止他们再偷吃生命之树的禁果以获得和上帝一样的生命,就把他们逐出伊甸园,罚他们到地上终生辛苦劳作。在东方,同样也流传着类似的神话传说和故事。在伊斯兰教的《古兰经》中,真主安拉创造了天地山川,创造了牲畜,创造了人,并给人食物和诸多益处,还负责指示人以正道,总之一切都是凭真主的意志预先安排的。在中国神话中,天地宇宙原本混沌不开,盘古生于其间，历尽艰难开天辟地。天地初创，未有生民，于是女娲抟土造人。后来有巢氏教民构木为巢，燧人氏教民钻燧取火，神农氏（炎帝）教民农耕稼穑，轩辕氏（黄帝）的史官仓颉仿草木鸟兽创制文字。中国人熟悉的尧舜禹的传说比较晚近，是中国文化"圣创说"的延伸。

"神创说"把文化的发生归结于超自然、超人类的力量，人和人类文化都是神或神话了的人类始祖创造出来的。在"神创说"中，人和人类文化的发生都是突变式的，其中没有严格的内在逻辑和内在发展过程。用现在的观点看，这是不科学的，是附会、猜测，或是人类其他目的的产物。但是，这些神话传说或宗教故事，也给我们一些有益的启示，使我们能够去思考人类文化的发生问题。首先，"神创说"的意识深层暗含了一种对自然演化的逻辑秩序的认识。各种"神创说"，一般都是先有无生命的山川河岳的创造，再有有生命的草木虫鱼飞禽走兽等的创造，最后才是人的创造。其次，人被创造之后，总是被赋予智慧和知识，以示人与动物的区别，这样实际上就把人置于其他有生命的物种之上。这些说明"神创说"已经不自觉地意识到人类文化发生的条件。

2. 文化的"自然发生说"

文化的"自然发生说"也有悠久的历史。文化的"自然发生说"起初与神话传说、宗教故事混杂在一起，后来逐渐分离出来。"自然发生说"主张人类文化是自然发生的，是自然界启迪和教导人类的结果，不是超自然的神灵的造物。"自然发生说"包括"模仿自然说"和"人类自身匮乏说"。中国古代神话传说中，有燧人氏受鸟啄树木"粲然火出"的启发而发明钻燧取火的故事，也有仓颉受鸟兽活动足迹的启发而创制文字的故事。古希腊哲学家对人类模仿自然进行文化创造有更深刻的认识。赫拉克利特认为，人类在很多事情上是模仿禽兽的；亚里士多德认为，艺术起源于人类对自然的模仿，而模仿是人的本能。"人类自身匮乏说"认为，人类由于生理构造方面的特殊性，没有其他动物的尖牙利爪以捕食，没有厚厚的皮毛或羽毛以御寒，也不善于奔跑而逃避敌害，等等，只能过群居而互利的生活，因而才有了文化的发生。欧洲文艺复兴时期，在自然科学、人文科学勃兴和神学衰落的情况下，文化的"自然发生说"成为反对宗教神学的武器之一。文化"自然发生说"的可贵之处在于从自然出发解释文化的发生，其中很多猜测是直观、朴素而生动的，已经不自觉地意识到了人类对自然的适应、改造，以及人类自身的自主性、能动性和实践性的某些因素，包含了一些真理的颗粒。

3. 进化论的文化发生说

进化论的文化发生说出现在近代。达尔文的生物进化论认为，包括人在内的整个生命世界，都在自然法则的掌控之中，自然选择、优胜劣汰，物竞天择、适者生存，生命世界是一个有规律的进化过程，人是生物界长期进化的结果。进化论学说指出了人类的起源及其在自然界中的地位，具有划时代的历史意义。更重要的是，进化论给人们的启示远远超出了生物学领域，人们由此意识到自然史规律与人类史规律所具有的一致性，从而把进化论学说引入哲学、社会学、人类学等学科的视野中，产生了革命性的影响。泰勒、摩尔根、斯宾塞等都从达尔文进化论中吸取了理论和方法滋养。泰勒（Edward Burnett Tylor）认为，人类文化史是自然史的一部分，即人类文化的发生是自然演进的结果，社会进化是生物进化的继续。摩尔根（Lewis Henry Morgan）为全部人类历史划定了蒙昧、野蛮、文明三个基本时代，人类的各种文化制度发生于蒙昧时代，发展于野蛮时代，成熟于文明时代。斯宾塞（Herbert Spencer）把社会当成一个生物有机体，一个具有结构和功能的系统，并按某种层次而有规律地进化。总起来看，古典进化论的文化学说基于三个基本的假设：一是人类心理一致说，即人类有相同的心智过程，对相同的刺激产生相同的反应；二是文化或社会进化沿着一条单线发展，相同内容的固定阶段为人类发展所必经，但各社会又表现出差异；三是文化发展过程中旧的阶段总是为新的阶段所代替，但旧阶段的种种文化现象并非消失殆尽。①

　　古典进化论对文化研究的贡献是划时代的，但随着文化研究的扩展和深入，他们的学说也遭到了很多挑战。例如德、奥文化传播学派，英国文化功能学派，美国历史学派等，都对古典进化论提出了质疑和批评，其中影响较大的当属以美国文化人类学家弗朗兹·博厄斯（Franz Boas，1858-1942）为首的美国历史学派。博厄斯首先是一个实证主义者，注重多学科的田野实证调查和资料收集，他指出，文化进化论者收集了很少的资料就轻率地下结论，是不科学的。他反对文化单线进化的观点，更反对用任何生物、种族或环境的因素来解释人类的行为。他认为古典进化论所拟定的进化序列，纯粹是臆测，没有人能够证明文化发生的真实情况。他还批评了文化传播学派的观点，认为每一种文化都是独立发生并相互影响的，坚持民族历史特殊论。博厄斯还是个文化相对主义者，他反对欧洲中心论，坚持民族平等，认为各种文化的地位都是相对的，文化无高低之别，文化水准高低的排列受到排列者民族自我中心观点的左右。当然，文化研究各学派之间始终存在着不间断的、激烈的争论。二战后，以美国文化学家怀特和斯图尔特为代表的新进化论学派又表现出重返进化论、重释进化论的理论趋向。

---

① 杨善民、韩锋：《文化哲学》，山东大学出版社，2002，第29—30页。

4. 马克思主义的文化发生说

马克思、恩格斯由衷地欢迎进化论，把进化论与细胞学说、能量转化和守恒定律并称为十九世纪自然科学的"三大发现"。但是，他们不是用自然界的生物进化简单地比附人类历史的发展，而是批判地吸收其方法论精华，把社会历史研究奠基在彻底的唯物主义之上，主张以劳动实践为基础揭示人和人类文化产生和发展的规律。马克思、恩格斯指出，"全部人类历史的第一个前提无疑是有生命的个人的存在"，"第一个需要确认的事实就是这些个人的肉体组织以及由此产生的个人对其他自然的关系"。① 在他们看来，人是自然界长期进化的产物，但从根本上讲，自然的进化只是为人类的产生提供了物质前提，人类本质上是劳动的产物、实践的产物，劳动创造了人，人们以物质资料生产为基础，创造着自己的历史。他们指出，"历史进程是受内在的一般规律支配的"②，"物质生活的生产方式制约着整个社会生活、政治生活和精神生活的过程"③；人类历史的发展总体上表现出普遍的规律性，这种规律性与各民族历史发展的特殊性和多样性是统一的，普遍性蕴含在特殊性和多样性之中。

（二）文化发生的前提条件

毋庸置疑，文化的发生必须具备一定的前提条件。人类毕竟不是神或上帝，神或上帝是"自因"，可以无条件地存在。不承认文化发生的条件，就只能走向神创论。即使在神创论中，人的产生也不是突兀的、无

---

① ［德］马克思、［德］恩格斯：《马克思恩格斯文集》（第 1 卷），人民出版社，2009，第 67 页。

② ［德］马克思、［德］恩格斯：《马克思恩格斯文集》（第 4 卷），人民出版社，2009，第 302 页。

③ ［德］马克思、［德］恩格斯：《马克思恩格斯文集》（第 2 卷），人民出版社，2009，第 591 页。

条件的，如在基督教的"创世纪"中，上帝造人之前，也是先造出宇宙天地、山川草木、禽兽虫鱼等物，然后再造出人，之后好像很偶然地赋予人以智慧，否则，人就无以立身、无以为人，也无所敬畏、无所感恩，当然也就不懂得去信仰上帝了。

1. 物质前提

文化的发生需要有一定的物质条件和精神条件作为前提。首先是物质前提，物质前提最基本的一是自然地理环境，二是成熟的人种。

自然地理环境是人类生存的前提，而且，越是往前追溯，人类与自然的联系越是紧密。在人类文化的初创阶段，自然地理环境的影响应该更为巨大，因此，自然地理环境就成为文化发生和文化创造的逻辑起点。马克思、恩格斯指出，我们必须"深入研究人们所处的各种自然条件——地质条件、山岳水文地理条件、气候条件以及其他条件"，"这些条件不仅决定着人们最初的、自然形成的肉体组织，特别是他们之间的种族差别，而且直到如今还决定着肉体组织的整个进一步发展或不发展"，所以，"任何历史记载都应当从这些自然基础以及它们在历史进程中由于人们的活动而发生的变更出发"。①

自然地理环境在人类文化发生中的地位和作用，有以下几个方面是不容忽视的。其一，自然赋予人生命。人类维持其生命，必须依靠水和食物，其中水是最根本的，有了水也就有了动植物等食物来源。所以，人类及其文化的发生不可能在荒漠、高原等缺乏淡水资源的地方，而总是依托淡水资源丰富的大江大河流域附近。迄今发现的多数古代文明，如尼罗河流域的古代埃及，两河流域的古代巴比伦，印度河、恒河流域

---

① ［德］马克思、［德］恩格斯：《马克思恩格斯文集》（第1卷），人民出版社，2009，第519页。

的古代印度，黄河流域和长江流域的古代中国，无不如此。当然，这些已经是比较成熟的文明，但这些文明毕竟是漫长的人类进化过程中人类不断选择的结果，在这一过程中，人类对地理环境的选择经历了由不自觉到自觉的过程。其二，自然地理环境制约着人类最初的生存方式、生产方式、社会分工和社会交往，从而决定了文化的地域性特征，为形成不同类型的文化奠定了基础。不同的气候、水源、土壤、动植物资源、矿物资源、海陆位置等自然地理要素，决定着原始初民如何获取劳动资料（工具），如何加工劳动对象，如何组织生产和进行交换，等等，于是，也就为农耕、游牧、渔猎等不同文化类型的形成奠定了不同的物质基础。其三，自然地理环境不仅制约着种族和民族的形成与发展，而且制约着原始初民的文化创造能力，并影响着他们的民族心理、民族性格和民族气质。最后，我们应该懂得，自然地理环境对人的作用必须通过人这一能动的主体、必须在人与自然做物质能量交换的主客体双重构建中实现；另外，自然地理环境对人和人类文化的影响，是通过一定的中间环节实现的，这个中间环节就是人类应对和挑战自然界的一系列实践活动。不懂得这些道理，就滑向了单纯的地理环境决定论。

成熟的人种和自然地理环境不能截然分开，我们不能设想离开具体的自然地理环境的人种。之所以把自然地理环境放在文化发生条件的优先地位，是因为人从根本上讲首先是自然的产物，是自然界物质演化的结果。从动物到人的转变是一个漫长而复杂的历史过程。在人的进化过程中，有几个关键的节点：一是直立行走，使"人"的眼界开阔起来，促进了猿脑向人脑的发展，而用上肢拿取东西，使其得到锻炼，解放出来成为手，也促使大脑得到进一步发展；二是学会使用和制造简单的工具，以弥补手的功能和力量的局限，而使用和制造工具，不仅使手更加灵活，而且进一步促进了脑的机能；三是交往过程中语言的逐步产生和发展，使大脑获得了思维的物质外壳，促进了思维的产生。那么，促使类人猿转变成人的关键因素究竟是什么？马克思主义主张是劳动，劳动创造了人、创造了人类文化。劳动使人的手、眼、口、耳等器官进一步特殊化，发展了语言，锻炼了思维。但是，或许仅仅是生物的自然进化，还不足以解释人类的产生，人们可以不断地向地质的演化、气候的变迁、环境的灾变等其他自然因素求解。或许，人类的祖先正是在亿万年的进化过程中，不断地应对地质、气候、环境的各种挑战，才逐渐形成适应自然、认识和改造自然、创造文化的能力，从而一步步成为真正的人。可是类似这样的许多猜测、推断又如何去证实呢？也许无法证实，人类和人类文化的发生将成为永恒的谜题。对这个谜题的猜测可能永远只是猜测，或者是越来越接近事实的更加合理的猜测。但是，人类不仅活在当下，还活在过去和将来。迫切地想了解自己的"身世"，想破解人类及其文化的起源这个诱人而难解的谜题，似乎是人类不变的天性。于是，人类总是不断地就这个谜题去"假设—求证—做出新的假设—再求证"，如此不断地循环往复，并从这样的循环往复中获得慰藉和力量。

　　2. 精神前提

　　人类文化的发生除了物质前提，还必须具备一定的精神前提，即人类的意识和思维。而这似乎是一个更为难解的谜题。其实，人能够从自然界中提升出来，最根本的标志不是具备了人的形体，而是具备了与动物截然不同的反应形式——意识和思维。意识和思维不是凭空产生的，它首先需要其物质器官——大脑的成熟。大脑是意识和思维产生的物质前提，高级类人猿的大脑已经具备了高于其他动物的反应特性。"物质普遍具有的反应特性，是人类认识发生的基本的自然史前提，物质反应特性的长期进化，在人类的直接祖先——高级类人猿身上达到了相当高的程度，形成了高级猿类的智能活动。这种结果可以看作是和人的认识相衔接的前认识形态，并具有了人的认识的某种萌芽。"[①] 从高级猿类的智能活动到人的意识和思维，还有一段漫长的过程。在这个漫长的过程中，促使人类意识和思维产生的关键因素已经不是纯粹的生物过程，而只能是形成中的人的实践活动了。当然，这些活动不是某种既成的活动形式，而是发展演化中的活动。在这个过程中，原始人身体结构的变化、大脑的发展、语言的生成等共同促进了意识和思维的产生。意识和思维的产生为人类文化的创造提供了关键条件。

（三）价值意识与文化发生

以上对文化原始发生条件的考察，只是一般地说明了人类文化产生的条件，诸如自然地理条件、成熟的人种、意识和思维的产生等物质条件和精神条件。但是，人类的产生和文化的发生是一个相当漫长的历史过程，我们不可能完整地再现这一过程。考古学、历史学、人类学等在这方面提供的资料毕竟是有限的；而历史文献的记载不仅有限，而且也并非完全可靠；现存的原始民族尽管可以作为活化石，但他们毕竟经历了和现代文明民族几乎同样古老的历史，而且经过了长期复杂的演化，和真正意义上的古代民族已经有很大的区别。还有，某种从其原始发生就一脉相承传承至今的民族文化事实上是非常罕见的，因为人类文化在其发展的过程中总是有生有灭，有交流有整合，有新旧之更替。所以，我们现在面对的绝大多数文化都是在已有文化基础上形成的更高形态的文化，和原始发生形态的文化已截然不同。

---

① 李秀林等：《辩证唯物主义和历史唯物主义》，中国人民大学出版社，2004，第231页。

　　实际上，上述所论及的文化的原始发生只是文化发生的一个方面，也是我们所说的通常意义上的文化发生。文化发生应在两种意义上来加以探讨：一是与人类起源相联系的原始文化发生，二是在已有文化基础上的更高形态的文化发生。在这两种意义上对文化发生进行的探讨才是完整的。

　　在文化的原始发生阶段，在意识和思维的产生阶段，不可能存在实质意义上的文化，不可能出现系统的价值观，当然也就谈不上价值观的地位和作用。但从逻辑上讲，即使最原始的人类，也应该是具备一定的"属人"的意识和思维能力的人，尽管这种意识和思维能力相对而言是初级的、低下的。但此时的"人"毕竟已是一种不同于"自然"存在的特殊存在。"人"之所以是一种不同于自然万物的特殊存在，是因为同时具备了"物质"和"精神"这两种属性。就物质属性来说，人原本只不过是一种高级的灵长类哺乳动物，曾经是动物进化序列上的高阶成员。是什么将"人"超拔出自然界呢？这个问题在人类学、考古学、哲学等不同理论的探讨和研究中可谓见仁见智。但不能否认的是，"精神"是仅属于人的存在。在人以外的动物那里，类似"条件反射"和"无条件反射"的高级神经活动虽然已经存在，但这样的神经活动是代代相沿的，代际遗传之间一般并无明显的变化，因而被称之为"本能"形式的意识活动。人则不同，人的"精神"属性是以文化遗传的特殊方式传承的。人的"精神"属性是后天习得的，是"人文化育"的结果；而且，人的"精神"属性是在创造中不断积累、丰富和发展的，并以自然界原本没有的物质形态和精神形态的成果表现出来。所以，把人与动物根本区别开来的是人的"精神"属性的获得。这绝不是一个唯心主义的结论，相反，这个结论的前提是，人类的意识、精神是物质世界长期发展的产物，物质决定意识，"意识在任何时候都只能是被意识到了的存在，而人们的存在就是他们的现实生活过程"①。

人类最初的意识本质上就是一种价值意识，或者说原始思维和意识就蕴涵着人类的价值意识和价值倾向。能够意识到"自我"的存在，能够区别"自我"和"他者"，对人类而言是一个极其漫长的历史过程，这个过程就是人类意识的种系发生过程，这个过程与人类文化的原始发生也是同一个过程。由于人类进化史久远，人类对这一过程不可能做出详尽、精确的研究，许多研究只能算是一些假说或猜测。从逻辑上讲，原始人的意识和思维当然没有现代人这样发达，他们的意识和思维能力还处于初级阶段，是原始的意识和思维。原始意识和思维一步步发展，经过漫长的历史进化，才有了今天我们通常意义上所讲的人类思维。但即便如此，价值意识或价值倾向仍然是人类意识或思维的应有之义。人类始祖向人进化的过程，是"人化"的过程，是文化创造和文化"化人"的统一。他们首先逐步意识到自身与自然界的差别，并通过对自然界的原始改造来满足自身的需要，使自然物成为对人而言有用、有益的存在。这本质上源于人的价值意识的驱动，这种意识是劳动造就的，是残酷的生存竞争造就的。人的价值意识与动物的生存意向明显不同。动物的生存意向是一种本能的反应，是自然造就的，只能在本能水平上存在。而人的特殊性在于，其生存意识超出了本能的范围，人不单单要适应自然，更重要的是要改造自然，让人与自然和谐共生。这就是价值创造，这种"为我而创造"的意识就是最初的价值意识和价值观念。没有价值意识和价值观念的参与，人类就不可能进行文化创造，文化也就不可能发生。

---

① ［德］马克思、［德］恩格斯：《马克思恩格斯文集》（第 1 卷），人民出版社，2009，第 525 页。

　　除了在文化原始发生的意义上探讨价值意识与文化发生的关系，还要在文化发展和文化创造的意义上探讨这一问题。当今世界上所存在的各种文化形态，严格意义上都已不再是某一种纯粹的原生文化的继续，而是各种文化相互交流、冲突、碰撞、融合、涵化的结果。例如，我们自己最熟悉的文化——中华文化，现在也只能追溯到黄帝、炎帝和尧舜禹的时代，而且这已经有许多传说的成分，没有可靠的史料作为依据。即使追溯到夏、商、西周时期，也只有一些不系统的史料。而上述这些时代的文化，也早已经是文化融合的产物了，再往前，就只能向神话故事追溯了。文化界普遍认为，"中国古代文化是在多元一体的格局下发展起来的"①。春秋战国前后，齐鲁文化、燕赵文化、荆楚文化、吴越文化、巴蜀文化、三秦文化、岭南文化等中华地域文化已经各具特色，而且在长期的历史发展中彼此相互影响、交流、融合，这中间还不断融入中国周边各少数民族以及西亚、南亚、欧洲等世界各民族的文化因子。文化的多元必然带来价值观的多元，导致价值冲突和价值碰撞，引起价值调适和价值整合，促进文化的进一步发展。历经两三千年的发展，中国各地域文化虽仍保持鲜明的地域特点，但总体上却显示出某种价值普遍性，都贯穿着自强不息、贵和尚中、崇德重义、守成创新、和而不同的基本价值取向。这些价值取向至今仍是中国文化的身份印记，并将会进一步在新的历史条件下发挥其作用。总之，历史上的文化交流与融合，必然伴随着各种价值观的碰撞与调适，而价值观念的调适与整合，又是文化交流和发展的推进器。

　　有学者探讨了价值观原始生成的动因与条件：人的存在状态与指向

---

　　① 李宗桂:《中国文化导论》，广东人民出版社，2002，第398页。

是价值观得以发生的动因；个体意识的培养与提升是价值观得以存续的条件；人类观念与理论把握世界的方式是价值观的实质。价值观是属人的，描述价值观的原始发生，首先不得不求助于先验主体的设定。被预先设定出来的主体经过理论抽提后仅剩下体验、意向和构造这三个要素，这三个对主体而言须臾不可分离的要素，使主体构造起了包括自身、他者、他物在内的整个生活世界，也使价值观的生成成为可能，一切价值和价值观无不建立在生活世界之上。人的生活世界是一个综合性的存在。从终极性或价值性角度说，人们的生活世界具有先在性，由人们的生活世界构成的社会是使每个人更好地生活的条件和环境；从现实性角度看，社会的经济、政治、制度具有逻辑上的先在性，它们是人的对象化活动过程及结果，但一经形成便成为人们以何种方式进行生产、生活和交往的前提。人是对象性的存在物，把人的对象性存在与动物的对象性存在根本区别开来的，是意向意识和对象化活动，前者是认识论基础，后者是实践论基础。意向意识、反思、选择、超越使人这种原本一般性的存在，超越实存和生命的物理限制，把实存和生命提升为生活。生活不是简单的生存，而是使生命变得光彩夺目，是对自身满足、满意的过程。即便与动物相似的、看似本能的需要，人也总是把它变成社会的、文化的存在，或以社会的、文化的方式，使之成为真正的人的需要，使之成为生活，使之成为追求意义并成为有意义的存在。人的饮食生活以及政治、经济、精神等诸多样式的生活不是自在的，它们奠基于人的更为根本的活动——生产实践和交往实践之上。从终极性和价值性角度看，生产实践和交往实践只是价值与意义的创设过程，实现价值、体悟意义才

是生活的真义所在。^①

二、价值观：文化的深层结构

文化哲学关注文化层次和结构问题的研究，但更注重对文化各层次结构间相互联系、相互影响的内在关系的分析，以达到对文化的总体性把握。正是在这样的分析中，价值观所处的文化地位得以显现和确证。

（一）文化层次和结构论

文化是一个综合有机体，这个有机体总是以一定的层次和结构而存在。对文化的层次和结构进行分析和研究，是文化研究的重要内容，也是分析价值观在文化中所处地位的理论基础。

有学者认为，文化包括三个相互联系的领域，即作为主体的内在性的人的主观心态领域、作为过程的对象化活动的领域、作为结果的对象化活动之产物的领域。人的主观心态包括心理的表层结构（风尚）、中层结构（观念）、深层结构（集体无意识）。人的对象化活动体现人的内在价值系统和外在行为模式的统一，使个体认同于群体、使社会得以维系和发展。文化是人的对象化活动的产物，包括物质文化、制度文化、观念形态的文化和一切具有物质载体的文化事物。^②与这三个领域相联系，文化可分为三部分，即物质文化、制度文化和精神文化。

也有学者认为，文化可以分为技术文化、制度文化和精神文化三个组成部分；三部分合在一起，称之为"大文化概念"，与此相区别的狭义

---

① 参见晏辉：《现代性语境下的价值和价值观》，北京师范大学出版社，2009，第14—32页的相关论述。

② 许苏民：《文化哲学》，上海人民出版社，1990，第43页。

文化概念，仅指精神文化。① 这样界定文化的结构的前提，是将文化定义为"由共识符号系统载荷的社会信息及其生成和发展"②，并将文化的本质归结为社会信息，③ 而"符号是社会信息的统一的、现实的存在形式"④。社会信息是建立在物质的社会结构基础之上的。这里的"物质的社会结构"包括物质资料的生产方式、婚姻形式、生产关系和亲属关系。所有制关系和亲属关系结合在一起，组成完整意义上的人与人之间的权力意志结构，这种权力意志结构是物质社会关系借以运行的最初意义上的信息构成形式。人类自觉创建的信息控制系统，包括人类控制自然的信息控制系统和控制社会的信息控制系统，属于社会信息的第二个层次。社会信息的第三个层次，作为构建以上两类信息控制系统的基础的人类认识成果，即知识和意识。因此，可以得出结论，"社会信息范畴全部都是由人类的认识成果组成的"⑤。

　　但是，社会信息又不能简单地理解为人类的认识成果，因为由社会信息各个层次组成的结构及其功能同时还是社会物质运动整体发展的有机组成部分。社会物质运动是由控制自然的信息控制系统发动和推进、通过人与人之间的权力意志结构而实现物质社会关系的运转，又有社会信息控制系统来保障的过程；而这个过程又不断产生出实现人类自我控制的信息基础，即人类的知识和意识。作为物质过程，它不断生产和再生产出物质的社会结构；作为信息过程，它不仅生产和再生产出知识和意识，而且不断生产和再生产出社会信息各个层次的结构和功能。因此，

---

① 蔡俊生、陈荷清、韩林德：《文化论》，人民出版社，2003，第 37 页。
② 蔡俊生、陈荷清、韩林德：《文化论》，人民出版社，2003，第 31 页。
③ 蔡俊生、陈荷清、韩林德：《文化论》，人民出版社，2003，第 9 页。
④ 蔡俊生、陈荷清、韩林德：《文化论》，人民出版社，2003，第 24 页。
⑤ 蔡俊生、陈荷清、韩林德：《文化论》，人民出版社，2003，第 21 页。

社会信息不仅是人类的认识成果，而且是一个社会物质运动的严密而完整的结构体系。①

还有学者认为，文化可以分为技术体系和价值体系。技术体系表现为文化的器用层面，是人类物质生产方式和产品的总和，是文化大厦的物质基础；价值体系表现为文化的观念层面，即人类在社会实践和意识活动中氤氲化育出的价值取向、审美情趣、思维方式，是文化的精神内核。技术体系相当于通常所说的物质文化，价值体系相当于通常所说的精神文化。介乎两者之间或两者之外的，还有文化的制度层面和文化的行为层面。文化的制度层面即人类在实践中建构的各种社会规范、典章制度；文化的行为层面指人类在社会交往中约定俗成的习惯定式，即以礼俗、民俗、风俗等形态出现的行为模式。②

《中国文化概论》一书概括了文化结构诸学说：物质文化和精神文化的两分说；物质文化、制度文化、精神文化的三层次说；物质、制度、风俗习惯、思想与价值四层次说；物质、社会关系、精神、艺术、语言符号、风俗习惯六大子系统说；等等。书中区分了广义文化和狭义文化：广义文化着眼于人类与一般动物、人类社会与自然界的本质区别，着眼于人类卓立于自然的独特生存方式，覆盖面非常广泛，所以可称之为"大文化"；狭义文化排除人类关于物质创造活动及其成果的部分，专注于精神创造活动及其成果，所以可称之为"小文化"，狭义文化在逻辑上从属于广义文化。《中国文化概论》着重论述了文化结构的四个层次，即物态文化层、制度文化层、行为文化层和心态文化层，现简要介绍如下。

物态文化层是由人类加工自然物而创制的各种器物构成的，以满足

① 蔡俊生、陈荷清、韩林德：《文化论》，人民出版社，2003，第22页。

② 冯天瑜、杨华：《中国文化发展轨迹》，上海人民出版社，2000，第2页。

人类衣食住行等最基本的生存需要为目标，直接反映人与自然的关系，反映人对自然界的认识、利用、把握和改造的程度，反映社会生产力的发展水平。制度文化层由人类在社会实践中建立的各种社会规范、社会组织构成，包括家族、民族、国家，以及社会经济、婚姻、家族、政治法律等制度；经济、政治、宗教等社团；教育、科技、艺术等各类组织。这些制度或组织是人类生产生活的实现形式，是为人类的生产生活服务的，其特点、发育水平、存在方式等，归根结底是由人类认识和改造自然的水平所决定的。行为文化层由人们在社会交往实践中形成的约定俗成的习惯性定式构成。行为文化主要以民俗民风的形态出现，存在于日常生活起居行为之中，形成了具有鲜明民族特色和地域特色的行为模式。行为文化是社会的、集体的，不是个人有意无意的创作。行为文化具有鲜明的民族性、地域性、群众性和历史传承性。心态文化层由人类在社会实践和意识活动中长期氤氲化育出来的价值观念、审美情趣、思维方式等构成，可以分为社会心理和社会意识形态两个子系统。[①]

（二）价值观与文化结构

从文化结构的角度分析，价值观始终居于文化的深层结构，贯穿文化的各个层面，是文化的核心内容。

人们对文化层次和结构的最通常的划分是用"二分法"，即文化包括物质文化和精神文化两部分。在这种划分中，"文化"与"自然"是相对的，凡是打上人类印记的一切事物，都被称为"文化"。从哲学上来看，文化作为一种"存在"，也像"存在"那样具有无限丰富的内涵。在马克思主义哲学中，"存在"是作为与"思维"相对的"物质"的同义语而使

---

① 参见张岱年、方克立：《中国文化概论》，北京师范大学出版社，2004，绪论。

用的。马克思主义哲学认为，人是一种社会性的存在，人的本质"在其现实性上""是一切社会关系的总和"[1]，人所具有的意识是社会意识，社会存在决定社会意识，社会意识是社会存在的观念形态的反映。物质文化作为一种社会存在，是人类知识和智慧的物化反映，是人类智力、能力、情感、意志等精神因素的载体和表现形式。在一定的物质文化基础上，精神文化对人类生活和社会发展起着至关重要的主导和建构作用。物质文化和精神文化是不可分割的。

"文化是人创造的，而人从来不创造和自由、欲望无关的东西。"[2] 也就是说，人类不会创造与自己的利益和需要无关的文化成果，人类的文化成果是人类利益和需要的产物和表现，本质上是人类价值观念的产物和表现。物质文化成果的创造是在满足人们衣食住行等需要的利益驱动下产生的。如何才能满足人类的利益和需要、如何更好地满足人类的利益和需要，这是人类最基本的价值取向和价值标准，也是价值观的本质内容。所以，物质文化成果无非是人类利益和需要的对象化产物，是人类价值观念的物化表现。而精神文化成果，一方面是人类物质需要的观念表达，一方面是人类精神需要的观念表达，本质上就是人类利益、需要、情感的观念形态，无论哲学、宗教、伦理、科学、艺术等文化样态，都是以不同的形式表达这些需要。越是往文化的深层结构挖掘，越是可以清楚地看到这一点。

在物质文化、制度文化和精神文化的"三分"结构中，制度文化成了文化结构中独立的部分。制度的产生基于人类的交往需求而出现的合

---

① ［德］马克思、［德］恩格斯：《马克思恩格斯文集》（第 1 卷），人民出版社，2009，第 501 页。

② 杨善民、韩锋：《文化哲学》，山东大学出版社，2002，第 167 页。

理地处理个人之间、个人与群体、个人与社会之间利益关系的需要。这些需要的满足逐渐导致了各种组织和制度的产生，导致了制度化、组织化的文化的产生。制度是人们对自然、社会、人自身规律的认识成果的规范化结果，是文化创造的反映和组织制度保障。婚姻制度、社会经济制度、赋税制度、商品交换制度、政治制度、法律制度、教育制度等，其功能在于实现和保障人们各方面的利益和需要，因而本质上都是种族、民族、国家等人类群体的价值观的集中体现，是一个价值观念、价值标准和价值评价体系。例如人类婚姻制度的发展，从原始的乱婚、群婚，到族外婚，到对偶婚，再到一夫一妻制，就包含着人类对自身繁衍、生育规律等方面"真"的认识，对婚姻伦理的"善"和"美"的追求。人们通过制度来实现多方面的价值追求，达成多方面的利益需要，但制度的实施和功能发挥离不开物质文化基础和社会结构，这样，制度文化就在物质文化和精神文化之间架起了一道沟通的桥梁。

在文化"三分"结构研究的基础上，行为文化也越来越引起人们的重视。因为文化可以凝聚在物质上，体现在制度中，而且时时表现在人的行为和精神风貌中。人的行为习惯、民风民俗等直接体现着人的文化素质和文化底蕴，构成了独特的文化形态——行为文化，而行为文化又受到人的价值观念、审美情趣、思维方式等的直接支配。许多文化研究者把文化系统看作一个由物态文化层、制度文化层、行为文化层和心态文化层从外到内构成的同心圆结构。在这个同心圆系统中，心态文化层处于最内层，即最核心的位置，向外第二个层次是行为文化，第三个层次是对人的各种行为进行约束的规范性结构，即制度文化层，最外层是人的文化创造的物化成果，即物态文化层。从外到内，各个文化层次的价值密度不同。一般而言，物态文化层的价值密度最低，对外来文化的阻抗能力最弱，最容易产生变化；越往里，制度层面的东西则相对稳固，必须受到根本性的冲击才可能发生质变；人的行为是文化的自觉或不自觉的表现，往往形成习惯定式，不容易改变；而最深层的文化心态，是最为稳定、最根深蒂固、最难以改变的。近代中国的社会变革由器物到制度，到移风易俗、改变陈规陋习，再到改造国民的精神和信仰，深刻地印证了上述结论。

上文曾谈到，文化哲学对文化的理解，主张突破对文化的结构性、功能性描述，直接指向人的生存方式，注重对人的文化本质的总体性把握，强调人的生存模式和内在文化精神。在文化哲学的意义上，"文化"是人类对生存价值和意义的追求，它体现为一种内在的活的精神，这种精神塑造着人和人类社会，并以物化的形式表现出来。所以，文化哲学对文化的研究注重向内追溯，不是停留在文化的表层结构，而是深入到文化的最深层结构，把握文化的活的精神。因为正是这种精神统摄着整个文化系统，并渗透到文化的各个层次。这种活的文化精神，就是各民族在悠久的历史进程中氤氲化育出来的价值观念、审美情趣、思维方式等因素积淀而成的民族文化心理结构。人是追求价值和意义的存在，价值和意义是人类活动的原动力，价值观念是人类心理结构中最核心的东西；审美情趣的本质不过是对价值的体验和理解，思维方式不过是价值的追求和创设方式。张岱年先生认为，民族的共同文化心理，是在占统治地位的哲学思想的熏陶之下形成的，而共同心理的基本内容则是占主导地位的世界观和价值观。[①] 他还指出，不同民族的文化体系的差异，

---

① 张岱年：《文化与哲学》，中国人民大学出版社，2006，第11页。

主要系于价值观的差异。^① 所以，当我们进入到文化的深层结构的时候，就不能不重视价值观所处的地位和所起的作用。美国学者塞缪尔·亨廷顿和劳伦斯·哈里森在很大程度上是把文化理解为一种自觉的精神和价值观念体系的，他们主编的《文化的重要作用——价值观如何影响人类进步》表明了这样的倾向。^②

三、价值观及其对文化模式的塑造

文化模式是文化哲学、文化人类学等学科的重要范畴。通过对文化模式的研究和分析，可以更深刻地认识价值观在文化中的核心地位和作用。

（一）文化模式的内涵

文化模式是文化研究中的一个重要范畴。文化人类学、文化哲学等学科都涉及这一范畴。

在文化人类学的研究中，当考察一个民族、一个族群的文化状态和发展水平，以及这一文化与其他文化的比较等问题时，需要认识和把握这一考察对象的文化结构的独特构成方式及其稳定特征，即文化人类学意义上的"文化模式"。著名美国人类学家本尼迪克特（Ruth Benedict，1887-1948）对文化模式有独到的研究。本尼迪克特认为，文化模式就是诸文化特征相互协调一致的组合状态和构成方式。"文化模式是相对于个

---

① 张岱年：《论价值与价值观》，《中国社会科学院研究生院学报》1992 年第 6 期，第 24 页。

② 参见 [美] 塞缪尔·亨廷顿、[美] 劳伦斯·哈里森：《文化的重要作用——价值观如何影响人类进步》，程克雄译，新华出版社，2010，前言。

体行为来说的","人类行为方式有多种多样的可能,这种可能是无穷的。但是一个部族,一种文化在这样的无穷的可能性里,只能选择其中的一些,而这种选择有自身的社会价值取向。选择的行为方式包括对待人之生、死、青春期、婚姻的方式,以至在经济、政治、社会交往等领域的各种规矩、习俗,并通过形式化的方式,演成风俗、礼仪,从而结合成一个部落或部族的文化模式"。① 她还指出,"一种文化就如一个人,是一种或多或少一贯的思想和行动的模式。"② 所以,在本尼迪克特看来,一个民族的文化就是这个民族的人们的思想和行为模式,因为有了这些相对稳定的思想和行为的模式,这个民族的人们的思想和行为就总是体现出某种一致性。在《文化模式》一书中,本尼迪克特用不同文化的社会成员在情感上看待世界的不同态度来诠释文化模式,把文化模式视为一个社群共同的思想和行为整体,认为文化模式在人们可能出现的行为中总是选择那些为人们所喜闻乐见、乐于接受的类型,而拒斥那些与此对立的类型。这也说明文化模式具有的稳定性和巨大作用。本尼迪克特注重对人的心理和价值观的研究,着眼于各种特殊的、具体的文化模式对个体行为的制约作用。她的观点在文化模式的研究中虽为一家之言,但很有代表性,也很有影响。

文化学也研究文化模式。有学者认为,"文化模式,是指若干变体文化中所共同具有的那种稳定的构成要素和稳定的结构方式",这一模式"应该在变体文化中保持着某种大体相同的特征和功能,以维持一个民族或群族的绵延不断的基本的文化传统,凭此传统应足以认定不同民族或

① 刘敏中:《文化模式论》,《学习与探索》1989 年第 4—5 期,第 11 页。
② [美]本尼迪克特:《文化模式》,张燕、傅铿译,浙江人民出版社,1987,第 45 页。

群族的不同特征"。① 这样，文化模式就成为不同民族和族群相互区别的
"身份证"。文化学对"文化形态"的研究与文化模式也存在紧密的联系。
文化形态是"一定社会发展阶段上一定人类文化共同体的文化整体"②。在
同一社会发展阶段中，可能存在不同的文化形态。例如同在封建社会的
发展阶段上，欧洲中世纪的封建文化、中国的封建文化、印度的封建文
化和日本的封建文化，分属于不同的文化形态，而每一文化形态，又都
表现出其独具特色的文化模式。

　　文化哲学同样也要面对文化模式这一范畴。但总起来看，文化哲学
所探讨的是在较大的历史尺度上的特定地域、特定时代、特定民族中占
主导地位的文化模式。在共时态视野中，这样的文化模式主要包括民族
心理意义上的文化模式和文明形态意义上的文化模式；在历时态视野中，
则主要经历了原始社会的自然主义文化模式、农业文明的经验主义文化
模式、工业文明的理性主义文化模式。后现代主义文化思潮对现代工业
文明的批判，也预示着一种新的文化模式的出现。文化模式在人类社会
发展和人类历史进程中具有重要的地位：它决定着个体的行为，构成社
会政治经济等活动的内在机理，在深层次上标志着人自身的发展和社会
历史的进步。

　　(二) 价值观与文化模式

　　文化模式这一概念绝非一种理论设计，应该说，文化模式是历史的
产物。历史地看，每一种文化模式都浓缩着一个文化实体的发展轨迹，
体现着它的文化个性。研究文化模式，就是研究文化的历史个性。一种
文化模式的形成是一个漫长的历史过程，它往往经历由小到大、由弱到

① 刘敏中：《文化模式论》，《学习与探索》1989 年第 4—5 期，第 16 页。
② 蔡俊生、陈荷清、韩林德：《文化论》，人民出版社，2003，第 99 页。

强、由隐到显的发展阶段。在这一历史过程中，有诸多因素的参与，这些因素也起着不同的作用。其中最重要的因素是这个文化实体中具有普遍性的人的心理特点、精神面貌和行为方式。这些因素不断沉淀，形成这一文化模式特有的价值观念和价值取向。这些"价值观念是对多种社会行为方式的一种取舍和价值判断，它是从任何一个特定社会代表其特性的选择性行为的方式中演变而来。当我们说一个特定的社区或社区群体要受某种特定的价值观念约束时，这就意味着，生活在那个社区或社会群体中的人们都要典型地以能够显示和强调那些价值的方式来做出他们的价值判断，从而指导他们的社会行为……人们的社会行为可选择性取决于选择的可能性和时间的推移。事实上，当选择性事项变化了或扩增了的时候，人的选择性行为也会随之改变。并且经过相当的时间以后，改变了的选择性行为也会随着概念化和习惯化而变为另一套价值观念"。①

本尼迪克特在研究文化模式时充分注意到了价值观的问题。在《文化模式》一书中，她用"模式"这一概念指称某一社会潜在的"存在价值"。她认为，即使我们了解了一种文化的全部特点，却可能对整个文化仍然一无所知，所以，她试图通过对主体价值观的阐释来解释为什么特定社会成员会存在某些固定的行为方式。她认为，每一种文化都有一套核心价值，核心价值所塑造的文化实践形成了文化的独特模式。文化的训诫塑造着人，违反训诫会受到惩罚，多数人因此而接受了这一文化模式中的核心价值。当然，并非每个个体都能和这种文化模式相投契，总是有一些偏离，这种偏离实际上是个体人格与某一社会价值之间的冲突。《文化模式》的最后一部分探讨和展示了个体与社会之间的这种冲突："一

---

① 刘敏中：《文化模式论》，《学习与探索》1989 年第 4—5 期，第 18 页。

方面，文化是一种对大多数人都学到并吸收的核心价值的表达"；另一方面，总是存在与特定文化模式有某种偏离的个体人格。① 另外，本尼迪克特的另一部名著《菊与刀——日本文化的诸模式》，实际上是致力于考察日本社会的核心价值观，考察的目的旨在指出这些价值观将会如何影响日本在二战及战后美国占领期间的行为，以便为美国决策者提供对日本问题的决策依据。她考察的结论是：日本文化是不同于西方罪感文化模式的耻感文化模式。在日本人的耻感文化模式中，他们的价值关注重心是"脸面"和"形象"问题，是对自己的行为做出自圆其说的解释或辩解，而不是人内在的自律和理性的原则。因此，美国的对日政策应充分利用日本政府，既消除日本政府和民众的耻辱感，又要保证战后日本摆脱军国主义。这些结论直接支持了美国对战后日本的政策制定。

文化模式是对一种文化的内涵和存在状态的高度抽象和概括，它通常是隐而不显的。文化主体身处其中，时时受到文化模式的规范和制约，却往往习以为常。在没有受到异质文化外部冲击的情况下，主体很难意识到自己的行为模式，改变固有的价值评判标准。至于文化模式的整体性的历时态变革，更是需要漫长的历史发展，需要生产方式的根本变革和生产力的长足发展，需要不同文化模式、不同价值观念的碰撞与交流，需要在大的历史尺度上才能实现，才能得到理解和把握。考察一下中国封建社会的文化模式及其变革，我们对上述认识会有痛彻的理解。

中国封建文化拥有世界上最辉煌、最悠久的历史，而且几千年来未曾中断。在长期的历史发展中，中国文化形成了以自然经济（或小农经济）为基础、以专制政治（或集权政治）为骨架、以家族本位（或群体

---

① [美]杰里·D.穆尔:《人类学家的文化见解》，欧阳敏等译，商务印书馆，2009，第93—98页。

本位）为轴心的农业型文化模式。在马克思看来，这种文化模式是亚细亚文化的典型。中国封建文化模式具有自然主义或经验主义文化模式的一般特点，但又表现出其独特性。在这种文化模式下，中国文化价值观从整体上呈现出重经验而轻理性、重群体而轻个体、重德治而轻法治、重守成而轻创新的特征，表现出鲜明的道德本位和伦理政治色彩。而正是这些文化价值取向，不断塑造和强化着中国封建社会的文化模式。这种文化模式具有强大的稳定性，在封建王朝几千年的改朝换代中不断巩固，并不断吸收外来文化的因素，同化与它对抗的外来文化。直到近代，中国都是当时世界上最坚固的封建文化堡垒，外来文化很难从外部攻破它。所以，中国人的文化优越感拥有最稳固的文化基础。中国封建时代的文化模式有它自身的优点，它的超稳定性一定程度上成就了中国古代文化的辉煌灿烂。但是，历史向"世界历史"发展的过程中，中国封建文化模式的惰性就彻底暴露出来了——在飞速发展的世界历史潮流中，中国变成了一个迟暮的老人。不打破这一旧的文化模式，不建立起新的价值坐标，中国就不能发展，就不能自立于世界民族之林。这个道理中国人是用了一个多世纪的岁月才逐步领悟到的。洋务运动、百日维新、辛亥革命、五四新文化运动，直到今天社会主义条件下的改革开放，本质上都是冲破旧有文化模式、建立新的文化模式的努力。在这个过程中，民主、科学、法制、理性、自由、平等、创新等现代社会的价值观不断深入人心，支撑起新的文化价值。作为社会主义国家，我们必须建构社会主义的新文化模式，而这一文化模式必须在社会主义核心价值体系的框架下才能建构起来。

四、价值认同与文化认同

文化认同的核心是价值认同。没有价值认同，就没有真正的文化认同；促进文化认同，必须从价值观的相互理解、尊重入手，从价值观的自我改造入手。否则，即使同根同源的文化，也会在文化发展进程中渐行渐远。

（一）文化认同的基本内涵

现代性的成长，全球化的发展，多元文化的并存，文化交流的频繁，文化的趋同发展，不同文化间的矛盾和冲突的不断发生，导致了世界范围内的文化认同危机。"我（我们）是谁？""我（我们）从哪里来？"这些古老的本体论追问重新被赋予新的内容，人们好像从来没有像今天这样热衷于文化上的"寻根""问祖"，文化认同的意愿越来越强烈，文化认同的行动也越来越丰富多样。对民族、国家等许多文化主体来说，文化认同逐渐成为文化全球化发展中不可回避的问题，也逐渐成为学界的关注热点。

首先要阐释一下"认同"一词的内涵。"认同"来自英文的"identity"。从语义上讲，现代英语中的"identity"包含两种基本内涵：一是"认同"，二是"身份"。"identity 这个词语所具有的'身份'与'认同'这两种含义是密切相关的，有时很难把它们截然分开。"① 因此，"认同"与"身份"具有天然的亲缘关系。所以，"文化认同"与"文化身份"是紧密联系的。自我"文化身份"的认同是"文化认同"的主题。

---

① 周宪:《中国文学与文化的认同》，北京大学出版社，2008，第 4 页。

　　其次，"认同"体现为一种关系，是认同者和被认同者之间的一种关系。"世界历史"条件下，文化认同"是在民族文化个性、他者向度、自我回归三个维度的张力关系中生成和展开的"①，没有他者向度就没有对比，就不会产生认同的自觉，也就没有对民族文化个性的认同和自我回归。所以，认同意味着认同者对被认同者的赞同、确认和接受，某种意义上也是认同者在区别"自我"和"他者"。因此，认同的过程是一个包括认知、比较、追问、理解、赞同、接受、实践等的综合性过程，也是认同者和被认同者之间的互动和建构过程。

　　再次，认同还应该被看作一个自觉的过程，是认同者展示其主体性的过程。主体不自觉地接受文化塑造的过程不能称之为认同。一般情况下，被既定文化塑造的文化个体，已经与自身的文化环境融为一体、不可分割，只有在自身的文化观念受到外界强烈冲击的时候，他才会反思自我文化身份，主动地区别"他者"和"自我"，产生文化认同的自觉。对一个文化共同体而言也是这样，在没有异质文化冲击的情况下，文化共同体一般不会主动打破自身文化传统，不会产生文化认同的危机。

　　所以，文化认同是主体对自我文化身份的自觉追问、认识、理解和确认，是主体对自身文化属性的理性把握和定位。对文化主体来说，文化认同意味着一种文化共享的经验或体验，意味着主体生命存在所追求的意义感和精神归属感。小到个体的人，大到一个族群、民族或国家等共同体，都有文化认同的问题。对个体而言，文化认同是个体的一种自我文化意识，是个体对自我的文化身份的认识和定位；对民族共同体而言，文化认同是民族共同体对自身文化传统的确认、传承和维护，是增

---

　　①　余晓慧、张禹东:《文化认同的世界历史语境》，《东南学术》2011 年第 2 期，第 136 页。

强共同体向心力和凝聚力的文化整合、文化发展过程。"在某种意义上，文化认同是对本民族传统价值观、宗教信仰、伦理道德的自我肯定，是维系个人与群体关系的天然纽带。"[①]

"使用相同的文化符号、遵循共同的文化理念、秉承共有的思维模式和行为规范，是文化认同的依据。"[②] 共同的语言、共同的习俗、共同的经典文化文本、共同的历史记忆、相似的信仰、相近的心理情感方式等，是文化认同过程中的文化要素。通过这些文化要素的认同，作为文化个体的人们找到了精神上的心灵归属感，生命的存在意义感，也找到了心理和情感上的温暖感。

文化认同广义上可以包括文化身份认同、民族认同、国家认同、宗教认同、政治文化认同、国际文化认同等。狭义的文化认同仅指对自身文化属性、文化身份的认同。对自身文化属性、文化身份的认同可以强化民族认同和国家认同，民族认同、宗教认同和国家认同则是全球化时代文化认同的核心。正因为如此，当今时代许多民族国家都空前重视文化建设，强调提高文化软实力，重视文化认同所发挥的作用，积极维护国家文化安全。

（二）文化认同的核心是价值认同

文化认同在全球化时代是一个敏感的话题。全球化是一种必然趋势，经济全球化必然导致全面的文化全球化。随着全球化过程中文化交流的频繁，文化冲突也日益加剧。人们已经越来越深刻地意识到，不论经济

---

① 闫顺利、敦鹏：《中华民族文化认同的哲学反思》，《阴山学刊》2009 年第 2 期，第 88 页。

② 崔新建：《文化认同及其根源》，《北京师范大学学报（社会科学版）》2004 年第 4 期，第 103 页。

全球化还是文化全球化，都是以某种价值认同为前提和基础的。反过来，价值认同和文化认同也推动着全球化在时空上的延展和程度上的深入。所以，我们在讨论全球化时代的文化认同的时候，不能不抓住其中本质与核心的因素——价值认同。

有学者认为，"所谓价值认同，是指人们对某种或某类价值认可并形成相应的价值观念。有了价值认同，人们之间就有了共同的价值观念。价值认同是一切社会认同的基础，也是全球化中让人迷惑不解、歧见纷呈的价值论事实"，"全球化是以一定的价值认同为基础的，否则，全球化就不可能在当代促成一个内在有机化和高度组织化的全球性社会"。①全球化时代的价值认同，已经成为一种经常性的现实，几乎与经济、文化交流同步，不断突破国家和民族的界限。全球化时代的价值认同要求价值主体树立全球化的意识，适应全球化时代高效、便捷的沟通方式，不断在社会实践中通过对话、交流、互动、借鉴，调适自身的价值观以顺应全球化境遇中的社会主流价值观；全球化时代的价值认同表现为社会成员对全球化境遇中社会共同价值规范的自觉认可、接受、遵循的过程，它标志着人们在社会生活中能够以某种社会共同的价值要求作为标准来规范自己的活动，并使之内化为自身行为的价值取向。

全球化时代，文化的多元并存、冲突和交流，不仅必然带来价值认同的问题，而且价值认同会越来越成为文化认同的核心问题。因为文化总是趋向于价值的，价值和价值观处于文化的最深层，是构成文化的核心要素。价值和价值观都是具有主体性的存在，主体性本身就意味着价值和价值观的差异性、多样性。价值和价值观的差异性和多样性存在是

----

① 汪信砚：《普世价值·价值认同·价值共识——当前我国价值论研究中三个重要概念辨析》，《学术研究》2009 年第 11 期，第 7 页。

价值冲突的前提，也是价值认同的前提。只是在传统社会或在社会相对封闭的条件下，文化的交流和冲突受到多方面的限制，多元文化在同一时空的并存和冲突还没有成为经常的现象，文化的"一元多样"是主流。与此相应，价值观处于一元文化的主导之下，是"一元多样"的价值观，还不至于造成激烈的价值冲突，价值认同也就不会成为问题。而在全球化时代，"多元多样"的文化和价值观已经成为现实，所以，价值认同也就必然成为一个问题了。

全球化造成了文化、价值、价值观的多元并存和冲突，这是价值认同的时代条件。一方面，全球化不断冲决民族、地域和文化的界限，使不同的文化和价值观处在不断的流变和碰撞的状态之中，这就为各文化和价值主体认识自身、发现差异进而完善自我，提供了鲜活生动、丰富多样的价值参照体系，为打破民族的片面性和狭隘性创造了条件。另一方面，全球化中的文化和价值主体在全球化中的地位和作用不尽相同：处于强势地位的民族和国家处于攻势，会获得更多的机会和利益；处于弱势地位的民族和国家处于守势，往往比较被动，虽然也面临着许多机遇，但面临更多的是挑战。但两类文化和价值主体都会面临文化、价值的冲突和认同问题。

全球化时代的价值认同问题首先突出表现为处于强势地位的发达国家和处于弱势地位的发展中国家之间的价值观斗争。在西方发达国家看来，他们的价值观是"普世价值"，是发展中国家应该接受的，西方国家的现在就是那些发展中国家的未来。他们希望把发展中国家纳入自己的价值体系，以巩固自己在全球化中的地位，扩大自己的利益范围。为此，他们采取了"强制认同"和"引诱认同"两种方式。"全球化中价值认同的重要形式之一就是西方国家凭借其经济、军事和科技方面的强大优势而把非西方国家强行地纳入其价值体系"①，这就是"强制认同"，是达到认同的"硬"的一面。但发展中国家大多是不愿做待宰羔羊的，他们想保持自我，想走自己的路。所以，随着全球化的发展，"软"的一面——"引诱认同"就逐渐成为重要的方式。"引诱认同"即"以非强制的方式引诱非西方国家的人们投入其价值体系的怀抱"。伴随着民族运动的发展和民族国家主权意识的强化，西方发达国家把非西方国家强行纳入其价值体系的做法日益遭到普遍而激烈的反对，不仅传统的殖民手段已不再可能，即便是单纯的市场化行为有时也会因为非西方国家维护民族自身利益而遭到各种对抗。"西方国家发达的政治、经济和文化生活对于非西方落后国家的人们本来就具有极大的诱惑性和吸引力，但西方国家并不满足于这种发展程度上的'势差'自然产生的诱惑性和吸引力，而是动用包括大众传媒在内的一切手段不遗余力地对它们加以强化，借以输出其价值观念。"②当然，对发达国家来说，如何使用这些方式，要看其国家利益的需要，而发展中国家也不会束手待毙。因此，发达国家和发展中国家的价值观斗争不管采取什么方式，都不会停止。价值认同问题在双方的争斗中会越来越突出。

全球化时代的价值认同还突出表现为基于"人类"这一"类主体"的共同利益而形成的价值共识和共同价值观念。随着科学技术的进步，全球化不断向纵深发展，人类不断打破时空的限制，人类在整个地球甚至更广阔的宇宙范围内越来越成为利益攸关的共同体——人类命运共同

---

① 汪信砚：《全球化中的价值认同与价值观冲突》，《哲学研究》2002年第11期，第23页。

② 汪信砚：《全球化中的价值认同与价值观冲突》，《哲学研究》2002年第11期，第23页。

体。生态环境问题、核问题、气候变化问题、资源能源问题、可持续发展问题等，已经跨越了国界，成了全球性问题，威胁着人类的根本利益，使人类面临着共同的风险和考验。正是基于人类的共同利益和需要而形成的普遍的、基本的价值关系，才使人类强化了某些共同的价值取向和价值观念。和平与发展越来越成为人类最根本、最普遍的价值追求。普遍价值或价值的普遍性是以价值的特殊性为前提的，但价值认同不是对某种特殊价值的认同。建立在某种特殊价值基础上的"普世价值"，只是某些国家搞"强制认同"和"引诱认同"的手段和幌子。

第二节 价值观的文化存在和表现

价值、价值观和文化是互为表现的：一方面，价值和价值观是文化的存在和表现形式，另一方面，文化也是价值和价值观的存在和表现形式。第一方面，价值和价值观是文化的存在和表现形式，从价值和价值观是文化的内容、组成要素这一点出发，是容易理解的。但第二方面往往不容易理解。

一、文化是价值和价值观的存在形式

"在一定意义上说，文化是价值的存在形式，而价值和价值观念是文化的内容。"[①] 价值和价值观以文化的形式存在，文化是价值和价值观的存在形式。这一点该如何理解呢？

首先，文化是一种"属人"的存在，一种主体性存在，而价值和价值观正是文化的主体属性的集中表现。价值从根本上讲是主客体之间的一种关系，是客体属性对主体需要的满足。作为价值主体的人为了满足自身的需要，就必须去认识和改造客体，使客体的某些属性可以为我所用，从而满足主体自身生存和发展的需要，这个过程是创造和享用价值的过程，也是"人化"和"化人"的过程。在这个过程中，

---

① 王玉樑：《当代中国价值哲学》，人民出版社，2004，第22页。

价值成就了人的文化存在，使人具有了文化的属性。价值观是人类价值认识、价值实践和价值享用的观念表达，是一种意识现象，一种精神属性，具有更鲜明的主体性和属人性。价值观必须通过作为文化主体的人而存在，必须以属人的文化的形式存在，并通过一定的文化机制发挥其作用。

其次，从文化的本质来看。通常都说文化的本质是"人化"，"人化"首先指的是自然的"人化"，其次是自然人的"社会化"。自然的"人化"，是自然向人而化，满足人的需要，成为对人而言有用、有益的存在，这本质上是人的价值意向使然，这种意向首先是生存的意向。动物也有生存的意向，但那是出于本能，而且是自然造就了动物的各种本能，动物的存在只能是本能水平上的存在。人的特殊性在于，其生存意向超出了本能的范围，人不单单要适应自然，更重要的是要改造自然，让自然为我而存在。这就是价值创造，这种"为我而创造"的意识就是价值意识和价值观念。自然人的"社会化"，是在一定的文化条件下对人的塑造，这种塑造的价值倾向就更加显而易见了。文化对人的塑造，一方面通过社会实践，一方面通过教育。教育是人类文化传承的基本形式。社会实践的目的意识和价值导向是非常明确的，而人类的教育过程，本质上就是一定的价值观念的灌输、传承和发展过程。所以，价值和价值观念一直是以文化的形式存在着的，只不过人们没有自觉到这种存在形式，对价值和价值观的研究也很晚才从自觉的理论研究中分化出来。

再次，从文化功能的角度看。文化的本质在于"人化"，其根本的功能在于"化人"，文化是"人化"和"化人"的统一。文化的"化人"功能，本质上是使人"向文而化"。"文"在中国古代本指各色交错的纹理，后来引申出人文教化和修养之义，并抽象出美、善、德行的外延；"化"

本指生成、化易，后来引申出文明、教化之义。"向文而化"就是通过一定的手段使人脱离原始、野蛮和愚昧，追求真、善、美，使人成为"人"，其实就是让人活得有意义、有价值。所以，价值是文化的本义，文化在一定意义上是价值和价值观的存在形式。

最后，说文化是价值和价值观的存在形式，很重要的一点是说，文化是价值和价值观的载体，离开文化这个载体，价值和价值观就无以存在。"价值观念不是赤裸裸、孤零零地存在着的。一个社会、民族、阶级的价值观念就存在于它的行为和产品（物质产品和精神产品）之中，特别是渗透在哲学、科学、文艺、宗教、法律、制度以及风俗习惯之中。"[1]这就是说，价值观只能依附于文化这个载体而存在，价值和价值观渗透在各种各样的文化创造活动中，体现在各种形态的文化产品中，须臾不能脱离文化这种存在形式。另一方面，人是价值创造和享用的主体，但人最终也是作为文化客体而存在的，人既是文化主体也是文化客体，是文化的重要载体。通过"人"这种文化存在的生生不息的文化创造，文化得以延续，价值观得以传承和发展。所以，价值和价值观以人为载体而存在，也就是以文化的形式而存在。

二、文化是价值和价值观的表现形式

文化是表现、显现价值和价值观的，文化是价值和价值观的表现形式。这里主要从文化结构的角度做一下探讨。前文已述，人们对文化结构的分类不尽相同，但主流、基本的看法是把文化分为物质文化、制度

---

[1] 袁贵仁:《价值观念研究和价值学的发展》,《哲学研究》1992 年第 9 期, 第 26 页。

文化和精神文化。从文化结构的角度来看，各种文化形式同时也是价值和价值观的表现形式。

物质文化是人类文化的物化表现，是文化主体——人的本质力量外化的结果，是文化发展的物质基础。人类的物质文化产品总是凝聚着丰富的文化因素，体现着人类的态度情感、审美情趣、价值取向、理想信念、政治信仰、社会需要等，也集中体现着人类的价值观念。现实中的物质文化产品也无不是这样，例如汽车是现代社会最重要的交通工具，它作为物质文化产品所凝聚的普遍价值，主要是现代社会对速度和效益的追求。

制度文化也是价值和价值观的表现形式。制度是人们对自然、社会、人自身规律的认识成果的规范化结果，是文化创造的反映和组织制度的保障。人类的价值和价值观念，一定程度上是通过制度文化继承和发展的。氏族制度、婚姻制度、经济制度、赋税制度、商品交换制度、政治制度、法律制度、教育制度，等等，其功能在于实现和保障人们各方面的利益和需要，使人们实现和维护自身利益和需要的观念具有体系化、稳定性和权威性的特征。因而制度在本质上都是主体价值和价值观的集中体现，是一个价值观念、价值标准和价值评价体系。例如，商品交换制度中公平交易的规定，体现着人们对自由、公平和秩序等价值理念的维护和追求；法律制度中对弱势群体的保护措施，体现着人们追求公正、以人为本的价值观念；政治制度中的三权分立制度，则是对民主价值的追求，是政治民主价值观的体现；等等。

精神文化的各种形式，是人类价值和价值观念的最直接的表达和表现形式。文化本质上是人的创造，是满足人的各种生存和发展需要的价值规范体系，文化的价值内涵是文化之为文化的更丰富的展示和更深刻的表现。物质文化是如此，人类的精神文化更是如此。神话、宗教、科学、哲学、道德、艺术等精神文化的诸形式，都在以不同的方式表现人类的价值和价值观念。例如"宗教"。徐复观先生认为，"一切民族的文化，都从宗教开始，都从天道天命开始"①。人类的文化创造和文化发展，自始至终与宗教密不可分，宗教中蕴藏着人类价值取向和价值观念的密码。恩格斯认为，"一切宗教都不过是支配着人们日常生活的外部力量在人们头脑中的幻想的反映，在这种反映中，人间的力量采取了超人间的力量的形式"②，可见宗教这种人类文化创造在本质上是人类对人与外部世界关系的虚幻的精神反映，是人类世界观和价值观的曲折反映。宗教教义中的"灵魂不死"、"祖先崇拜"、"万物有灵"、神和上帝"万能"等价值观念，实质上是人在文化创造过程中对自身地位和价值的认识和理解。宗教的许多戒律或信条，例如不偷盗、不淫乱、不欺诈等，都是典型的价值观念和道德规范。再例如"科学"这种精神文化形式。如果说宗教主要体现为一种"向善"的价值观，那么科学则主要体现为一种"求真"的价值观。科学的价值在于探求规律，获取真知，使人类获得改造世界的武器。科学理论和科学精神是崇尚理性、求真务实的价值观念的直接体现。不论是自然科学还是人文社会科学的研究和探索，都须臾离不开科学正确的价值观。所以，科学与价值和价值观是密切联系、不可分割的。科学这种文化形式一定程度上就是科学的理想、信念、价值观的表达和表现形式。

---

①　徐复观：《新儒家学案》（下），中国社会科学出版社，1995，第608页。

②　[德]马克思、[德]恩格斯：《马克思恩格斯文集》（第9卷），人民出版社，2009，第333页。

第三章 ｜ 价值观的文化功能
及其发挥

人是文化的存在，人的世界是一个文化世界，价值观是文化的核心，与文化融为一体。价值观的功能是一种文化功能，价值观形成和发挥功能的过程，本质上是文化"化人"的过程。价值观要充分发挥其文化功能，还必须借助一定的文化机制，依托一定的文化环境。

第一节　价值观的文化功能

价值观的文化功能是多方面的，主要体现在：评价和导向功能、规范和约束功能、教化和凝聚功能、文化整合与驱动功能。

一、评价和导向功能

评价是价值观最基本的文化功能。评价即价值评价，评价与价值、价值观紧密相关，那些无关价值和价值观的判断不能称之为评价。价值评价本质上是一种认识活动，是主体对客体有无价值和价值大小等问题的认识。"评价，是价值意识朝向价值客体的对象性精神活动，即价值意识在主客体价值关系中的现实表现。"[1]

评价作为一种精神活动、一种认识活动，在社会生活中几乎无处不在、无时不有。例如，饮食讲究绿色健康，出行注重安全快捷，购物倾向于价廉物美，旅游追求的是身心放松、精神陶冶，等等，反映的正是社会生活中人们比较普遍的价值倾向，是价值评价活动参与的结果，是人们的价值观的评价功能的体现。其实，人与外界事物的关系往往表现为一种现实的价值关系，与主体不构成现实的价值关系的事物往往不会引起人们的注意和对待。评价作为主客体价值关系的反映和体现，是价

---

[1] 李德顺：《价值论》，中国人民大学出版社，2007，第223页。

值主体对价值客体的一种评判。这样的评判事关价值主体的利益和需要，因而决定着价值主体对价值客体的态度和处置方式，也决定着人们的行为和实践方式。

价值评价的基本结果有两种：肯定的评价和否定的评价。在主客体价值关系中，如果价值客体能够使价值主体的需要、利益、愿望、情感等得到满足，使主体感到满意、喜欢、有兴趣、欣然接受、积极对待等，就是肯定的评价；否则，主体感到不满意、不满足、拒斥、否定、厌恶等，就是否定的评价。人们对同一价值客体有时可能作出相同或相近的评价，有时则可能作出相反的评价。这是因为，评价总是与人们的具体利益、需要、愿望、情感、知识、信仰、理想等密切相关。价值评价存在复杂性和多样性的根本原因，一是人类价值形式有真、善、美、利、自由等多样性存在，二是人们的价值观是存在差异性和多样性的，这样就导致了价值评价标准和尺度的差异性和多样性。

就评价主体的具体形态来看，价值评价可以分为个体评价、群体评价、社会评价、人类历史评价等。在现代信息社会，社会评价发挥着越来越重要的作用，引起了人们的广泛关注。社会评价的基本形式是社会舆论评价和权威评价。社会舆论评价体现着公众的情感、好恶和价值观，往往融合成一种强大的现实意向，成为左右人的思想和行为的力量。权威评价包括社会代表性机构的评价、专家的评价等，它往往代表着社会的核心价值观，引导着社会舆论的方向。

价值观的导向功能和评价功能紧密联系。价值观的导向，本质上是一种实践导向。人类的实践活动既受到客体尺度——真理尺度的影响，也受到主体尺度——价值尺度的影响。价值观就是主体尺度的集中表现。在价值观的作用下，个体通过评价活动可以认知事物的是非曲直、善恶美丑，赞同和追求真善美，拒斥和抨击假恶丑，从而明确对事物的态度和处置方式，明确行动方向和行为方式，这就必然影响到人们的实践方式和实践效果。

一般来说，肯定的评价往往引导价值主体采取积极的态度和对待方式，积极地进行价值创造和价值实践，从而在实践中获得正价值；否定的评价则往往起到劝诫和警示作用，引导价值主体适当调适自己的行为，从而在实践中规避负价值。社会的发展需要科学价值观的引领。在全社会倡导和建构健康、积极、文明、崇高的价值观念，也就是在引导人们的思想和行为朝着文明向上的方向发展，从而创造良好的社会舆论环境，聚合强大的社会力量，增强社会凝聚力和向心力，形成良好的社会风气，促进社会更好更快地发展。同时，对那些消极颓废、卑琐丑陋的价值观念则要鄙弃之、厌恶之、抨击之，形成假恶丑"老鼠过街人人喊打"的舆论氛围，引导人们时时处处反思自己的价值观念，检视自己的行为方式，从而减少社会发展的不和谐因素。

二、规范和约束功能

规范^①和价值观总是密切相关的。从概念上讲，二者存在天然的联系。价值观是代表主体的需要、利益、动机、愿望、情感等观念形态的价值意识，是人们内心深处的价值取向或态度情感，是人们思想和行为的评

---

① "规范"这一概念不能等同于"行为规范"。人类除了行为规范，至少还有思维规范、技术规范等。思维规范是指导人们进行有效思维的规则，行为规范是制约和调整人们行为的准则。社会生活中，人们经常接触的是各种行为规范。这里谈的"规范"主要是指人们的行为规范。

价标准系统和行为导向系统。规范的本意是指规则、标准或尺度等，是主体为实现其价值理想，根据自己的价值观念制定的、社会成员共同遵守的行为规则和标准。价值观突出的是主体的利益、需要、情感、愿望等，而规范强调的则是主体应尽的义务、责任和强制性的要求。

价值是规范的基础，规范总是体现一定的价值和价值观念，或者说，规范本质上与价值观相连，是内在价值的外化和体现。在社会生活中，任何规范都可以追溯到某种社会价值观的源头。例如，"尊师重教"的价值规范背后是人们树立了"尊重知识、尊重人才""知识就是力量""科学技术是第一生产力"等价值观。价值观的变革也必然要带来人们的行为规范和社会规范的变革。例如，"绿色""低碳""环保"价值观的深入人心，使环境和生态保护方面的规范更加科学和细化，促进了人们在环境和生态环境方面的参与。规范若要行之有效，必须符合人们的价值观念，以相关的价值为基础。一种社会规范如果与大多数人的价值观相冲突，它就不可能得到人们的切实遵守。

价值观作为一般的原则，总是具有抽象性；而规范作为实现价值目标的规则和手段，则往往要具体、具有科学性和可操作性。规范只有在价值和真理统一的基础上，才能具有科学性和可操作性，才便于检验和落实。所以，规范的制定和实施，既要考虑一般的价值原则，符合人们的主流价值观，还要建立在科学、合理的基础上。

如果说价值观的评价和导向功能主要停留在思想观念的层面，那么价值观的规范和约束功能则主要体现在行为、实践的层面。一方面，价值观总是通过具体的规则、准则来实现对人的行为和实践活动的规范和约束；另一方面，人们的行为规范和实践方式实际上是价值观的外在表现形式，人们具有什么样的价值观，就会有什么样的行为规范和实践方式。价值观之所以能够规范和约束人们的行为方式和实践方式，是因为人们的行为方式和实践方式总是导向这一价值观所追求的某种价值、某种意义，这种价值和意义与主体价值观的符合程度，是检验实践效果的内在尺度。如果一种实践、一种行为不能达到预期的价值目标，不能与主体的价值观念相符合，那么这种实践对实践主体来说就是没有意义的。

在社会生活中，价值观总是要外化为相应的社会规范。为了倡导和推行某种价值观，统治阶级总是要相应地制定各种规范，包括道德规范、宗教规范、法律规范、科学规范以及其他各种社会生活准则。例如法律规范。法律是一个规范体系，法律规范总是以某种特定的价值观为基础和导引，它很大程度上就是对统治阶级价值观的体现和维护。法律的贯彻执行，可以规范和约束社会成员的行为，指导其价值选择和价值实践，降低由于价值多元化而造成的社会分裂，从而使社会成员的价值观最大限度地统一到统治阶级的主流价值观上来。法治对社会的整合功能就是通过对多元价值的整合并确立主流价值观而实现的。

统治阶级的价值观要实现社会化，成为社会主流价值观，必须通过教育和宣传，但更重要的是通过制定各种规范并以规范的力量来引导和约束人们的行为，从而使统治阶级的价值观通过相应的具体的规范在社会成员中得到内化。所以，在任何社会，统治阶级都重视通过各种社会规范来推行他们的价值观，规范人们的行为，以达到教化和稳定阶级统治的目的。社会主义社会是人民当家做主的新型社会，人民是国家的主人，社会主义核心价值体系体现的是绝大多数人民的利益和愿望。社会主义核心价值观的倡导和推行必须通过科学而具体的规范。我们看到，国家在这方面已经做了不懈的探索和努力：2001 年，国家颁布了《公民道德建设实施纲要》；2007 年，中共十七大又提出了社会主义核心价值体系建设的理论；2012 年，中共十八大进一步提出了培育践行社会主义核心价值观的要求；2017 年，中共十九大将坚持社会主义核心价值体系与"文化自信"结合起来，深刻阐明了培育践行社会主义核心价值观的意识形态功能和文化意义。

三、教化和凝聚功能

价值观具有教化和凝聚功能。教化主要是教育人，教人成人、成才；凝聚就是凝聚民族、国家等群体的共识，增强群体的凝聚力和向心力。

文化的本质功能在于"化人"。人们在一定的文化环境中生活，自然地接受文化的熏陶和塑造，这是文化"化人"功能的一种体现，只不过是文化在自然地"化人"。这个自然的"化人"过程，也包含着文化价值观的自然渗透。但人是实践性的社会存在，人的社会生活和社会实践具有明确的目的性，人类文化就是人有意识有目的地认识和改造世界的结果，是人的本质力量的体现，人类不能过无价值、无意义的生活。所以，人类多数情况下是在有意识、有目的地以文"化人"，这就是教化。教化的目的是使人成为适应社会需要的人。教化的主要手段，就是各种价值观念和价值规范的教育和灌输。价值观是文化的核心，是文化的基本内容，很大程度上，文化的教化功能就是通过价值观的教化功能集中体现出来的。价值观具有教化功能，是因为价值观的教育和灌输直接教人知道什么是是非善恶，什么是真假美丑，以及如何去辨别、如何去评价、如何去追求和实现正当的价值。这样，教育者通过价值观的教育和灌输，就把一定文化的核心观念渗透在受教育者的观念中，并促使受教育者按照既定的价值观念规范自己的行为，进行文化实践。

　　价值观具有凝聚功能，即凝聚民族、国家、社会等价值主体的共识，增强其成员的凝聚力和向心力，以实现价值主体的利益和发展目标。价值观是代表主体的需要、利益、动机、愿望、情感等观念形态的价值意识，是人们内心深处的价值取向或态度情感，是人们思想和行为的评价标准系统。一个共同体，只有树立起共同的价值理想，培养共同的价值观念，塑造共同的价值取向，才能更好地协调其成员的利益关系，调动其积极性和主动性，增强共同体的凝聚力和向心力，实现共同体的整体利益和长远利益。在改革开放的新时代，我们要用中国特色社会主义共同理想凝聚全国人民的共识，树立科学、民主、文明、法治、和谐、以人为本的价值观，倡导建立功利与道义、竞争与和谐、效率与公平、权利与义务相一致的价值理念，团结最广大的人民群众，共同为人民的自由幸福和国家的繁荣富强而奋斗。

四、文化整合与驱动功能

　　价值观之所以重要，还在于它的文化整合与驱动功能，"在于它对人的思想、感情、言论和行动起着普遍的整合与驱动作用"①。价值观对人的思想、情感、言论、行为的驱动，就是对人的实践活动的驱动，就是对人的文化存续和文化创造的驱动。价值观在人类文化发展中的文化整合与驱动功能值得探讨。

　　一般来说，"文化整合是指以特定民族和国家的文化为基础，通过吸纳其他文化的积极因素，进行文化发展与创新，使本民族和国家的文化

---

　　① 李德顺：《价值论》，中国人民大学出版社，2007，第222页。

内涵更丰富、社会认同更广泛、凝聚力更强大、导向力更有效的过程。"①
一种文化如果在发展过程中缺乏文化整合的意识，错失文化整合的机遇，
或因缺乏整合力在文化交流中处于弱势地位，这种文化就会丧失发展潜
力，逐渐停滞甚至衰亡。文化整合表现为一个动态的过程，也是一种历
史现象和历史沉淀。历史上，每一个文化系统都是在文化整合的过程中
变迁和发展的，不同民族和国家的文化在接触和交流的过程中总是相互
借鉴、互相吸收对方文化中适合自己的要素和成分，使文化趋向于融合、
整合，促进文化的发展和变迁。

　　价值观的文化整合功能主要体现为：第一，价值观为人们提供了基
本的价值取向和价值信仰，使人们的文化实践具有明确的价值目标。例
如，中国古代文化虽然是在多元一体的格局下发展的，齐鲁文化、巴蜀
文化、荆楚文化、吴越文化、燕赵文化、三秦文化等各具特色，价值观
也存在着很多差异，但这些地域文化中都充满"刚健自强的奋斗精神、
中华一体的认同意识、理想至上的从道精神"②，正是这些价值取向中的
"大同"，使中华民族文化不断融合，不断成长。第二，价值观的文化整
合功能还在于它的历史传承性，价值观的历史传承是对历史和文化的延
续。中华民族的历史历经分分合合，但天人合德、刚健有为、贵和尚中、
重道轻器、崇德重义等价值观却始终延续，不断得到认同和发掘，某种
程度上维系着民族文化的统一。第三，社会主流价值观往往具有意识形
态的强制性，它往往主导着社会的制度安排、人们的生产活动和利益格
局，使得这些方面能够相对稳定地存在和发展。当前，我们以社会主义

---

① 方章东、侯惠勤：《文化整合与社会主义核心价值观》，《安徽大学学报（哲学社会科学版）》2009 年第 3 期，第 50 页。

② 李宗桂：《中国文化导论》，广东人民出版社，2002，第 398 页。

核心价值观引导社会主流价值观，有利于统一社会成员的行动，使人们形成共同的价值追求和价值理想，使人们的文化实践活动朝向既定的社会目标迈进，增强社会凝聚力，促进社会的和谐发展。

价值观具有文化整合功能，根本原因在于价值观居于文化形态的深层结构，处于文化核心的地位，彰显着文化的特质，决定着文化的生命力。同一文化系统内部，不同文化价值观的整合会促进该文化不同要素的调试与整合，促进该文化的发展强大。儒家文化在其发展的不同阶段借鉴了阴阳家、法家、道家、佛家等不同文化的价值理念，发展出宋明理学的形态。不同文化系统间的冲突和碰撞，本质上是价值观的冲突和碰撞引起的。当两种异质文化互相接触、发生冲突和碰撞的时候，价值观念的冲突总是最为根本的冲突。近代，当腐朽没落的中国封建文化与处于上升时期的欧美资本主义文化相遇的时候，当时的中国人还很少能意识到这两种文化的巨大差异。虽然有少数开明的中国人不断地在反省自身，但却总是不得其要。半个多世纪之后，一小部分先进的知识分子才在创痛和屈辱中意识到，"坚船利炮"不过是欧美列强的外壳，根本的差异还在于文化。从文化根脉处探寻"落后"与"挨打"的缘由，其根本在于价值观的巨大差异。民主与专制、科学与愚昧、自由与盲从、功利至上与重义轻利等中西价值观念的尖锐冲突简直判若冰火。这些价值冲突如此鲜明地抛在国人面前，一旦人们意识到价值观念的巨大差异，就会更加主动地反思其赖以生存的文化，谋求文化的改变，探索文化的出路。20世纪初那场轰轰烈烈的新文化运动，正是这样开始的，它在中国历史上的意义极其深远。今天，当回首历史的时候，我们的教科书却还在将屈辱的近代史简单地归结于"落后就要挨打""统治者的腐败无能"等结论。"落后"不是"挨打"的根本原因，"统治者的腐败无能"也不是天然的。"落后"的文化根源到底是什么？我们对文化的反思还远远没有到位。

当今时代是全球化时代，文化整合已经远远超出了民族国家的范围，整个人类都面临着一次空前的文化整合。因为当今时代，全球化的步伐日益加快、程度逐步加深，不同文化间的交流、碰撞、互动、影响已经成为常态，世界文化的发展呈现出一种整体的相关性，任何个别文化都毫无例外地要受到世界文化整体发展力量的统辖和制约。这种情形表明，人类文化虽然时时经历着冲突、碰撞和分裂，但也面临着文化整合的机遇，而且正处于自觉不自觉的文化整合状态中。世界范围内的文化整合，"旨在强调把各种分散的、孤立的，甚至冲突的文化价值力量整合为一种凝结着人类整体利益和集体价值理想的力量，从而使人类的文化实践行为充溢着一种健康自觉的人文精神关怀"①。世界范围内的文化整合对每一个民族、每一个国家以至于全人类而言都是难得的机遇，也是深刻的挑战。在这个过程中，价值观的文化整合作用更加凸显出来。世界各国人民有共同的价值诉求和价值理想，例如和平与发展，民主与公正，幸福与自由，等等。各国各民族应在人类共同利益的基础上扩大价值共识，加强文化交流，促进世界文化的和谐与发展。在这个过程中，一些具有普适意义的基本价值观念，如民主、自由、发展、公正等，具有凝聚文化共识、促进国际合作和政治稳定的作用，应该积极发挥这一作用。但这并不等于可以打着"普世价值"的幌子将自己的价值观念强加于人，以文化交流之名，行文化霸权之实，对此当予以警惕。

价值观还在文化整合、发展、变迁的过程中发挥着重要的文化驱动

---

① 邹广文:《当代文化哲学》，人民出版社，2007，第232页。

功能。这是因为，从根本上讲，人们的文化创造活动是受生存和发展的利益和需要驱动的，价值观本质上就是人们生存和发展的利益和需要的表达，而社会主流价值观表达的是社会大多数人的利益和需要。一旦人们形成了对某种价值观的认同，也就等于认可了这种价值观所包含的价值目标、价值诉求和评价标准，认同了这种价值观所指向的利益和需要的合法性。人们会主动去权衡这些价值目标、价值诉求和价值标准，并把它们和自己的主体利益、需要和愿望联系起来，付诸文化实践。例如，改革开放之初，国家采取鼓励一部分地区、一部分人先富起来的政策，"富"不再被当作"资本主义的尾巴"，"劳动致富""勤劳致富"的价值观得到了人们的热烈响应。①"致富"的价值目标和"劳动"的价值手段符合人们的利益和需要，它打破了长期以来"左"的思想的禁锢，重新唤起了人们的劳动积极性，激发了人们的致富梦想，使神州大地上涌起了"劳动致富"的春潮，为改变中国几十年贫穷落后的面貌吹响了号角。从本质上讲，这不仅是经济改革上取得的进步，也是中华民族走出"左"的文化阴霾、走向文化新生的胜利。

价值观的文化驱动功能突出地表现在新旧价值观的更替过程中。价值观变迁是社会发展的反映，社会现实的变化总是在人们的价值观中呈现出来。对新的价值观的认同和对旧的价值观的摒弃，即新旧价值观的更替，往往焕发出巨大的文化力量。回顾中国历史，我们对此会有深刻的理解。例如，北魏孝文帝改革，本质上是面对先进的汉文化冲击而对本民族文化实行的改革，这一改革的关键就是重塑鲜卑贵族乃至整个鲜

---

① 趋利、求富是人类自古就有的价值倾向性，勤劳致富也是我们民族历来的价值追求。但在"极左"时代，人们不敢言富，"勤劳"和"致富"被割裂了，人性被扭曲、受压抑，个人的利益和需要边缘化了。

卑族的价值观，使他们接受汉民族的先进文化。这一过程中，新旧价值观的冲突是剧烈的，改革也遭受了来自保守派的重重阻力。但改革终究是大势所趋，孝文帝的坚韧和毅力也起到了关键作用，改革终于结出文化和民族融合的硕果。再如，中国近现代，当以孙中山为代表的资产阶级革命派树起民主革命的旗帜后，"民主"不断冲击和影响着国人的政治价值观，逐渐汇成了一股无坚不摧的民主革命洪流，它使"封建专制"无处遁形，使"民主共和"的价值观念深入人心，中国社会的变革由此一步步向前推进。一定程度上可以说，历史的每一次剧变，价值观的嬗变都是关键和先导，价值观驱动着文化的发展，其文化驱动功能不可小觑。文化全球化时代，文化冲突和转型的核心就是价值观的冲突、调适和整合。当今世界是一个经济驱动的世界，更是一个文化驱动的世界，文化驱动企业、驱动国家、驱动全球。在文化研究的根脉处，价值观的文化驱动功能必将得到更深入的研究和探讨。

第二节　价值观发挥功能的文化机制

价值观功能的发挥总是通过具体的文化实践，凭借一定的文化机制。本节将从价值观的自在与自觉、文化价值的创造和享用、主流价值观与主流文化、价值观教育的文化向度等方面对这一问题进行探讨。

一、价值观的自在与自觉

就价值观的存在形态和发生功能的方式而言，可以区分为自在的价值观和自觉的价值观，这一区分是与文化自身的内在机制或存在方式相关联的。就精神文化的存在和作用方式而言，有自在的文化和自觉的文化之分。自在的价值观即自在自发地影响和指导人们行为的价值观，价值主体多数情况下不会自觉意识到他所秉持的价值观，这种情况与自在的文化形态相联系。自觉的价值观即自觉地、有意识地、有目的地影响和指导人们行为的价值观，价值主体对自己的价值观有自觉的认识，并常常有意识地调适自己的价值观，这种情况与自觉的文化形态相联系。

自在的价值观总是与自在的文化形态密切相关。自在的文化形态主要表现为风俗习惯、情感、传统、礼仪、经验、常识等自在的文化因素，这些因素往往经过漫长的历史积淀，逐渐构成人们自在的存在方式或活动图式。它们通过家庭、集体、学校、社会等潜移默化地融进每个人的血脉中，自在自发地左右着人的行为，往往表现为强大的传统和习惯力量。至于这些文化因素背后的理论渊源和价值依据，人们并不刻意关注。

自觉的价值观与自觉的文化形态相联系。哲学对世界本质的总体性把握，对人与世界关系、人生目的和意义的反思，科学对事物状态、结构和运动规律的探索和揭示，宗教对世界和人生的超越性思考，文学艺术对自然和人类生活的自觉观照，等等，都是自觉的文化因素。人类社会的政治法律制度、经济体制、技术体系，也是社会生活中自觉的文化因素。自觉的价值观念和价值取向是自觉的文化实践的前提条件，也是自觉的文化形态的构成要素。

一般说来，自在的文化形态与传统农业社会、较低的社会分工和人的较低的文化教育水平相联系。而在现代社会中，由于较高的生产力发展水平、社会分工和职业分工的发展，人的主体意识和文化教育水平的普遍提高，自觉的文化形态占据比较重要的地位。而且，在现代社会，民族国家是社会的主体，它依靠国家机器的力量，依靠强大的、日益多样的舆论宣教工具，对自己的国民进行理论化和系统化的政治意识形态，道德法律规范，科学文化知识等各方面的教育、宣传和灌输，这些教育、宣传和灌输，以及专门树立起来的各种社会典范，都会自觉地、有意识地、有目的地引导和左右人们的行为。

不论在自在的文化形态还是自觉的文化形态中，价值观都是渗透于其中的核心文化要素，都在发挥着其基本的文化功能。对社会和个人来说，价值观都存在着自在和自觉的层面。对社会来说，自在的价值观已经外化为习俗、礼节、礼仪和习惯，以及自发的社会舆论和情感等，是一种自在的社会力量；自觉的价值观主要是官方秉持和宣教的价值观，是作为意识形态而存在的，它反映统治阶级的利益，是统治阶级价值观的反映，很大程度上影响和制约着社会的主流价值观。对个体来说，在自在的文化形态中，价值观自在地存在着，并自发地发挥作用，主体并不自觉到自己的价值观，也不会主动地对这些价值观进行反思，价值观对主体而言就是一种内化到行为习惯中的东西；在自觉的文化形态中，价值主体自觉到自己的价值观，并自主地反思自己的价值观念，主动地用这些价值观规范和约束自己的行为。对主体而言，价值观就是个体理性的集中表现。

自在的价值观和自觉的价值观是相互联系的，不是相互割裂的，价值观总是处于由自在到自觉的发展变化过程中。自在价值观与自觉价值观之间的矛盾和张力，是价值观演进和发展的内在动力。对于社会而言，传统农业社会中，自在的价值观在社会生活中占据主导地位；而现代工业社会，自觉的价值观占据主导地位。从传统农业社会向现代工业社会的转变，总是伴随着整体性的社会价值观念的冲击和根本变革。在价值观的社会变革意义上，自在的价值观往往表现为我们习以为常、认为天经地义的那些价值观念，这些价值观如果不经反思批判，就会阻碍社会的发展和变革。例如，"男尊女卑"在中国封建社会几乎是天经地义的事情，它有圣人立言且世代相沿，人们不会主动去反思它的合理性，偶有反叛便是大逆不道。西方社会最早产生了系统的男女平等观念，并冲击了中国封建社会的固有价值观，才促使处于自在状态的"男尊女卑"观念向自觉的男女平等观念转变，这一进程仍在继续。现在，我们不仅在法律层面上确立了男女平等的基本原则，而且在社会生活中男女平等的观念也已深入人心。对于个体而言，每一个体总是存在着由自在的价值观向自觉的价值观演变和发展的过程，这一过程和主体自我意识的发展程度密切相关，从根本上讲是与主体的实践意识和实践能力密切相关。所以，永远"听话"的乖孩子是少有的，因为一个正常的孩子在成长的过程中总是会慢慢学会反思，变得"叛逆"，这本质上是个体意识的成长，尤其是个体价值意识的觉醒，也是一个人的价值观从自在状态走向自觉状态的必经阶段。

价值观本质上是关于事物价值的意识。就人类意识的自由、自觉本性而言，区别自在的价值观和自觉的价值观似乎不符合逻辑，因为意识的自觉性和能动性也是价值观所固有的。不论对于社会还是对于个体，价值观都不是自在的存在，而是社会遗传、教育教化的结果，是后天的产物。那么，自在的价值观从何而来？这里，自在价值观和自觉价值观的区分旨在区别价值观发展的不同阶段和存在样态，不具有终极的意义。基于这种区分，我们可以更深刻地理解价值观的文化功能，努力把自在的价值观改造为自觉的价值观。

二、文化价值的创造和享用

文化价值，是"一定的价值对象显现出的有益于人规范和优化自身的生命存在的功能、意义或意向"，"文化价值也是一种价值，或者说是一种'好'"，"是就有益于人'向文而化'，即按'人'的标准和理想展开、创造生命价值来说的价值"。① 显然，文化价值是就客体对象对于主体人的积极意义而言的，是一种正价值。社会要进步，人要实现全面而自由的发展，必须依赖文化价值的创造和享用。但是，对象不会自动地显现它对人的意义，人与对象之间的价值关系是一个建构的过程，价值的生成是人主动认识和改造对象的结果，文化价值更是如此。所以，人

---

① 孙美堂:《文化价值论》,云南人民出版社,2005,第82—83页。

类必须以正确、科学的价值观去引导文化价值的创造和享用，否则，社会就不能进步，人也不可能走向全面而自由的发展。

在文化价值的创造和享用过程中，价值观发挥着重要的功能。首先，价值观是人们关于事物基本价值的看法、信念、理想等思想观念的总和，它具有明确的价值导向性。人作为文化的存在，是追求意义和价值的存在，同时也是创造价值的存在，这是人之为人的内在尺度使然，价值观就是人的这种内在尺度。人的社会实践活动是在一定的价值观主导之下进行的，一切社会实践活动都导向既定的价值，即追求和创造价值。一切价值都是作为价值主体的人创造的，也是为人所享用的。人追求和创造价值具有明确的目的，即直接或间接地占有、享用价值，以满足人的物质、精神、情感、心理等方面的利益和需要。"从某种意义上说，人的一切活动都是为了创造价值和享受价值而进行的。"① 很大程度上，人的文化创造的本质就在于创造价值和享用价值——基础在于创造价值，目的在于享用价值。价值主体的文化实践过程，是文化价值得以实现的过程，也就是价值主体认识、追求、创造、享用价值的过程。

其次，文化价值的创造和享用，需要正确、科学的价值观。文化价值的意义在于"有益于人规范和优化自身的生命存在"②，即文化价值追求的是一种积极的价值，或者说是正价值。一种文化实践活动是否形成文化价值，价值观的正确、科学与否，是一个至关重要的因素。价值观与人的实践活动是相辅相成、密不可分的。价值观是在人的文化实践过程中形成和发展的，而人的实践活动又离不开价值观的影响和指导。科学正确的价值观是真理和价值相统一的价值观，决定着人的文化实践活动

---

① 阮青：《价值哲学》，中共中央党校出版社，2004，第239页。
② 孙美堂：《文化价值论》，云南人民出版社，2005，第83—84页。

的成败。成功的文化实践带来积极的价值，能够满足、完善和提高人的生命存在的需要，这就意味着文化价值的创造。有了创造，才可以有享用。如何有效地享用，充分发挥文化价值的效益，也必须有正确、科学的价值观的指导和参与。

再次，价值观是参与文化价值评价的重要因素，而评价是文化价值创造和享用的关键环节。从实践过程的步骤上讲，一个完整的实践，评价是最后的环节，也是为下一个实践过程提供借鉴的环节，这是就实践结果的评价而言。实际上，评价不仅存在于实践的最后环节，实践的整个过程都贯穿着评价的因素，这是一种过程评价。不管评价结果还是评价过程，价值观都参与其中。实践效益的评价本质上也是价值评价。文化价值是一种特殊的价值，它指向人的生命存在的优化，从这个意义上讲，它最值得人们去关注。我们在实践活动中注重实际的经济价值、政治价值、科学价值、环境价值等各种价值，而这些价值最终都要趋向于文化价值，否则，价值实践过程就需要调整和反省。说到底，文化价值是一种深层次的、根本的价值，它具有独立性，也渗透在其他价值之中。文化价值应成为价值评价的自觉维度，价值主体应在价值观中建立起对文化价值的自觉。这是文化价值的创造和享用所必需的。

三、主流价值观与主流文化

全球化时代，文化的多样性特征更加突出了。在多元化的文化系统中，总是有一种居于统治或主导地位的文化，这就是主流文化。多元文化必然带来价值观的多样性，在多元化的价值体系中，居于统治或主导地位、被社会普遍认同的价值观即主流价值观。主流价值观是主流文化的反映和表现，对主流价值观的认同意味着对主流文化的认同。一种文化要想取得主导或统治地位，必须重视价值观的作用。

在多元文化并存的全球化时代，多元文化之间总是相互影响、相互竞争的，主流文化要维护自己的统治地位，就必须加强文化建设，尤其要注重主流价值观建设。一个社会只有形成与主流文化一致的价值观念，才能凝聚社会成员的价值共识，维护社会稳定，促进社会发展。反之，如果一个社会缺乏主流价值观的导引，就有可能导致社会纷乱，影响社会稳定。大到一个社会，小到一个集体、一个家族或企业，其实都存在主流价值观的问题。

社会主流价值观的形成是一个长期的历史过程，牵涉多方面的因素，主要有经济基础和意识形态，统治阶级的文化政策和措施，社会的文化传统和文化状况，等等。一般来说，经济基础的变革决定着社会主流价值观的变革，而统治阶级的意识形态直接主导着主流价值观的形成，因为意识形态就是统治阶级价值观的集中表现。但是，统治阶级所倡导的价值观要成为实际社会生活中的主流价值观，还需要一个长期的过程。在这个过程中，统治阶级必须采取行之有效的政策和措施加强文化建设，增强社会成员对其所倡导的价值观的认同，才能使统治阶级的价值观逐步成为社会主流价值观。

在当代中国，马克思主义意识形态占统治地位。在马克思主义指导下，中国特色社会主义文化建设正在稳步推进，当代中国的主流价值观还在形成过程中。有学者认为，中国当代的主流价值观"是指由党和国家倡导与执行的马克思主义意识形态"，"这一价值观可以叫作中国特色社会主义价值观，即以全体中国人民为主体，以公平正义为核心，以富强、民主、文明、和谐为目标的价值和价值观念"。^①但实际上，我国的文化建设和价值观建设仍然任重道远。这主要是因为：一方面，我们处于全球化瞬息万变的时代，受到各种文化价值观的冲击和影响；另一方面，我们虽有悠久而厚重的文化传统，文化和价值观建设的资源非常丰富，但消极颓废的文化因素也不少，文化惰性和文化包袱仍然很沉重。这些都制约着我国文化建设的步伐。所以，从我国文化发展的整体状况来看，马克思主义意识形态成为主流文化，社会主义核心价值观成为主流价值观，还需付出长期的努力。

四、价值观教育的文化向度

（一）价值观教育与文化的统一

价值观教育是人类文化传承和发展的基本方式。教育本身就是一种文化行为，系统的价值观教育主要包含在道德教育和思想教育之中。但广义上讲，教育内容的各个方面都贯穿着价值观的维度，教育活动本身也是在一定的主导价值观指导下进行的。就教育的内容而言，包括知识、技术、技能、道德规范、理论和思想观念等文化的诸多方面；就教育的功能而言，教育就是教人学习和掌握一定的文化知识、技术、技能等，使人成为一种文化的存在，即用文化"化人"。教育不能仅限于知识、经验和技术的传授，教育的灵魂在于启发自觉的价值观念，培养鲜活的文化精神。价值观教育在教育中无疑具有重要的地位。价值观教育的本质是"塑造什么样的人"的问题，我们需要造就的首先是具有正确的人生

---

① 李德顺：《价值观的"主流"与"边缘"》，《人民论坛》2010 年第 3 期（上），第 18—19 页。

观、价值观的人才。对一个民族、一个国家而言，培养、凝聚共同的价值观，关系到社会的和谐发展和国家的兴衰存亡。就教育的目标而言，"世界上的任何一个国家，都为教育树立了两个伟大的目标：使受教育者聪慧，使受教育者高尚。"① 使人聪慧，就要教人以知识；使人高尚，就要教人树立崇高的信仰和价值观念。当然，社会主义国家的教育更强调德智体全面发展，强调做"社会主义事业合格建设者"的目标，这是更高的理想信念和价值追求。无论如何，一个人只有具备了一定的理想、信仰、价值观念和相应的知识、能力，才能为个人的全面发展奠定基础，为成为一个有益于他人、国家、社会的人创造条件。在当今这样一个文化全球化和多元化的时代，价值观教育的重要性和迫切性还在于，价值观作为文化的内核与载体，关系到民族文化的传承和发扬，关系到国家的文化发展战略和文化安全。只有把价值观教育与民族文化教育和时代特点结合起来，造就众多既具有民族文化底蕴又具有现代价值观念的人才，才能在文化全球化浪潮中占据主动。

价值观教育与文化本来是浑然天成、内在统一的，在古代社会尤其如此。中国古代教育的内容是多样化的文化素质教育，礼、乐、射、御、书、数早在两千多年前的春秋战国时期就成为教育的重要内容。而且，中国古代尤其重视道德教育，重视人的价值观培养。早在周初，周公就"制礼作乐"，以礼乐教化黎民、稳定社会，堪称德育之典范。礼、乐教育本质上就是一种价值观教育。至春秋末年，孔子常感叹"礼崩乐坏"、人心不古，本质上不能不说是对传统价值观崩溃、价值失范、社会失序的深度忧虑。儒家思想上升为封建正统思想后的两千多年间，中国历代

---

① ［美］托马斯·里克纳：《美式课堂——品质教育学校方略》，刘冰等译，海南出版社，2001，第4页。

封建统治阶级在教育上倡导尊孔读经，鼓励读书人皓首穷经以求晋身，
儒家思想成为封建统治的主流意识形态，儒家价值观也成为中国封建社
会的主导价值观。西方中世纪是基督教神权统治的时代，宗教信仰是文
化的主流，基督教会操控社会文化，垄断了世俗教育，宗教价值观成为
价值观教育灌输的主要内容，价值观教育与宗教文化融为一体。

　　价值观教育与文化的逐渐疏离，首先是近代自然科学发展和受理性
主义冲击的结果。"自从近代自然科学运用分解理性将自然世界还原为机
械的物理世界、近代政治哲学运用同样的理性精神将人类社会描述为机
械的契约社会后，原先笼罩着旧秩序的神圣幻觉被驱逐一空，与旧事物
浑然一体的统一的价值世界也随之分崩离析。"① 世界的"祛魅"，直接导
致"价值与事实的分离"。休谟首先提出了价值的知识与事实的知识的区
分，并发出由"是"是否可以推出"应该"的疑问，对价值知识的真理
性提出了质疑。后经韦伯的强调，现在已成为这样的现代性话语："事实"
就是"事实"，其中不带有任何意义和价值维度。"事实"成为具有真正
确定性的、可以被"客观"地研究和讨论的"科学"，科学真理成为唯一
可以传播、可以传授的知识，而"价值"则因为其缺乏普遍性和确定性，
只能交由主观性来处置，成为纯属私人的领域。如此一来，价值观教育
的合法性受到了挑战，价值被从事实中剥离，教育成为科学知识的单维
度教育，工具理性大行其道，教育的功利主义甚嚣尘上。中国社会在现
代化的进程中，也遭遇到了同样的问题。尤其是改革开放以来，在经济
浪潮的推动下，科学被提高到了至高至尊的地位，学校教育普遍重理轻
文，文化相对成为教育的短板，教育越来越没有文化内涵，价值观教育

---

　　① 王葎:《价值观教育的合法性》，北京师范大学出版社，2009，第 1 页。

也随之被窄化了。

价值观教育的窄化和边缘化还源于我们过度强化了教育的意识形态功能。意识形态无疑也是一种价值观的表达，而且是主流价值观的表达，但意识形态绝不是价值观教育的唯一内容。如果仅仅出于稳定和维护统治的需要而过多地强调某类价值观，把价值观教育简单化为某种政治性宣教，最后的结果或许就不是受教育者心悦诚服地接受和践行这些价值观，而是反叛、排斥或抵制。而且，这样还会导致价值观教育隐遁于权力的庇护之下，遮蔽价值观教育自身的反思和超越性品格，割断价值观教育的文化根基。在当今文化全球化和文化多元化的时代，价值观也处于剧烈的震荡和变动之中，人们面临更多的价值抉择，价值主体意识也空前觉醒，单纯的意识形态宣教已经不能应对价值主体的多元价值选择了。

当前的价值观教育还存在"远离生活"的倾向。远离生活，就是远离文化的历史和现实，尤其是民族文化的历史和现实，这将会使价值观教育处于没有文化依凭的虚浮状态之中。这种情况，首先表现为价值观教育中片面追求"崇高"的倾向。崇高的价值信仰是要培养的，但一定要水到渠成，遵循受教育者的认知和成长规律，更要注重价值主体的具体需要、利益和情感。因为人对"意义"的追求，既具有实在利益的现实性，又有理想和信仰关怀的超越性。人的意义世界，是一个理想性与现实性相结合的世界，价值观教育的现实基础是人的丰富的物质生活和精神生活。我们反对单纯追求崇高的价值观的教条，也反对疏离精神信仰的实用主义和庸俗化倾向。实用主义和庸俗化的价值观导向，例如什么"人生在世，吃喝二字""事不关己，高高挂起""有权不用，过期作废"等，把人引向过分的物欲追求和自我实现，使人陷入享乐主义和极端利己主义的泥淖，从而无视他人利益和社会公共利益。这种实用主义和庸俗化的价值观倾向，是价值观教育过程中应该批判的。

我们呼吁，价值观教育应该回归到深厚的文化土壤中，面向传统和现代两大基本的文化资源。传统文化是一个民族割不断的文化根脉，它不是僵死的文化遗存，而是从历史中走来、在现实中延续和不断发展的东西，是价值观教育取之不竭的源泉。中国经历了百余年的民族民主革命，新中国建立后还经历了多次运动的冲击，我们不断以批判和革命的形式向传统文化开战，不断更新我们的文化观念，但其中也不乏偏激和过头的行为。历史证明，传统文化需要变革图新，但全盘否定传统文化也是不可能、不恰当的。"破"的文章要谨慎，"立"的文章更需要斟酌。正确的态度是批判借鉴、去粗取精、去伪存真、古为今用，汲取传统文化中的价值观精华，使之符合现代社会的需要。对待现代文化也同样需要理性的态度。现代文化在全球化浪潮中不断处于快速分化与整合的过程中，各种价值观纷至沓来，人们有了更多的价值选择自由，但与此同时，各种文化的震荡和冲撞又常常使人们的价值观无所适从，致使一些消极、颓废的价值观念乘虚而入，腐蚀了人们的思想，尤其是扭曲了青年人的价值观念，这都使得社会、学校、家庭所面临的价值观教育形势变得更为复杂。如何甄别这些价值观念，加强引导，完善和弘扬核心价值体系，增强价值观教育的实效性，增强文化发展的价值驱动力，成为一个重要的课题。

（二）网络文化时代青年学生的价值观教育

如今的大学生成长于网络信息时代，独特的网络文化环境使其教育问题备受关注。中国自古以来强调德才兼备、德育为先，素有重视德育的文化传统，而价值观问题的敏感性，价值观在文化结构中的核心地位，使网络文化环境下青年学生的价值观教育尤为引人关注。适应新的时代条件，以培育践行核心价值观为契机，直面网络文化环境下青年学生价值观教育面临的挑战并积极应对，有利于促进青年学生健康成长、成人成才。

1. 网络文化的特殊性及网络文化环境下青年学生的特点

新技术革命条件下，网络和信息技术呈现裂变式发展，以电脑、手机等为终端的互联网渗透到社会生活的广泛领域，深刻影响着人们的思想意识、思维方式、道德和价值观念，也深刻影响着人们的行为方式、人际交往、生产生活方式等各个方面，冲击着物质文化、制度文化和精神文化等各文化层次。所以，人类文化深深打上了互联网技术的烙印，网络文化已成为新的文化生态。

与传统的文化生态相比，网络文化环境的特殊性表现在以下四个方面：

第一，虚拟性和大众化。虚拟性是网络文化的最基本特征，也是网络文化区别于一般文化生态的标志性特征。在互联网技术条件下，网络文化的行为主体及其交往环境、交往对象、交往方式和内容都具有很强的虚拟性。网络文化世界是现实文化世界的投射，但又迥异于现实文化世界。在这里，网络文化的参与主体可以暂时超离现实世界的束缚，获得更大的交往自由，感悟与现实世界不同的人际关系和情感体验，参与者的主体性得以更高程度地彰显。同时，现代科技的发展极大地破除了文化传播、交流和发展的技术障碍，使文化大众化具备了物质和技术支撑，资源共享和信息自由愈来愈成为现实，也成为互联网时代的显著特征。人们只需要一台电脑或一部手机等网络终端，就可以轻松进入到网络文化的虚拟世界中，成为网络文化的主体。所以，具有虚拟性的网络文化又为文化大众化打开了前所未有的方便之门。虚拟世界和现实世界的强烈互动效应，也极大地促进了文化发展的大众化，使得精英文化与大众文化的界限越来越模糊。

第二，开放性和包容性。网络文化以互联网新媒体技术和电脑、手机等各种设备为载体和依托，具有信息量大、传播和更新速度快、效率高、影响范围广，以及即时性、交互性、时效性强等特点。信息交流和传播的时空界限被打破，传统文化生态的封闭性和单一性也随之被打破，具有强烈开放性和包容性的网络文化生态不断生成。青年学生生存和成长的文化环境更加丰富多彩，世界以前所未有的开放、崭新姿态呈现在他们面前。他们可以更方便快捷地获取、传播、应用各种各样的知识和信息，快速融入瞬息万变的现代社会，不断调整其价值观念、思维方式和生活方式。

第三，复杂性和多变性。网络文化的复杂性和多变性主要基于网络媒体独有的传播特性，如交互性、即时性、放大效应、汇聚效应等，还有网络文化的形式、内容、功能的复杂多样性，以及网络文化环境下虚拟性和现实性的矛盾冲突，等等。通过网络平台，人们可以学习、交流、购物、娱乐、交友，可以接触到古今中外、不同性质和风格的海量知识和信息，以及各种人物、行为和事件（尽管鱼龙混杂、泥沙俱下、良莠不齐），人们的学习、生活和生产方式，思维方式和价值观念，不断被影响、塑造乃至重构。而信息交流的即时性（如即时刷新、即时传播）、交互性、虚拟性、时效性又不断强化着网络文化的复杂性和多变性。

第四，网络文化的价值多元化。世界本是一个多元文化和价值并存、发展的世界，而网络信息技术的普遍应用使多元文化和价值的碰撞和交融成为常态，也构成了每个人生活于其中的现实。人们借助网络平台，可以随时随地了解、学习、借鉴、利用来自全世界的知识和信息，不同时代、不同国家（民族和地区）、不同性质的思想和文化在网络世界风云际会，相互交流、相互影响，文化和价值的多元化特征不断凸显。青年学生就生活在这样一个多元文化和价值碰撞、交融的文化环境中，他们可以有更多的、主动或被动的文化和价值选择。某种单一文化、价值的影响和控制对他们而言已经不太可能，主流文化和价值观的教育作用也不断被消解，传统的思想政治教育被弱化、边缘化。

网络文化环境影响下的青年学生主要表现出以下三个特点：

第一，网络文化使大多数青年学生成为"独生子女"加"网上一族"相结合的新生代。社会的迅速发展，使当代青年学生对电脑网络和手机网络等新媒体接触频繁、使用频率高、依赖性强。物质生活的丰裕、独生子女的独特家庭地位等，使他们的生活环境、物质生活条件、教育条件等空前优越，也使他们得以普遍较早地接触并熟练、频繁使用各种电子信息设备，其学习、娱乐、聊天、交友、旅游、购物等都与网络和新媒体密切相关，堪称"网上一族"。而一定程度上，"独生子女"的身份印记和"网上一族"的身份特征又得以相互强化。

第二，网络文化环境下的青年学生，对新生事物和新的生活方式感受和接受能力强、信息敏感度高，易变性、可塑性更强。青年学生本来就朝气蓬勃、精力旺盛、学习和创新能力强，对新生事物充满好奇心，喜欢探求新知，而网络文化环境正好为他们提供了一个感知和接受新知识、新事物的文化平台，使得他们更易感知、接触和接受新生事物，对各种知识和信息表现出更高的敏感度，可塑性更强，但易变性也更强。这一方面有利于他们自主学习、自我教育、追求新知、开阔视野、增进交往、彰显个性、成就自我；另一方面，纷繁芜杂的网络文化也会不断冲击他们的头脑，带来不少思想道德、价值观念、人际交往和行为方式等方面的偏差，形成过度的网络依赖，从而增加成长的危机和风险。

第三，网络文化环境下的青年学生更容易受到各种误导和伤害。这是因为：其一，青年学生还处在身体和心智由不成熟走向成熟的关键阶段，社会阅历浅、人生经验缺乏。作为网络文化的主体和生力军，他们热衷于网络、频繁使用网络、享受着网络带来的各种便利，却对网络文化的"双刃剑"作用缺乏理性认识，导致不少孩子"一网情深"、不能自拔。其二，青年学生喜欢模仿、攀比和从众，善于自我表现、张扬个性，易走极端。网络文化环境放大和强化了上述特征，造成不少青年学生情绪不稳、消极迷茫、摇摆不定、盲目跟风、冲动叛逆，频受各种误导甚至伤害。其三，也是作为以上原因的结果，不少青年学生表现出网络自律能力差、网络信息鉴别能力差、自我保护能力差的倾向。这就极易引发各种生理、心理、人格和社会问题，如网瘾，电脑、手机依赖，社交障碍，人格和心理扭曲，行为失范，甚至违法犯罪等。而网络新媒体所特有的会聚效应、放大效应、共振效应等网络新效应[①]，往往会强化不良信息和价值观的误导，扩大、加重对他们的影响和伤害。

2. 网络文化环境下青年学生价值观教育面临的挑战

网络文化环境下，青年学生的价值观教育面临更加严峻的挑战。

首先，核心价值观的主流地位不断受到质疑和挑战，其教育作用不断被弱化和消解。"网络的多元信息打破了国家信息垄断，弱化了国家对民众的政治思想和行为的影响。"[②]的确，在信息技术革命不断深化的条件

---

① 曹挹芬、曾长秋：《新媒体时代促进社会主义核心价值观民众认同的探讨》，《中南大学学报（社会科学版）》2014年第6期，第197页。

② 曹挹芬、曾长秋：《新媒体时代促进社会主义核心价值观民众认同的探讨》，《中南大学学报（社会科学版）》2014年第6期，第196页。

下，国家的信息垄断地位受到深刻挑战，政治逐渐走向透明化，文化权威被淡化，人的自我意识不断增强。借助于网络这一颇具开放性、包容性、复杂多变性而又功能强大的平台，不同文化和价值观的交流和发展更加高效迅捷，人们时刻置身于一个文化与价值观多元并存、发展、矛盾、冲突的现实中。在这种文化环境下，国家对公民实施主流价值观的文化塑造和教育的行为变得越来越困难。而"网络世界的扁平化和平民化趋势正在一步步地消解权威的作用，排斥教化的功能，对社会核心价值观传播带来负能量。"① 作为"网上一族"的青年学生，最容易通过网络平台接触到不同性质的思想和文化，受到不同性质价值观的影响，出现信仰失落、道德淡化、价值混乱、行为失范等问题。面对剧烈的价值冲突，他们的质疑、迷茫和困惑是必然的。有质疑、迷茫和困惑，就有对比、调整和选择，乃至颠覆和重构。另一方面，网络文化环境下的青年学生不再是被动的信息接收者，他们已成为信息的传播者和创造者，是网络文化的主体，也是现实的自我教育和自我塑造的主体。这种角色的转换使他们更加关注与其现实生活息息相关的文化、价值和生活方式，感受、体验和创造他们感兴趣的东西，并进行即时交流、分享和传播。这种完全不同于传统教育过程的自我教育和自我塑造过程，对传统的价值观教育模式自然会造成强烈的弱化，也使传统的价值观教育作用受到消解。

其次，网络文化的巨大文化场效应深刻地塑造着青年学生的思维方式和生活方式，冲击他们的价值观念，使价值观教育面临前所未有的危机。网络文化无时无刻地浸润着青年学生的生存和成长环境，塑造着他们的思维方式和生活方式，从正反两方面影响着他们的价值观念，因为

---

① 张小飞、陈莉:《新媒体时代文化生态的嬗变与社会核心价值观传播策略》,《理论视野》2013 年第 6 期, 第 23 页。

网络文化是一种现实世界与虚拟世界交融互渗、功能强大、充满诱惑力的文化场域。互联网出现之前，人们基本上生活在实体的物理空间——现实世界中；互联网出现并发展到今天，人类的生存空间已发生了历史性的剧变：既在实体的物理空间——现实世界，又在虚拟的网络空间——虚拟世界，两个交融互渗的世界不断切换，亦真亦幻。诸如人们的相貌、性别、年龄、身份等在现实世界里无法隐藏的东西，在虚拟世界里可以隐藏或变得隐秘；而那些在现实世界里隐藏于内心世界秘不示人的思想情感、道德观念也可以在虚拟世界里尽情流露。真实的世界可以变得虚幻，虚幻的世界也可以变得真实，可谓真真假假、虚虚实实、变化莫测。人们的内在自我和外在自我都可以在这里得到全新方式的展现。这也正是网络这个文化场的诱惑力所在。对青年学生来说，网络文化的诱惑力可谓无比巨大。他们几乎须臾不能离开网络，网络对他们而言就是生活方式、人生平台。他们的思想道德、价值观念、思维方式和生活方式被网络文化不断影响和重塑，已经与其父辈相去甚远。传统的教育模式和教育内容越来越难以把他们从网络文化场中吸引出来。一般的学科教育尚且面临挑战，对于德育和价值观教育等具有特殊教育目的和功能的学科而言，挑战就更为深刻、形势也就更为严峻了。

再次，网络文化环境下的价值趋同和价值多元的矛盾更加突出，使意识形态工作变得更加扑朔迷离，更加具有挑战性，价值观教育面临更严峻的挑战。

价值趋同根源于人类满足其生存和发展需要的利益驱动。当今时代，市场经济的迅速发展、利润最大化的资本逻辑、现代科技发展所带来的全球化态势，都极大地推动着文化和价值趋同的步伐，建构和形成人类共同价值已成为"全球化"的内在要求和必然趋势。特别是互联网技术的出现和普遍应用，使得信息在全球范围内迅速传播和流动的技术障碍被消除、时空界限被打破，人类在经济、科技、教育、文化等领域，获得了更方便、迅速、普遍、深入的交流和借鉴，信息和文化的大众化、全球化趋势越来越明显。在这种情势下，人们对于自身生活理想、生活质量和生存状态的预期已建立在掌握海量信息和了解不同文化的基础上，眼界豁然开阔。先进和发达地区的物质和精神文化生活带来强大的示范和带动作用，富裕、文明、科学、理性、民主、自由、公平，平等、法治、人权等成为人们共同的价值目标和价值追求，成为衡量社会进步和文明程度的基本价值标准，民众对社会不公正、不平等、不文明、不自由状况的容忍度大大降低。这表明，以市场经济为主导的经济全球化和以互联网为标志的信息技术革命这两股巨大潮流，在不断冲击和颠覆人们原有的观念结构，塑造着日益趋同的价值观念和思维模式。这一过程中，成长中的青少年面临的冲击和颠覆尤为强烈。

　　在看到价值趋同的同时，我们还要看到全球化时代的另一事实：文化和价值多元化。价值趋同与价值多元是一个硬币的两面。"趋同以多元为前提，没有多元就没有趋同；多元是客观存在的，趋同是多元发展的内在要求"，价值趋同与价值多元是"一个内在互动，共同生长、发展、进化的过程"①，价值趋同，并不意味着价值一统。价值趋同不是对价值多元的否定，而是多元价值并存和发展的内在要求。实际上，价值趋同和价值多元是一对永恒矛盾，只不过在网络文化环境下更为突出了。价值趋同和价值多元的矛盾，同样贯穿在意识形态领域。意识形态斗争的焦点实质上是价值观的斗争。当前意识形态领域出现了意识形态多元化的

---

　　①　冯军：《价值观念在经济全球化背景下的趋同与多元化发展辨析》，《湖北大学学报（哲学社会科学版）》2001年第9期，第33页。

倾向。意识形态的多元化，本质上是价值观的多元化。这是教育者必须直面、必须理解和把握的事实。理解和把握了这一事实，也就把握了意识形态对立斗争的实质与核心，把握了当前意识形态工作的主动权。抓住意识形态工作的本质与核心，培育和践行社会主义核心价值观，是当前我国意识形态工作的重心。促进青年学生培育践行社会主义核心价值观，是意识形态工作的需要。

3. 网络文化环境下青年学生价值观教育的应对

通过上述分析和讨论可以看到，网络文化环境下青年学生的价值观教育确实面临很多新的问题和挑战，需要我们积极应对。

第一，青年学生价值观教育要坚持三个结合：灌输和疏导相结合、理论和实践相结合、虚拟空间与现实世界相结合。

关于灌输与疏导相结合。灌输即理论灌输。这里的"理论"当然不是一般的理论，而是特殊的意识形态。传统的意识形态教育强调理论灌输，强调教师的主导地位而忽视学生的主体地位，把学生当成被动和服从型的接收器，不管学生理解不理解、认同不认同、接受不接受，一味地进行灌输。灌输的惯性很大，流弊很多，广受诟病。我们不否认灌输有一定的必要性、合理性，但当前更重要的是认真反思和调整。与以往信息垄断和信息不畅的时代相比，现在过分强调理论灌输已经不合时宜。这主要是因为，互联网的发展已经改变了传统的信息传播方式，打破了国家的信息垄断地位，人们已不再是被动的信息接收者，他们可以通过各种新媒体手段主动、迅捷地获得和选择海量信息，任何一种特定的文化或价值观都会瞬间被抛入多元文化和价值观的参照系中，重新接受人们的审视，其合理性与合法性时刻都面临重估和新的定位。这种状况对于成熟的成年人来说都会造成巨大的冲击，对于人生观、价值观尚未定型的青年学生来说，冲击和影响尤甚。另一方面，必须清醒地意识到，网络文化环境下，青年学生的知识不断增加，视野更加开阔，自我意识持续增强，个性更加突出，人也变得更加现实，再加上青春期的叛逆性格和情绪波动，这一切使得他们更容易抗拒被灌输的东西。也许你觉得所灌输的都是天经地义，可他们恰恰不这样认为。他们可能更喜欢选择逆反和叛逆。这时候，相比灌输，疏导就变得至关重要。疏导，就是疏通和引导。灌输是居高临下的不平等姿态，疏导是尊重和平等相待的姿态，是设身处地、推己及人。在价值观教育过程中，要多一分平等，多一分理解和尊重，要懂得"发扬民主，广开言路，创造畅所欲言的气氛；坚持平等的原则，教育工作者和受教育者互相理解，在尽可能和谐交流的气氛中进行；不迁就错误的意见，不放弃批评和自我批评的武器"①。

关于理论与实践相结合。这是一个永恒的原则。要对青少年进行有效的教育和疏导，就必须坚持这一原则。青年学生的价值观教育，既要有理论维度，也要面向他们成长的实际，面向国家、社会和时代的实际，尤其要正视他们在现实生活中的质疑和困惑，有针对性地进行教育和疏导，并创造条件，鼓励他们在现实生活中践行。

关于虚拟世界与现实世界相结合。当今世界是一个虚拟空间与现实世界相结合的世界。一方面，虚拟世界越来越丰富多彩，虚拟世界成为现实世界的投射，成为人们理解现实世界的基本方式；虚拟世界以其强大的功能影响和塑造着现实世界，影响和塑造着人们的物质和精神生活。另一方面，虚拟世界与现实世界交融互渗，改变了传统的文化样态，塑造着全新的文化世界。青少年始终是虚拟世界的主力军，他们离不开虚

---

① 神彦飞、赵延梅：《灌输与疏导的辩证统一——浅谈大学生思想教育灌输与疏导的辩证关系》，《山东省农业管理干部学院学报》2004 年第 2 期，第 142 页。

拟世界，而且相当一部分青少年沉溺其中，这是一个不容漠视的现实。价值观教育必须立足这一现实，要把虚拟世界与现实世界密切结合起来，从形式、内容、手段等各方面探索价值观教育的有效模式，增强价值观教育的实效性。在教育内容上，青少年的网络道德和价值观也必须受到足够重视。

第二，要结合网络文化时代的特点，对价值观教育的内容进行有效整合。

价值观教育最终需要合宜的内容为承载。网络文化时代，以互联网为平台和纽带，文化和价值发展具有多元化、开放性、多样包容性、虚拟性、复杂多变性等特点，其内容在质和量上都与以往任何时代大不相同。青年学生们所接触到的文化和价值观丰富多彩，但同时也泥沙俱下、良莠不齐。一个不容忽视的事实是，网络文化时代，虚拟世界成为藏污纳垢的重灾区。所以，除了相关部门的监管和惩处之外，教育者所要做的就是把好价值观教育的内容关，学会在海量信息中去粗取精、去伪存真，有效甄别和取舍，用充满正能量的教育内容去填充青年学生的价值真空。另一方面，就青年学生的接受特点看，他们更喜欢彰显个性、求新求异，不喜欢刻板僵化、一成不变。这些倾向在网络文化环境下被进一步放大和强化，所以，教育者在教育内容的选择上既要注重思想性，也要注重新颖性和趣味性，要努力体现"三贴近"的要求，让青年学生喜闻乐见、参与其中、自觉践行。

价值观教育内容的选择应注意处理好这样几个关系。其一是多元并存和一元主导的关系。要坚持社会主流价值观的主导地位，当前来说就是社会主义核心价值观的主导地位；同时要正视文化多元并存和价值趋同的基本现实，汲取其他国家和民族的优秀文化和价值精华为我所用，坚持"拿来主义",反对故步自封、唯我独尊。其二是现代和传统的关系。现代是传统的延续,优秀的传统在现代仍然能够以适当形式彰显其价值。青年学生多推崇现代和后现代的东西,而轻视传统的东西。这就需要在价值观教育的内容上整合传统文化中仍具有现实意义的部分,以适当的形式实现传统文化精华和现代生活需求的对接。其三是精华和糟粕的关系。在网络文化条件下,现实世界和虚拟世界的二重化使这一关系更加复杂。其实,不论现实世界还是虚拟世界,都存在着正和反、优和劣的矛盾和冲突。所不同的是,网络文化时代,虚拟世界使现实世界中原有的糟粕有了新的藏身之地,并且花样百出,更具有隐蔽性和欺骗性,对青年学生也更具有诱惑力和影响力。这就使得价值观教育内容的整合更具有挑战性,更加需要教育者在教育内容和材料的选择方面把好关。

第三,要坚持创新,努力实现教育手段和方法的现代化。

没有适当的手段和方法,教育观念就无法贯彻,教育内容就无法呈现,当然也就谈不上教育的实效性了。这在整个教育领域都是相通的,价值观教育当然也是如此。但价值观教育在教育内容和目的上都不同于一般的知识教育。价值观教育的目的是让学生树立正确的价值观,接受和培养社会主流价值观,因而具有明确的意识形态导向。这首先需要教师的思想和价值引领,需要师生的思想和情感共鸣,需要学生的理论和价值认同,进而促使学生在实践中践行,实现知行合一。所以,在更新教育观念和整合教育内容的基础上,实现价值观教育手段和方法的现代化、不断创新教育手段和方法就显得至关重要了。

网络文化时代,教育手段的革新可谓日新月异,多媒体、网络平台、慕课、"互联网+"等现代化教育手段不断颠覆传统,"一块黑板、一支粉笔"的时代一去不复返了。的确,传统教育手段既无法承载、呈现海量知识和信息，也越来越不适应日益发展的形势，不适合在网络文化条件下成长起来的青年学生的特点，因而很难吸引青年学生的注意力、激发他们的学习热情和学习兴趣，当然也就难以保证教育的实效性了。当前，对大多数学校来说，实现教育手段现代化的物质条件已经不是问题，但教育手段的现代化不仅仅是一个硬件建设的问题，关键的问题是如何让这些现代教育手段发挥应有的作用，否则有了这些硬件设施也可能只是摆设。另一方面，手段和方法不可分割，现代化的教育手段要求现代化的教育方法。不论讲授、辩论、讨论、演讲，还是第二课堂、社会实践活动，都要从教育目的和内容的特殊性出发，从现有教育手段出发，选择灵活、适当的教育方法。但从根本原则上讲，价值观教育必须发挥教师的主导作用，积极发挥教师的主观能动性，在教育观念、教育内容、教育手段和方法的结合上下功夫；要更新观念，要善于学习和运用现代教育技术手段和教育方法，并注意在教育手段、方法的运用上处理好传统与现代的关系。

第四章 | 价值观与文化冲突
和文化转型

全球化时代，文化全球化是不可阻挡的趋势。各国各民族无时无刻不处于文化交流和文化冲突的状态中，中国社会也处于历史上前所未有的、全方位的、极其深刻的文化冲突和文化转型过程中。文化冲突是文化发展的基本动力，文化冲突的核心是价值和价值观冲突，文化冲突的过程也是价值观调适与整合的过程。文化冲突导致文化转型。文化转型与社会转型紧密联系，社会转型本质上是整体的文化转型。文化转型的关键是价值观的转型与变革。

第一节　价值观与文化冲突

文化冲突是文化存在、发展的方式和基本动力。文化全球化时代，文化冲突频繁发生，不但表现出更大的必然性，而且其影响也具有前所未有的广度和深度。本节简要探讨了文化全球化时代文化冲突的必然性，指出文化冲突的本质在于价值观冲突，还探讨了文化冲突中的价值观调适问题。

一、文化全球化时代的文化冲突

全球化是一个历史过程。实际上，经济全球化是随着近代资本主义的发展和世界市场的形成开始的。马克思、恩格斯指出，"资产阶级，由于开拓了世界市场,使一切国家的生产和消费都成为世界性的了"[1]。他们在分析资本主义经济发展的世界性趋势的同时指出，不仅"物质的生产是如此，精神的生产也是如此"，他们敏锐地预言了"民族的和地方的文学"向"世界的文学"[2]的转变,即文化发展的全球化趋势。20世纪后半叶，全球化步伐日益加快，并开始受到人们的普遍关注。1990年，联合

---

[1]　[德]马克思、[德]恩格斯:《马克思恩格斯文集》(第2卷)，人民出版社，2009，第34—35页。

[2]　[德]马克思、[德]恩格斯:《马克思恩格斯文集》(第2卷)，人民出版社，2009，第34—35页。

国前秘书长加利宣布，"世界进入了全球化时代"。如今，"经济全球化"已经成为世界经济发展的基本事实。资源的全球性配置，生产、市场、金融、贸易等领域的全球化和一体化程度的不断深化和升级，强化着人们对"经济全球化"趋势的感受和认同。

如果说人们对"经济全球化"还有比较一致的看法的话，对"文化全球化"却颇多质疑。有人从文化保守主义立场出发，反对"文化全球化"的提法；有人以文化的民族性差异难以夷平为依据，否定"文化全球化"；有人认为"文化全球化"就是形成整齐划一的"全球文化"，就是文化的齐一化和同质化，从而否定"文化全球化"的现实；也有人干脆从否定"经济全球化"的角度，否定"文化全球化"存在的基础；等等，不一而足。但是，我们对冷战结束以来世界文化发展的全球化新趋势却不能视而不见。我们必须看到，冷战时期以意识形态的对立和冲突为主题的资本主义文化与社会主义文化的两极对立和冲突已经发生了根本的变化。正如塞缪尔·亨廷顿所言，"在冷战后的世界中，人民之间最重要的区别不是意识形态的、政治的或经济的，而是文化的区别"[1]，当然，政治不是从此不再重要，重要的是"全球政治开始沿着文化线被重构"[2]，"文化和文化认同形成了冷战后世界上的结合、分裂和冲突模式"[3]。这些观点与其说是亨廷顿对政治的敏锐，还不如说是他对文化的敏锐。冷战铁幕落下了，代之而起的不仅仅是新的政治格局，还有经济发展的

---

[1] ［美］塞缪尔·亨廷顿：《文明的冲突与世界秩序的重建》，周琪等译，新华出版社，2010，第5页

[2] ［美］塞缪尔·亨廷顿：《文明的冲突与世界秩序的重建》，周琪等译，新华出版社，2010，第3页。

[3] ［美］塞缪尔·亨廷顿：《文明的冲突与世界秩序的重建》，周琪等译，新华出版社，2010，第4页。

全球化浪潮，更为深刻的是全球范围内文化发展的崭新态势。"文化全球化"的提法并不科学，也不严密，可以质疑和讨论，但当今世界文化发展的这个新趋势却不能被忽视。"文化全球化"的语境，强调的不是民族文化的泯灭，不是"大一统"的"世界文化"，不是强势文化对弱势文化的吞并，它更多的是强调世界范围内各种不同文化间的交流、冲突、融合、创新的共生态势，强调不同文化间的相互作用、相互影响、相互渗透和相互依赖，是频繁的"文化互动"，是各种不同文化在总体上呈现扩大交流和共性相对增多的趋势。

文化全球化过程中，随着世界范围内各国家、各民族、各地域文化的传播、交流和接触，不同文化间的冲突也越来越频繁，其影响也越来越深远，文化冲突已成为不可忽视的文化现象。塞缪尔·亨廷顿认为，"在正在显现的世界中，属于不同文明的国家和集团之间的关系不仅不会是紧密的，反而常常会是对抗性的。但是，某些文明之间的关系比其他文明更具有产生冲突的倾向。在微观层面上，最强烈的断层线是在伊斯兰国家与东正教、印度、非洲和西方基督教邻国之间。在宏观层面上，最主要的分裂是在西方和非西方之间，在以穆斯林和亚洲社会为一方、以西方为另一方之间，存在着最为严重的冲突。"① 亨廷顿的观点虽然带有"西方中心论"的印记，也有其明确的政治目的，但他却指出了一个重要的文化现实，即不同文明的冲突已经成为国际社会动荡的根源，"文明冲突"的重要性已远远超越政治意识形态的冲突。所谓的"文明冲突"，本质上就是"文化冲突"。

文化冲突是文化存在、发展的方式和动力，有文化交流就有冲突的

---

① [美]塞缪尔·亨廷顿：《文明的冲突与世界秩序的重建》，周琪等译，新华出版社，2010，第161页。

可能，有冲突就有比较、竞争和借鉴，文化才会向前发展。人类文化发展的历史就是一部文化交流、冲突、融合、变迁的历史。文化冲突是不同文化形态和文化要素之间的矛盾和对抗。文化冲突表现为同一历史阶段两种或两种以上的文化之间在传播、交流和发展过程中产生的矛盾和对抗，也表现为同一文化系统在不同的历史发展阶段上产生的新旧文化形态和文化要素之间的矛盾和对抗。在没有外来文化冲击的情况下，同一文化系统内部新旧文化之间的冲突往往在较大的历史尺度中才能显现出来；而剧烈的文化冲突往往发生在不同的文化系统之间。不论横向的冲突还是纵向的冲突，文化冲突在文化发展的历史长河中总是如影随形，而且往往纵横交织，错综复杂。

人类文化如同一个百花园，没有一个文化系统孤立于这个文化百花园之外，每一种文化都会受到"他者"文化的影响，各文化系统之间总是存在这样那样的联系，彼此间的交流、冲突、融合是不可避免的。而且，人类文化毕竟是以民族、国家、地域等为单位而存在和发展的，特定文化间基于地理环境、生产方式、气候、语言、宗教信仰、传统习惯、思维方式、价值观念等复杂原因，存在着多方面的差异，表现出强烈的地域性、民族性等个性差异，这就必然在文化接触与交流中产生矛盾和冲突。但也只有在这种矛盾和冲突过程中，不同文化才会相互比较，发现它们的共通性。异中见同、求同存异是人类文化发展的普遍规律。文化本质上是"人化"和"化人"的统一，是人类认识和改造自然、社会的产物，即劳动和社会实践的产物，是人类存在和发展的方式。多样性的人类文化间总是能在生理和心理、价值和情感、认识与实践等方面找到相似或相通的因素，因而可以互相交流和借鉴、互补与融合。所以，不同文化间存在的相同与相异、冲突与融合的矛盾和张力，又促进着不同文化间的交流和借鉴。从系统论的角度讲，每一种文化都是有机的系统，每一文化系统内部的各文化要素之间，每一大的文化系统中的子系统之间，尤其异质文化系统之间，都存在文化系统、文化要素间的相互排斥与相互斗争，融合适应与彼此共存的倾向和过程，这是文化冲突的过程，也是文化在矛盾和冲突中新陈代谢、融合互补、此消彼长的过程。

在经济全球化的背景下，文化冲突表现出更强烈、更持久的必然性。

首先，经济全球化是文化冲突的根源，也是文化冲突的载体。经济利益是各国各民族最基础的利益，是其他权益的基础。各国各民族都致力于在经济全球化交往中争取自身利益的最大化，因而导致频繁的利益冲突和摩擦。经济领域的冲突和摩擦必然在政治和文化领域呈现出来。有学者甚至认为，"当今的全球化实质上是文化的全球化，是既有的多元文化共同发挥作用和文化不断创新的全球化"[①]。在这样的境遇中，经济的全球化发展和经济领域层出不穷的矛盾无疑增加了文化冲突的机会和可能性。

其次，西方发达国家是全球化的主要推动者和最大受益者，他们在全球化中占据绝对的主导地位，经济上是如此，政治文化领域也是如此。西方国家不仅倡导和推行有利于他们的经济政治秩序，而且在文化上也大肆推行文化霸权主义，壮大其文化产业，兜售其文化产品，推销其文化价值观，这就使文化冲突更为直接和赤裸。

再次，现代科学技术的发展为文化交流和传播提供了强有力的科技支撑，现代交通、通信技术特别是网络信息技术的发达，使文化传播和交流的空间大大拓展、层次大大深化、方式越来越多样化，文化冲突也

---

① 李燕:《文化全球化：文化冲突与和谐发展》,《山东师范大学学报（人文社会科学版）》2010 年第 6 期，第 12 页。

因此具有了多样性、复杂性、频繁性和即时性。

最后，大多数发展中国家不仅在经济交往中处于劣势，在政治、文化、外交等各方面的交往中也处于不利地位。"文化冲突的发展过程，也是文化各方试图实现既定目标,维护自身利益和传统的过程。"① 为了维护民族的独立和尊严，捍卫民族的文化身份，这些国家就不得不采取措施保护和发展自己的民族文化，慎重处理各种文化矛盾和冲突。因此，各国各民族在文化领域中面临的民族与世界（本土与全球）、传统与现代、一元与多样、冲突与共生、固守与变革的文化矛盾也就越来越现实，文化冲突也越来越尖锐。

二、文化冲突的核心是价值观冲突

文化全球化时代，文化多元并存、新旧杂陈，文化冲突不可避免。在文化冲突中，价值观冲突日益凸显，成为当今时代文化冲突的核心。

价值观之所以成为文化冲突的核心，是因为，第一，价值观是人们的利益、需要、情感和价值取向的集中表达，不同文化系统的人们具有不同的价值观。全球化时代，全球范围内文化接触和交流越来越频繁，各种文化间的理解在增强，文化的共性在增多，某些领域、某些方面出现了所谓"价值趋同"的态势，但是，每一种文化毕竟都是具体的、特定的文化，价值观总是具体的、特定文化长期积淀的产物，具有历史性、民族性、地域性，也具有鲜明的阶级、阶层性，还有价值主体的多元性，所以价值观差异也就不可避免。价值观差异表现在价值目标和价值取向、

---

① 杨善民、韩锋:《文化哲学》，山东大学出版社，2002，第248页。

价值实现的手段和方式、价值评价标准体系等多方面。不同的价值主体往往因为价值观念体系的差异而产生矛盾和冲突，不能实现既定的价值目标。例如，中美两国在人权问题上的斗争，核心是两国人权价值观的矛盾和冲突，也折射出东西两种文化的差异。

第二，从文化结构的角度看，价值观处于文化的深层，价值观冲突标志着文化冲突的全面性和实质性爆发。一般来说，一个完整的文化系统是由物态文化层到制度文化层再到心态文化层的层层深入的同心圆结构，在这样的文化结构中，心态文化层处于最核心的位置，最外层是物态文化层，制度和体制文化处于中间层次。从外到内，物态文化（包括物质器具、科学技术等）对外来文化的阻抗能力较弱，最容易产生变化；制度和体制文化则相对稳固；处于最内层的心态文化层（包括价值观念和精神信仰等），是文化的核心，最为根深蒂固。但是，全球化时代的文化交流已经越来越超越时空的限制，发达的市场经济造就了充裕的商品堆积，世界成为一个商品消费的世界，消费主义盛行，物欲横流，物质文化的同质化倾向日益明显，物态文化作为文化系统的保护层已支离破碎。在制度和体制方面，经济体制的市场化倾向和政治体制的民主化倾向是不可阻挡的，制度设计和体制转轨都在有意无意地模仿现实中既成的东西。这一切，都使处于文化深层的价值观裸露于文化冲突的前沿。况且，全球化时代的文化冲突已经突破了文化结构的序列，它几乎波及社会生活的方方面面，在人伦日常、经济发展、商贸、旅游、教育、科学、宗教、政治活动、国际交往等领域，文化冲突已成为常态，价值观冲突势所难免。人们的经济价值观、消费价值观、政治价值观、民主价值观、道德价值观等，都常常会处于冲突、比较、调适和建构的状态中。

第三，价值观冲突一定程度上主导着文化冲突。全球化中存在某些方面、某些领域的价值趋同倾向，但并没有也不会导致某种一元化的"全球价值观"，价值认同只是某种程度的认同。在全球化过程中，价值认同和价值观冲突并存，它们仍然是一对现实的矛盾。这提醒人们，全球化不是普遍化、趋同化、同质化或一体化，"价值认同"是相对的，"价值冲突"是绝对的，正如"同一是相对的、斗争是绝对的"。"普世价值"只是一种意识形态的虚妄，它的合理性仅限于某些价值在一定条件下具有普遍性。现实世界绝不会存在超越一切民族、国家、地域的价值。在全球化进程中，与价值认同恰成鲜明对照的，"是全球范围内普遍而激烈的价值观冲突"，"价值认同与价值观冲突并存于全球化过程之中，前者是全球化中的普遍化、同质化趋向在价值观变化上的表现，后者是全球化中特殊化、异质化趋向在价值观变化上的效应"[①]。如前所述，全球化中的价值认同是西方国家主导的对西方价值观的认同，"一旦全球化中这种对西方价值的认同危及非西方民族和国家的核心价值观，从而使这些民族和国家的人们陷入精神上无可归依的状态时，西方价值观普遍化诉求的合理性与合法性就会受到人们的质疑和诘问，并由此激发价值观变化的特殊化和异质化趋向。"[②] 所以，价值观冲突一定程度上还会主导未来的文化冲突。

最后，必须清醒地认识到，发达国家在对发展中国家的文化渗透和在文化政策上推行价值观的"强制认同"或"引诱认同"，也使得价值冲突的重要性日益凸显，使之成为文化冲突的核心。"无论是强制认同还是

---

① 汪信砚：《全球化中的价值认同与价值观冲突》，《哲学研究》2002 年第 11 期，第 24 页。

② 汪信砚：《全球化中的价值认同与价值观冲突》，《哲学研究》2002 年第 11 期，第 24 页。

引诱认同，都是力图把某种特殊价值观念即西方价值观念加以普遍化，把非西方国家的人们纳入西方价值体系。"①全球化本质上是资本主义全球化，是资本主义发达国家主导的全球化，他们在全球化进程中处于强势地位。事实证明，美国等西方强国动辄可以用政治、经济制裁和军事打击来威慑或制服其眼中的对手，但在文化上却无法独占优势，政治、经济制裁和军事打击的结果往往是导致更尖锐的文化和价值冲突。所以，文化传统是阻碍他们达到其既定利益的最大障碍。为了最大限度地实现其利益，他们就必须推动对资本主义的文化认同，尤其是价值认同。文化是维护民族身份印记的根本，是一个民族的生存和发展方式，而价值观和信仰则是文化的核心。文化的差异本质上就是价值观和精神信仰的差异（精神信仰不过是更高层次的价值观）。这种差异是一种客观存在，有差异就会有矛盾，只是矛盾的性质、程度和影响不同。"在近代全球化进程开始以前，在以往地球上的各个地域、民族和国家彼此之间相互隔离的状态下，各个民族和国家价值观之间的差异早已存在，但这种差异即每一种价值观相对于其他任一价值观的特殊性和异质性，基本上还并不构成什么大的影响。但随着全球化运动的发展，价值观上的差异日渐成为各个民族和国家之间的普遍交往、特别是资本主义世界性发展的巨大障碍。正是为了消除这种障碍，抹平各个民族和国家之间价值观上的差异，使西方资本和商品能够在全球范围内自由流动，所以西方资本主义国家力图以各种强制的和非强制的方式使非西方国家的人们认同其价值"，"迄今为止全球化中的价值认同实质上是对发达国家价值的认同，

---

① 汪信砚：《全球化中的价值认同与价值观冲突》，《哲学研究》2002 年第 11 期，第 23 页。

而这种性质的价值认同必然导致不同价值观之间的冲突。"① 发达国家推行价值观的"强制认同"和"引诱认同"，发展中国家为维护自身利益而强调民族文化的自我认同和本土认同，这必然导致长期、尖锐的价值观冲突。

三、文化冲突中的价值观调适

在文化冲突中，价值观冲突是不可避免的，而且，价值观冲突是文化冲突的核心，是全球化时代文化冲突的焦点。对于发生价值观冲突的各方而言，都必须直面这种冲突，适时而主动地调适自己的价值观。

价值观的调适是可能的。价值观具有可调适性，首先是因为人是一种有意识的、自由自觉的存在。人能够意识到自我的存在，意识到人与自然的区别，意识到他者对自我的价值。人的意识的自由和自觉集中表现为人的价值追求和价值创造。价值观就是人对价值追求和价值创造的意识，是人类认识和改造世界的主体尺度。其次，人的价值追求和价值创造具有多样性，是不断发展变化的，价值观作为对价值的意识也在不断变化，也必须适时调整，以适应人不断发展变化的价值需求。再次，价值和价值观虽然具有民族性、地域性等个性差异，但不同民族、不同地域的人们的价值和价值观又往往具有某些相通或相似的地方，可以互相交流、借鉴和补充，可以从对方的文化要素中吸取有利于自身的因素。

在全球化条件下，价值观调适的必要性日益凸显出来。从每一文化主体自身来看，面对日趋激烈、频繁的文化价值冲突，必须适时调适自

① 汪信砚：《全球化中的价值认同与价值观冲突》，《哲学研究》2002 年第 11 期，第 24 页。

己的价值观，不断做出新的价值抉择，以重塑自我价值体系，增强自身发展能力，争取发展的主动权。从人类整体来看，全球化的迅速发展，使人类面对着诸多难以破解的全球性问题，如生态危机、环境污染、艾滋病、核威胁等，这些问题需要全人类共同努力才能更好地应对。这就需要文化冲突各方在调适和重塑自身价值观的同时积极寻求共同点，寻求交流、对话、沟通、合作的可能，形成对"普遍价值"的追求。因为"只有冲突各方在交流、对话、沟通之中，逐渐确认共同的价值前提（根本利益和需要的一致），才可能缓和或化解分歧与冲突，从而避免导致两败俱伤、甚至共同毁灭的后果。"①

　　价值观调适的过程中要区分不同性质的价值观冲突。有的价值观冲突是对抗性的，有的是非对抗性的。对抗性的价值观冲突往往基于根本性的利益和情感冲突，这时的价值观调适必须坚守自己的价值底线，如果做无原则的退让，甚至全盘接受，就丧失了自己的价值立场。以个人和集体的价值冲突为例。西方国家强调个性自由，主张个人利益至上；中国社会主义核心价值观则强调集体利益高于个人利益，中国传统社会也有强调家庭、宗族利益的传统。集体主义价值观在中国有深厚的历史文化传统，也符合社会主义的社会性质，符合中国国情。我们不可能退回到个人主义，但也不能忽视个人正当的生存和发展权益。主动寻求个人和集体利益的平衡，以集体利益为先，至少不能因满足个人利益而损害集体利益，是集体主义最基本的要求。

　　有些价值观冲突是非对抗性的，是在全球化进程中多元文化频繁接触和交流形势下，基于文化本身的自然差异而产生的价值冲突。人类文化

---

　　①　孙伟平:《文化价值冲突及其调适》,《湖南师范大学社会科学学报》2002年第6期，第13页。

具有多样性，价值观的多元化与文化的多样性存在是统一的。不同文化之间交流的过程中，总会存在由于文化差异造成的大大小小的文化冲突，尤其是价值观冲突。面对这类非对抗性冲突，不能简单地互相排斥，也不能把自己的价值观强加于人。冲突双方应充分认识到两种价值观的差别和对立，本着相互尊重、求同存异的原则来处理双方文化产生的矛盾。对方价值体系中能够为我所用的因素可以主动借鉴吸收，不能为我所用的要给予相应的理解、尊重和宽容。这才是应该坚持的、明智的态度。

文化全球化条件下，西方发达国家的文化处于主导和强势地位，很多价值观冲突是强势文化推行强制文化认同造成的冲突，这类冲突不但具有对抗性，也具有强制性。强势文化凭借其强大的经济、政治甚至军事优势迫使弱势文化一方接受自己的文化价值观，致使弱势文化一方在冲突中往往处于相对不利的地位。但这并不意味着弱势文化一方只能被动地接受，因为一种价值观被人们认同是一个长期的过程，是文化积淀的结果，受到多种文化因素的制约。新价值观要被认同，必须接受弱势文化一方文化传统的检验，要与固有的价值观发生冲撞和磨合，还要符合人们对现实利益和长远利益的预期。可见强势文化推动的价值观在一个新的文化环境中扎根也不是一件容易的事情。所以，弱势文化一方完全可以积极应对，充分利用自身文化资源和文化环境，变被动为主动，调适自身的价值观，重新构筑起适合自己的价值体系。

第二节　价值观与文化转型

文化冲突的不断发展，必然导致深刻的文化危机和文化转型，推动整个社会的转型、进步和发展。中国社会目前还处于深刻的文化冲突和文化转型过程中。文化转型的关键是价值观的转型与变革。

一、文化转型促进社会进步

文化冲突引起文化危机，文化危机发展到一定程度，将有可能导致深刻的文化转型。学界对文化转型内涵的认识不尽相同。有论者指出，对"文化转型"大体上有两种看法："一种是狭义的即'小文化'的转型，它与经济转轨、制度创新相并列；另一种是广义的即'大文化'的转型，它是指物质文化、精神文化、制度文化的总体性变革。"该论者倾向于第二种看法，并指出"现代文化转型的实质是社会现代化"。[1]有论者主要从"文化精神的觉醒"角度认识文化转型，指出例如从传统农业社会到近代工业社会的转型中，文化转型就是"人类文化精神从群体意识走向个体意识的觉醒"。[2]从文化模式的角度看，文化转型是原有的主导性文化模式被另一种新的主导性文化模式所取代。而这样的文化转型不可能

---

[1]　周安伯:《文化转型的哲学观照》,《唯实》1999年第1期，第8页。

[2]　王锐生:《社会转型、文化转型与文化自觉》,《中共合肥市委党校学报》2002年第3期，第8页。

经常发生，它只有在比较大的历史尺度上才能发生，它会引起文化观念、价值体系、文化习惯的总体性和根本性转变，一种脱胎换骨似的转变。按照这一标准，人类迄今所经历的最深刻的文化转型就是"现代化"，它是传统的经验型的自发自觉的农业文化模式被理性的工业文明的文化模式所取代。在文化哲学的意义上，文化转型就是以主导性文化模式的根本转换为特征的根本性、总体性的文化变革。

与"文化转型"相比，"社会转型"是改革开放以来中国人讨论得更为广泛的话题。有学者指出，社会转型是"社会从传统型向现代型的转变，或者说是由传统型社会向现代型社会转型的过程"，"是从农业的、乡村的、封闭的半封闭的传统型社会，向工业的、城镇的、开放的现代型社会的转型"。①改革开放以来，中国社会确实经历着广泛而深刻的转型，主要表现为"六大方面：（1）从产品经济、计划经济体制，向商品经济、市场经济体制的转型；（2）从农业社会向工业社会的转型；（3）从乡村社会向城镇社会的转型；（4）从封闭、半封闭社会向开放社会转型；（5）从同质的单一性社会向多样性社会转型；（6）从伦理型社会向法理型社会转型"。②

社会转型侧重于从社会结构的变迁和社会各层面变革的角度探讨社会的发展，而文化转型强调的是较大的历史尺度上人类生存和发展的文化模式的根本变革。从人类历史发展的尺度上来把握，社会转型本质上从属于人类文化的转型。人类历史上最深刻、最普遍的一次文化转

---

① 郑杭生：《中国特色社会学理论的探索》，中国人民大学出版社，2005，第202—203 页。

② 邹广文：《论改革开放中的文化价值冲突》，《求是学刊》2001 年第 3 期，第 19 页。

型——从经验主义文化模式向理性主义文化模式的转型——是从 14 世纪的欧洲文艺复兴开始的。在中国，这一转型则是从鸦片战争后、以西方文化的冲击为诱因而发生的。

文化的本质是"人化"，文化转型始终以人为轴心。马克思曾以人的发展状态为中心把握人类历史的发展趋势，把人类社会描述为三个文明形态："人的依赖关系（起初完全是自然发生的），是最初的社会形式，在这种形式下，人的生产能力只是在狭窄的范围内和孤立的地点上发展着。以物的依赖性为基础的人的独立性，是第二大形式，在这种形式下，才形成普遍的社会物质变换、全面的关系、多方面的需求以及全面的能力的体系。建立在个人全面发展和他们共同的社会生产能力成为从属于他们的社会财富这一基础上的自由个性，是第三个阶段。第二个阶段为第三个阶段创造条件。"① 马克思所描述的第一种社会形态，即传统的农业文明形态，它以对自然的依赖和人身依附为基础的社会联系为特征，社会和人的发展被血缘纽带、宗法关系、经验常识等自然主义和经验主义的文化模式所支配。第二种社会形态即工业文明形态，它以"物的依赖性"为基础的"普遍的社会物质交换、全面的关系、多方面的需求以及全面的能力的体系"为特征，个体本位的独立性开始形成，人的理性创造力和个性自由得以展示，生产力空前发展，物质财富和精神财富被前所未有地创造出来，社会经历着从自然主义和经验主义文化模式向理性主义文化模式的深刻转型。第三阶段是马克思对未来社会文明形态的设想，那时人将摆脱对物的依赖，走向全面而自由的发展，更加符合人的自由和创造本性的新的文化模式将会产生。可以说，文化转型具有历史

---

① ［德］马克思、［德］恩格斯:《马克思恩格斯文集》(第 8 卷)，人民出版社，2009，第 52 页。

必然性，每一次文化转型都是人类发展的一次脱胎换骨，都是社会历史的巨大进步。

就自然主义和经验主义文化模式向理性主义文化模式的转型来看，文化转型对社会进步的作用和意义集中表现在两大层面：一是对人的解放。理性主义文化模式所包含的文化精神极大地解放了人的思想，提高了人的个性自由、科学理性和批判意识，消解了旧的文化要素和文化体制对人的主体性和创造力的束缚，从而为人的发展创造了条件。二是对社会生产力的解放。新的理性主义文化模式的确立从根本上冲击了不合理的旧体制，引起社会生产方式的重大变革，极大地解放和发展了生产力。我们过去过多地强调生产力的决定作用，而忽视了生产力发展的社会文化环境。实际上，生产方式的变革和文化的转型是同一个过程。现代工业文明取代传统农业文明，不仅仅是社会化大生产取代自然经济和简单商品经济，同时要求理性主义文化精神和基本原则的确立。平等、契约、法制、民主、理性等现代社会的原则和机制建立不起来，血缘宗法关系、等级制、世袭制、民族压迫、地域分割等抑制社会发展的旧体制和机制不打破，生产力是不可能得到真正解放和发展的。生产方式的变革内在地要求文化模式的变革。从文化转型的角度考察传统到现代的社会转型，我们将会更深刻全面地理解社会进步的内涵。

中国现阶段的社会转型本质上是自鸦片战争以来的近现代中国的文化转型的展开和继续。与西方国家内源性文化危机引起的文化转型不同，中国近代的文化转型是外源性文化危机导致的。西方的炮舰打开了中国的大门，中国社会几千年的独立发展进程从此中断，激烈的中西文化冲突撕开了中国近现代文化转型的帷幕。此后的一百多年里，中华民族抵御外侮、救亡图存，百折不挠，变法、改革、革命成为中国近现代文化转型的主要形式。这一切形式的共同点，在于打破了中国几千年封建文化模式基础上的旧思想、旧观念、旧体制，建立了符合时代要求的新的思想观念、新的体制机制、新的制度架构。辛亥革命以"民族、民权、民生"的"三民主义"为旗帜推翻了封建帝制，使民主共和国的观念深入人心；五四新文化运动倡导科学与民主，推动了新旧思想观念的更替；马克思列宁主义与中国实际情况相结合的中国化马克思主义，引导中国文化向新民主主义和社会主义文化发展；中国特色社会主义理论指引着中国现代文化转型的方向。正如孙中山先生所言，"世界潮流，浩浩汤汤，顺之者昌，逆之者亡"，中国的文化转型和社会转型是世界历史和中国历史发展的必然趋势。转型的本质是发展、是进步。转型的过程虽然有坎坷、有曲折、有阵痛，要付出沉重的代价，但其势终究不可逆转。

二、文化转型和价值观变革的基础

马克思主义认为，经济基础决定上层建筑，社会存在决定社会意识。文化转型和价值观变革也必须以经济基础、经济结构的变革为基础。在欧洲的文化转型过程中，资本主义的萌芽和生产关系的变革冲击着中世纪的传统价值观，理性、民主、平等、自由等价值观的产生和确立，主要是当时新兴的资产阶级发展资本主义工商业和保护私有财产等要求的观念反映。近代中国的文化转型过程中，中国封建社会自给自足的自然经济受到世界资本主义体系的冲击而逐渐解体，但民族资本主义的力量极为薄弱，新的经济模式并没有建立起来，反而发展为典型的半殖民地经济，所以中国近代并没有诞生完整意义上的工业文明。新中国成立后，中国在民族独立的基础上建立了社会主义公有制，并以此为经济基础，逐步建立起独立的比较完整的工业体系和国民经济体系，并取得了社会主义建设的初步成就。社会主义公有制的建立必然要求建立以集体主义和共产主义为核心的社会主义价值观。但是，由于复杂的历史和文化原因，我们在很多方面做出了努力，却没有达到理想的目标。20世纪六七十年代，经济发展遭遇了瓶颈，文化建设也受到极大摧残，国家前途岌岌可危，民族命运面临抉择。"一场新的革命"——改革开放（开放本质上也是改革）被迫提上了历史日程。

"改革"是社会历史运动，也是一种与创新创造紧密联系的思想体系和价值观念体系，是历史进程的枢纽，也是社会发展的校准器和推进器。中国历史上从来不乏"改革"的思想意识、价值观念，不乏致力于改革的探索者和殉道者。"改革"不论作为历史运动还是价值观念，在历史上总是与少数先知先觉者和社会精英相联系。例如中国古代的商鞅变法、魏孝文帝改革、王安石变法，近代的洋务运动、戊戌变法，等等。其实新中国成立后也在不断尝试进行社会改革，并取得了有目共睹的成就。而在"文革"刚刚谢幕后的沉痛历史氛围中提出"改革"的价值观念和伟大倡议，是颇需要些魄力和勇气的。以邓小平为代表的中国共产党人无疑具有这样的魄力和勇气。正是"改革开放的总设计师"邓小平开启的中国改革开放历程，使"改革"一步步成为当代中国的最强音，成为越来越多中国人的价值观念，成为不可阻遏的时代潮流。

中国的改革开放是一场涉及各领域、各层面的轰轰烈烈的社会历史运动。它首先表现为经济领域的改革开放，是一场深刻的经济变革。经济变革必然导致价值体系和价值观念的变革。改革开放的直接目的是解放和发展生产力，发展经济，改变国家贫穷落后的面貌，解决人民的温饱问题，逐步改善和提高人民的物质生活水平。中国的改革从农村起步，由农村一步步扩展到城市；从经济领域抓起，一步步扩大到政治、文化、社会等领域。经济领域的改革开放，基本的策略选择是调整所有制结构，进行经济体制改革，不断改革和完善社会主义经济制度。为此必须转变经济发展方式，改革企业生产经营方式，探索建立现代企业制度；必须鼓励个体经济和民营经济的发展；要提倡引进来、走出去，优先发展外向型经济，鼓励外商投资，引进先进技术、设备和生产经营管理理念；必须逐步建立起全方位、立体化的对外开放格局。实施这些改革开放举措的目的，是使传统的计划经济向现代化市场经济转型，逐步建立起完善的社会主义市场经济体制，逐步激发和释放社会发展和创新创造的活力。这样广泛、深入、持久的经济变革过程，必然在人们的生活方式、思维方式、价值观念上反映出来。经济社会发展促使人们开始重新审视生活的意义，寻求自己在新生活中的位置，调整新的价值坐标，确立新的价值体系，价值观开始了由单一、封闭、传统，到多元、开放、现代的深刻转型。所以，价值观的变革，根本上是由社会经济结构和社会关系的变化引起的。价值观作为社会意识，必然要与社会经济结构和社会关系的变化相适应。

其实，中国人的价值观自新中国成立以来一直在随着经济基础的变革而起伏。五十年代的社会主义改造基本完成以后，存在了几千年的自然经济这个经济基础被颠覆，官僚资本收归国有，民族资本主义工商业也被"公私合营"，经济基础变成了相对单一的公有制，即"全民所有制"和"劳动群众集体所有制"，与此相应，必然要求建立起社会主义的价值观念体系，要求以集体主义、社会主义和共产主义作为价值观念体系的核心。几十年后回首历史，我们会感受到，五十年代至改革开放前这一阶段的变革过程具有明显的意识形态烙印和理想主义色彩，理想严重偏离现实，政治信仰挂帅，热情和意志超越了理智，经济和社会发展规律反而退守边缘。但这毕竟是特殊的历史背景和历史原因导致的。改革开放以来，我们首先回归了实事求是的思想路线，逐步认清了那段历史，更加懂得了尊重和正视历史，懂得了总结历史经验教训的重要性，懂得了尊重经济社会发展规律、立足国情搞建设、一心一意谋发展的道理，这才有了更全面、更彻底的改革。改革当然还是要从经济领域入手。原有的所有制结构从单一的全民所有制和集体所有制向"以公有制为主体，多种所有制经济共同发展"的基本经济制度过渡。在多元化的经济结构中，利益迅速分化，传统价值观受到怀疑乃至动摇，价值观念和价值取向呈现出多样性。在社会主义市场经济逐渐完善的过程中，这种情况会进一步发展。

现在我们已逐步认识到，市场经济的特殊性在于：它充分利用人追求利益的本性来激发人的最大潜能，肯定人们对自我利益的追求和满足；而市场是通过竞争和等价交换的手段来实现价值主体的利益的，这有利于激发人的竞争意识和进取精神，激活人的创新创造能力，促进社会创新创造体制机制的改革。健全的市场机制的建立是一个复杂的过程，需要人们不断转变和更新观念，优化市场环境，建立各种法律制度，不断规范和塑造市场。市场经济是信用经济、法制经济，法制是市场经济的"硬件"保障。除了"硬件"保障，市场经济的成功运作还必须有"软件"的配合，这个"软件"就是与市场经济相对应的文化传统和价值体系。社会主义市场经济发展过程中对"诚信"的呼唤清楚地说明了这一点。但社会主义市场经济不是资本主义市场经济的简单移植或嫁接，在中国发展市场经济，就必须探索建立起适应市场经济发展的具有中国特色的社会主义文化体系和价值体系，促进中国的文化转型和社会转型，这是一项长期而艰巨的任务，也是一个需要不断研究的课题。

三、价值观变革是文化转型的关键

"价值观念的变化是一个不以个人的意志为转移的客观现象"，"在历史上，一切进步的阶级总是始终抱着改革、开放的态度，变革那些已经过时的陈腐观念，站在时代前列，引导社会前进"。[①] 可见，价值观变革对每一个国家和民族的历史发展都有重大的意义。"所谓现代化，一个重要的内容就是实现传统价值观念向现代价值观念的转化"。[②] 世界各国从传统到现代的文化转型都印证了这一点。

这里我们不妨先回顾一下欧美文化转型的历史。欧洲从文艺复兴到宗教改革，从启蒙运动到法国大革命，再经过两次工业革命，几经曲折反复，前后历经数百年，才逐步摆脱宗教神学的绝对统治，走出中世纪以来的黑暗，使"人性"复归、"神性"退场，使"理性"张扬、蒙昧隐遁，从而确立起以科学、理性、民主、平等、自由、竞争、人权、社会进步等基本价值观为架构的资本主义现代文化。

美国是当今世界最强大的国家之一。美国的后来居上和不断强大有多方面的原因，其中很重要的一点就是美国没有欧洲那样沉重的历史包袱。作为一个新兴的移民国家，它像一张白纸，来自欧洲和其他地区的移民将最新的思想和价值观念带到了这片新热土，在这张白纸上涂抹着最新最美的图画，这些思想和价值观念逐步融合成为具有鲜明特色的新

---

① 袁贵仁:《价值观念研究和价值学的发展》,《哲学研究》1992 年第 9 期, 第 27 页。

② 袁贵仁:《价值观念研究和价值学的发展》,《哲学研究》1992 年第 9 期, 第 25 页。

型文化——美国文化。美国学者塞缪尔·亨廷顿把美国文化概括为以新教伦理为核心的自由、民主、法治、代议制、个人主义、政教分离等要素，并认为美国文化及"美国信念"的两条主要原则是"平等"和"个人主义"。[①] 美国最传统的价值观是"自由"和"牛仔精神"。"争取自由"是美国独立战争的口号，"自由"是《独立宣言》和美国宪法始终坚持的基本原则，是"像磁铁一样"吸引世人的价值理念。"牛仔精神"是美国人艰苦创业、开拓进取、勇于变革精神的写照。美国土生土长的实用主义哲学也是深刻影响美国人的价值理念。美国政府一向把培育和宣扬"民主、自由、人权"等价值观作为国家战略，对内不遗余力地向民众灌输，对外则作为"巨大的非军事力量"向他国渗透。需要强调的是，美国自独立战争摆脱英国殖民统治而立国，到南北战争废除奴隶制，到两次世界大战后的迅速崛起，到冷战和美苏争霸中实施"和平演变"战略，到今天在世界独霸的地位，虽历经曲折坎坷，却都在一以贯之地坚持和发展自己的价值观。美国这样做的力量和效果是显而易见的。

欧美与中国山水阻隔，而与中国一衣带水的日本，因为与中国的文化亲缘关系，其文化转型最令近现代中国人震惊。日本是中国的近邻，也是一个给中华民族造成巨大而沉痛的创伤的国家，但日本的文化转型和价值观变革的历史却有值得我们深思和借鉴的地方。日本思想家福泽谕吉对日本社会改革和文化转型的基本定位是"文明开化""脱亚入欧"，这一定位对日本的文化转型影响深远。明治维新以前的日本，是一个历史悠久、等级森严、相对落后的东亚封建国家，"以天皇为旗帜的幕府统治是日本封建

---

① 宋惠昌：《社会主义核心价值观专题解读》，中共中央党校出版社，2010，第198页。

社会的典型形态,也是日本封建文化的成熟形式。"① 日本最后一届幕府——德川幕府统治末期,以严苛的封建等级世袭制为基础的日本封建文化已经腐朽没落。1853 年,美国军舰打开了日本大门,强迫日本签订了不平等条约,使日本社会有识之士受到强烈震动。轰轰烈烈的倒幕运动推翻幕府统治后,日本大政归于天皇,建立了以天皇为首的君主立宪制度,并开始进行资产阶级性质的改革——明治维新。明治维新是世界史上的一大改革奇迹。在不到半个世纪的时间里,明治政府在政治、经济、文化、社会等各方面进行了大刀阔斧的改革,如饥似渴地吸纳欧美的制度、体制和价值观念,促使日本迅速走向西方化和现代化。当然,明治时代的日本在不断吸纳欧美文化价值观的同时,并未全盘西化,也没有完全抛弃本土文化,而是使两者融合,最终形成了具有明显封建色彩的政府和财阀相结合的政治经济体制,从而使日本走上了发展资本主义和对外扩张的道路。崛起的日本参与了两次世界大战,在攫取巨大利益的同时,给中国等邻国造成了深重的灾难。作为侵略者的日本在第二次世界大战中投降,受到惩罚,战后百业凋敝,百废待兴。战后的日本政府在价值观上极力倡导民族至上、和衷共济、共同进取、艰苦创业、赶超英美的"团队精神",创新企业管理机制。到经济高速增长期,日本的战后价值观终于确立起来。"战后日本国民价值取向从国家、天皇转向了企业等工作场所,从传统家族共同体走向了现代家庭,从禁欲主义走向了肯定物质欲望和性意识的解放"② 。当然,日本现在也在经历经济泡沫后深刻的社会变化,以及来自外部世界的文化冲击,传统的价值观面临极大挑战。日本许多有识之士已经意识到这一点。

---

① 蔡俊生、陈荷清、韩林德:《文化论》,人民出版社,2003,第 174 页。

② 宋惠昌:《社会主义核心价值观专题解读》,中共中央党校出版社,2010,第204 页。

　　历史证明，价值观变革是文化转型的关键。这一点在理论上也经常被讨论。首先，文化转型是以主导性文化模式的根本转换为特征的根本性、总体性的文化变革，涉及整个文化系统的方方面面。在文化转型过程中，一个社会的主导性价值体系、价值观念、文化习惯都将会发生脱胎换骨似的转换，作为文化的核心——价值观发生转变是必然的。"文化的最深层次是价值观。一切文化的不同，最根本的是价值观的不同"①，而且，"在宏观的历史背景下，文化转型主要是指作为文化模式核心的价值体系的根本性转换。"② 只有价值观发生了根本性的变革，才意味着整个文化的根本性变革。有学者更明确地指出："文化转型的核心内容就是价值观转变，文化现代化的关键环节就是建立科学的现代价值观"，"文化转型最终必须通过价值重构来完成，没有价值重构，文化转型就不能真正完成。"③ 其次，文化转型和价值观变革是辩证统一的。价值观变革是部分，文化转型是整体。价值观变革是文化转型的必然结果，文化转型必然引起价值观的嬗变；而新价值观的确立又对文化转型具有不可低估的推动和促进作用，必须重视价值观变革的这一重要作用。再次，文化转型的根本载体在于人，在于民族整体的观念变革，人的价值观变革是推动文化转型和社会变革的重要精神因素，为文化转型提供强大的精神动力。通过宣传、教育等手段造就一大批具有新思想、新观念的"新人"，是文化转型的根本所在。所以，在文化转型过程中，价值观变革是关键，必须对人们的价值观转型加以科学引导和适度规范，必须重视价值观尤其是核心价值观的建设，重构价值观，促进价值观的转型与变革。

---

　①　袁贵仁：《关于价值与文化问题》，《河北学刊》2005 年第 1 期，第 5 页。

　②　郑广永：《文化的超越性研究》，黑龙江人民出版社，2006，第 158 页。

　③　张友谊：《文化转型与价值重构》，《理论学刊》2009 年第 7 期，第 67 页。

第五章 ｜ 社会主义核心价值观建设的文化维度

价值、价值观与文化的内在关系，要求我们重视价值观建构在文化发展中的地位和作用。我们提出先进文化、科学发展、和谐社会与民族复兴的价值理念，积极倡导社会主义核心价值体系，践行科学发展观，在文化建设上进行了卓有成效的探索，对文化发展的趋势和规律有了更全面、更深刻的认识和把握。其中，社会主义核心价值体系建设的提出，具有时代和历史意义。核心价值观建设不仅仅是一个道德或政治层面的问题，它还是一个文化层面的问题，是一个整体性的问题。加强社会主义核心价值观建设，是推进社会主义文化发展和繁荣的重大举措。

第一节 价值观建构与文化发展

文化发展内含强烈的价值诉求，价值观建构必须依托现实的文化资源。本节主要从一般意义上探讨这两个方面的问题。

一、文化发展的价值诉求

文化是不断发展的，文化发展的总趋势是不断进步的。马克思主义认为，人类社会的基本矛盾是生产力和生产关系、经济基础和上层建筑的矛盾。在社会基本矛盾和其他社会矛盾的综合作用下，人类社会的发展呈现出不以人的意志为转移的规律性。社会发展的规律性是不可否认的。尽管社会发展的过程也会有曲折、有反复、有停顿，甚至有倒退，但这是社会发展普遍性和特殊性的统一、前进性和曲折性的统一的体现。人类社会总是从低级阶段向高级阶段发展，在整体上呈现出不断前进上升的总趋势。人类文化的发展也是如此。从广义上讲，人类社会的发展史，就是人类文化的发展史；从狭义上讲，观念形态的文化在总体上也是与社会发展保持一致的。"马克思主义的文化哲学从历史的和逻辑的一致的观点考察文化的发展进化，认为文化的发展是一般规律和特殊规律的统一。它把人类文化进步的一般规律建立在对文化多元存在和发展的特殊规律的深刻认识的基础之上。它肯定文化进步的一般规律寓于各种文化类型之中并制约着各种文化类型的发展，但并不忽视各种文化类型发展规律的特殊性。"①一味强调文化存在的多元性和文化发展的特殊性，否认文化发展的一般规律的理论是不足取的。总之，人类文化的发展是有规律的，文化发展的总趋势是不断进步的。从人类文化发展的趋势看，文化发展的过程，就是高一级的文化形态代替低一级的文化形态的过程；文化发展的本质，就是主导性文化模式的根本性、总体性变革。

文化发展不仅要遵循真理尺度，同样要贯注和遵循人类的价值尺度，体现人类的价值诉求。文化毕竟是人的创造，没有真理尺度和价值尺度这两大尺度的引导和规范，人类就谈不上什么文化创造。真理尺度是客观尺度，文化发展遵循真理尺度，文化发展自身的规律性也体现着真理尺度。在承认文化发展规律性的基础上，我们还必须承认，文化发展的规律性不同于自然界发展的规律性。二者的主要区别在于，"自然现象是一种价值中立的现象，而文化则是与价值相关的事实。在这个意义上，价值就意味着文化的价值。"②自然规律是自己存在、自发地起作用的，而社会、文化的发展则是人类实践活动的结果，人类对真理的把握和利用，目的还是为了满足价值的需要。考察文化发展的规律性不能撇开人的主体性、能动性、创造性，以及人的理性、情感、意志、审美情趣（这些因素也都是趋向于价值维度的）和价值需要等因素。我们热爱、追求真理，同样要尊重人之为人的意义和价值，满足人的正当的价值需要。真理尺度和价值尺度是辩证统一的，这种统一，最终要在人类的价值创造和价值追求中体现出来，因为人类的活动最终是趋向于价值的，是创造和享用价值的。所以，"文化的核心内容是价值和价值观念。一切文化产

---

① 许苏民:《文化哲学》，上海人民出版社，1990，第224—225页。

② ［日］牧口常三郎:《价值哲学》，马俊峰、江畅译，中国人民大学出版社，1989，第7页。

品都必然通过它的思想内容、科技含量、审美情趣、风格式样等负载一定的价值取向，传输一定的价值观念。"①总之，文化是人类认识和改造自然、社会和人自身的过程和结果，价值是文化的根本属性，是主体客体化和客体主体化的内在尺度。文化与价值密切联系、不可分割。文化总是贯穿着价值与价值观念，体现着人类对真、善、美、利、自由等价值的追求和创造，蕴涵着人类强烈的价值诉求。在这个意义上，"文化的发展，也是价值的发展；文化上的进步，也是价值的增值。"②

各国各民族在文化发展过程中对先进文化的追求和创造、对落后文化的摒弃和变革，集中体现了文化发展的价值诉求。文化是不断发展变化的，既然有发展有变化，就会有先进与落后之分。从发展的角度看，文化的先进与落后是相对的。总体上看，封建社会的文化相比资本主义社会的文化是落后的，但是，与奴隶社会的文化相比，它又有进步性。除了时代发展的差别，不同文化间还有文化的民族性、地域性、阶级性的差别。而且，具体的文化现象总是复杂的，不可能纯而又纯。在一定历史时代，一定民族、国家的范围内，文化往往是多元并存、交互影响的，这些文化总是存在高低优劣之分，先进落后之别。因此，判断一种文化的先进与落后，必须有历史的眼光，有辩证的思维。按照马克思主义的标准，判断文化的先进与落后，根本的标准应该有两条：一是看能否促进生产力的发展和社会进步，二是看能否促进人的自由而全面发展。这两条标准，是客观性与价值性的统一。有学者主张："判断一种文化是否先进或落后的标准，主要看它是否能够反映生产力的发展要求和人民

---

① 李德顺：《简论文化发展观与我国文化体制改革》，《文化学刊》2006 年第 1 期，第 11 页。

② 王玉樑：《当代中国价值哲学》，人民出版社，2004，第 23 页。

群众的根本利益，是否能够为社会进步、为人的解放和自由全面发展提供最大的资源。"① 所以，先进文化就是一定历史时期、一定地域范围内能够促进社会发展以及人的自由而全面发展的文化，归根结底是促进生产力发展和人民利益实现的文化。先进文化应该是人类文明进步的结晶，是特定历史时代的文化中引领文化发展方向和潮流的最进步的部分，是健康的、科学的、积极向上的文化，它代表时代发展的主流，反映社会发展的规律，又揭示社会未来的发展方向。从发展的总趋势上看，先进文化终究要战胜落后文化。人作为文化主体，作为文化的创造者和享用者，也总是趋向于追求、创造和享用先进文化，而对落后文化采取批判、摒弃和变革的态度。

当代中国的先进文化，是有中国特色的社会主义文化，即以马克思主义为指导的，以培养有理想、有道德、有文化、有纪律的社会主义新人为目标的，面向现代化、面向世界、面向未来的，"民族的科学的大众的"② 社会主义文化。我们已经认识到了建设先进文化的重要性，提出了建设社会主义先进文化的价值目标和价值诉求。先进文化建设是中国特色社会主义建设的基本特征、主要目标和重要保证，是团结、凝聚和激励全国各族人民的重要力量，是社会主义国家综合国力的重要标志。中国共产党作为执政党，在自身建设上提出了"始终代表中国先进文化的前进方向"的要求。能不能代表中国先进文化的前进方向，必然涉及指导思想和价值观念的问题。一定意义上讲，坚持什么样的文化价值观，

---

① 李德顺：《简论文化发展观与我国文化体制改革》，《文化学刊》2006 年第 1 期，第 6—7 页。

② 参见毛泽东：《毛泽东选集》（第二卷），人民出版社，1995，第 706—709 页的论述。

不仅是关乎党在新的时代条件下确立什么样的自我意识和价值观的问题，而且是关乎社会主义的本质、前途和命运的问题。目前我国还处在社会主义初级阶段，完整意义上的社会主义文化建设还在探索过程之中。全球化时代，我国的文化状况日益呈现出复杂的局面：不仅存在作为主导文化的社会主义性质的文化，也存在全球化时代不断涌入的鱼龙混杂的西方文化；不仅有丰厚的传统文化精华，也有旧中国遗留的文化糟粕；等等。多元文化和价值观并存，交互影响，社会主流信仰和价值观正处于不断生成和建构的过程中。另外，在非意识形态领域，我们还与发达国家存在诸如科学技术、经营管理等方面的落差。所以，我们仍要对中国先进文化建设的复杂性、艰巨性、长期性保持清醒的认识。

二、价值观建构的文化依托

当今时代是全球化时代，全球化态势正处于蓬勃发展之中，其势不可阻挡，其情不可不察。在全球化背景之下，文化建设的重要性逐渐凸显，价值观的变革与建构也日益显示出其紧迫性。全球化一方面意味着全球范围内的资源配置与文化共享，一方面意味着不同利益主体间激烈而残酷的竞争。对每一个国家和民族而言，全球化都意味着挑战与机遇同在、利益与风险并存。由于发达国家在全球化中处于主导地位，发展中国家就面临更多的挑战和风险。风险和挑战不单单来自单纯的经济发展主动权的旁落，而是整体的文化危机。多元文化和价值的冲突及其对民族文化的冲击，民族文化自我认同的迷茫，是最为深刻的文化危机。我们会越来越深刻地感受到，"全球化背景下的文化竞争，将是以价值体系和价值观念为核心的思想和智慧之争。"① 没有高度的文化自觉,没有价值意识的觉醒,没有主动的文化和价值建构,就不可能在文化竞争中争得主动。

价值观建构也是建设中国特色社会主义先进文化、促进中国由传统向现代的文化转型的需要。在很大程度上,价值观建构是建设社会主义先进文化的中心环节,是文化转型的关键,关系到中国特色社会主义先进文化建设的大局,关系到"文化自信",也关系到实现中华民族伟大复兴。中共十七大报告指出,"社会主义核心价值体系是社会主义意识形态的本质体现",中共十八大报告指出,"倡导富强、民主、文明、和谐,倡导自由、平等、公正、法治,倡导爱国、敬业、诚信、友善,积极培育社会主义核心价值观。牢牢掌握意识形态工作领导权和主导权,坚持正确导向,提高引导能力,壮大主流思想舆论";中共十九大报告进一步指出,"必须坚持马克思主义,牢固树立共产主义远大理想和中国特色社会主义共同理想,培育和践行社会主义核心价值观,不断增强意识形态领域主导权和话语权,推动中华优秀传统文化创造性转化、创新性发展,继承革命文化,发展社会主义先进文化,不忘本来、吸收外来、面向未来,更好构筑中国精神、中国价值、中国力量,为人民提供精神指引。"所以,价值观问题不能脱离现实的社会政治环境,我们必须重视价值观的意识形态功能,充分发挥政治宣传和理论灌输在社会主义建设中的作用,形成对社会主义的文化认同和价值认同,推动中国特色社会主义先进文化建设。

但是,价值观建构是一个复杂的系统工程,牵涉社会生活的方方面

---

① 李德顺:《价值论》,中国人民大学出版社,2007,第29页。

面。政治上的重视和引导毕竟只是其中一个方面，虽然是一个很重要的方面。价值和价值观从根本上讲是一个深层次的文化问题。因为"文化深层是思维方式和价值观念"，价值观处于文化的核心地位，"文化是价值的存在形式，而价值和价值观念是文化的内容"。① 所以，要达到对中国特色社会主义先进文化的深度认同，使社会主义核心价值观深入人心，价值观建构就必须依托现有的文化基础，注重对多元文化资源的价值内涵的开掘与提升。立足我国当代的文化现实，社会主义核心价值观建构应主要以六个方面的文化资源为依托，即中国传统文化、外来文化、马克思主义文化、中国近现代革命文化、新中国文化、改革开放新时期的文化。

中国传统文化② 历史悠久、博大厚重，是融入中华民族生命和血液的文化根脉。传统文化是历史的凝结、延续和传承，是民族精神的丰厚土壤，是维系中华民族团结统一的精神纽带，是社会主义文化建设与核心价值观建构的重要文化资源。传统与现代是统一的，文化建设与价值观的建构必须立足于本民族的文化传统。"天下大同"的社会观、"天人合一"的人文观、"大一统"的国家观、"穷则变，变则通，通则久"的变易观、"不义而富且贵，于我如浮云"的义利观、"克勤于邦，克俭于家"的勤俭观、"民无信不立"的诚信观、"先天下之忧而忧，后天下之乐而乐"的忧乐观、"天下兴亡，匹夫有责"的爱国观等，都蕴涵着值得我们发掘的宝贵文化精神和价值理念。历史证明，否定和漠视文化传统只能导致历史虚无主义和民族虚无主义，导致民族文化和民族精神的断裂、民族凝聚力和向心力的下降、民族自豪感和自信心的挫伤，甚至导致社

---

① 王玉樑:《当代中国价值哲学》，人民出版社，2004，第22页。

② 按照通常的理解，中国传统文化即中国古代（1840年以前）文化。

会分裂和混乱，而新的价值体系也会因为缺乏传统文化的深厚底蕴而难以深入持久。当然，中国传统文化是在自然经济、血缘宗法、专制政治的漫长历史影响下形成的，不可避免地具有旧时代的局限性。取其精华、去其糟粕、古为今用，即批判地继承和发扬，是我们对待传统文化应持的态度。诚如毛泽东所言："我们这个民族有数千年的历史，有它的特点，有它的许多珍贵品。对于这些，我们还是小学生。今天的中国是历史的中国的一个发展；我们是马克思主义的历史主义者，我们不应当割断历史。从孔夫子到孙中山，我们应当给以总结，承继这一份珍贵的遗产。"①

文化建设和价值观建构不仅要立足于本民族文化，还要放眼世界，借鉴和吸收外来文化的精华。外来文化，即中国以外的其他国家和民族的文化。外来文化体系很庞大，内容也很丰富，可以分门别类做更为具体的划分。目前在全球化浪潮中处于强势地位的主要是以欧美文化为代表的西方文化，对我国影响最大的也主要是西方文化，尤其是西方的价值观。人类文化历来是互相影响的，中外文化交流也有悠久的历史。中华民族不是故步自封的民族，中华文化是开放的文化体系，具有强大的包容和同化外来文化的能力。古代中国对印度佛教文化的吸收和改造，近现代中国废科举而倡西学、废专制而兴民主，都说明了这一点。今天，我们建设社会主义民主政治，发展社会主义市场经济，尊重和保障人民的生存和发展权，注重法制建设，坚持社会公平正义，等等，都是立足国情，借鉴和吸收外来文化价值观，谋求自我发展和民族复兴的结果。我们要有"世界历史"的眼光和胸怀，要善于处理民族文化与外来文化的关系，善于学习外来文化中一切先进的、有价值的东西，古为今用、

---

① 毛泽东：《毛泽东选集》（第二卷），人民出版社，1995，第533—534页。

洋为中用，兼收并蓄、革故鼎新，使其服从服务于中国特色社会主义先进文化建设。马克思主义是世界先进文化的代表，其之所以先进，不仅因为它创立了科学的世界观和方法论，而且因为它"没有抛弃资产阶级时代最宝贵的成就，相反却吸收和改造了两千多年来人类思想和文化发展中一切有价值的东西"[①]。外来文化中当然不只是有"有价值的东西"，精华和糟粕历来并存。对于外来文化中的落后、腐朽、不适合中国国情的东西，要慎思明辨、善于批判、善于拒绝。历史证明，照单全收的"全盘西化"是注定要碰壁的，因噎废食的自我封闭是愚不可及的。

马克思主义文化本质上也是一种外来文化，但它具有社会实践性和科学真理性等可贵的理论品质，这使它能够与中国革命和建设的实践相结合，成为指引中国革命和建设的理论。马克思主义是中国共产党的指导思想，因而造就了马克思主义文化在中国文化体系中的特殊地位，这一地位是历史的产物、现实的选择。这里的马克思主义文化，是指以马克思主义哲学、政治经济学、科学社会主义为基础的马克思主义政治、经济、科技、教育、伦理道德、文学艺术等一系列科学理论组成的有机的文化系统。包括毛泽东思想、邓小平理论、"三个代表"重要思想、科学发展观、和谐社会理论、习近平新时代中国特色社会主义理论等在内的中国特色社会主义理论体系，是马克思主义文化在当代中国的发展，与马克思主义一脉相承，是马克思主义文化系统的有机组成部分。马克思主义文化在中国特色社会主义文化体系中处于核心和领导地位，主导着当代中国文化的发展。它为中国特色社会主义建设提供了理论基础，也为当代中国先进文化建设和价值观建设提供了科学的世界观和方法论。

---

① ［俄］列宁：《列宁选集》（第 4 卷），人民出版社，1995，第 299 页。

　　中国近现代革命文化，是指自鸦片战争以来中国人民抵御外侮、争取民族独立和国家解放为主题的文化体系。这一文化体系以中国人民反帝爱国、争取民族解放和国家独立的革命斗争史为主线，以大批为革命鞠躬尽瘁的英雄人物、革命先烈和一系列革命遗址及遗迹为载体，凝聚着中华民族以爱国主义为核心，以团结奋斗、反抗压迫、刚健自强为标志的民族精神，以及为民族解放和人民利益而追求真理、不怕牺牲、不屈不挠的革命英雄主义和革命乐观主义精神。三元里抗英、虎门销烟、太平天国运动、义和团运动、戊戌变法、辛亥革命、新文化运动、北伐战争、土地革命、万里长征、抗日战争、解放战争，一部悲壮、曲折、豪迈、光荣的斗争史，一个当代中国人民取之不尽用之不竭的精神源泉。

　　新中国文化，这里是指新中国成立到改革开放前，反映社会主义新中国建设成就和中国人民精神面貌的文化。这段历史是历经百余年奋斗推翻三座大山后，中国人民奋发有为、战天斗地、勤俭建国的历史，是中国人民进行社会主义建设的初步探索的历史，虽然有曲折、有反复，需要总结反省，但历史发展总体是向上的，为中国特色社会主义奠定了基础，提供了宝贵的经验教训。翻身解放的兴奋和自豪、崭新的社会制度、轰轰烈烈的社会主义革命和社会主义建设，激发了人民建设国家，建设幸福家园的信心、激情和活力。抗美援朝精神、雷锋精神、铁人精神、两弹一星精神等文化精神，都是那个时代铸就的。国家、集体利益至上，集体主义、大公无私，自力更生、艰苦奋斗，勤俭节约、自立自强，是那个时代的主旋律和基本价值取向，也是我们今天进行社会主义核心价值观建构的重要资源。

　　改革开放新时期的文化，是改革开放以来，以改革、开放、发展、创新、竞争、效率为基本文化精神和价值取向的开放和多元的文化系统，是近现代以来中国文化转型的继续和发展。改革开放是中国历史发展的必然，也顺应了世界历史发展的潮流。改革开放为多元文化的并存、发展、竞争、融合创造了条件，为中国特色社会主义先进文化建设创造了宽松的环境。不容否认的是，这个时期也是文化发展鱼龙混杂、泥沙俱下的时期，旧时代各种文化糟粕沉渣泛起，外国文化中的腐朽落后成分也乘机夺门而入，但这不会动摇中国文化的主流。改革开放的大门不会因此而关闭，中国特色社会主义文化也必须在改革开放的环境中才能发展。锐意改革、勇于创新，发扬民主、德法并举，注重公平、讲求效益，以人为本、关注民生，重信守诺、构筑和谐，实事求是、与时俱进，立足中国、放眼世界，已成为改革开放新时期基本的文化理念和价值追求。

以上只是对当代中国多元文化的一个基本的界划，这种界划只是相对的，因为任何对文化的界划都不可能涵盖文化的整体。文化具有历史性、继承性、整体性，文化的各个方面、各种要素，总是在历史发展和传承过程中互相影响、互相渗透。价值观建构首先要面对整个文化现实，面对文化的整体，在把握全面的基础上，再做具体的分析，有选择、有重点、有针对性地利用各种文化资源，开掘和提升各种文化资源的价值内涵，使之服务于社会主义核心价值观的整体建构。坚持马克思主义文化的指导地位，注重对传统文化精华的整理和发掘，借鉴和吸收西方文化的精华，认真面对西方文化的挑战，兼收并蓄、综合创新，是社会主义先进文化建设的基本原则，也是社会主义核心价值观建构的基本原则。

第二节　加强社会主义核心价值观建设

社会主义核心价值体系理论是社会主义核心价值观建设的基本理论。社会主义核心价值观建设是社会主义先进文化建设的一部分，是社会主义先进文化建设的中心环节和重大举措。基于价值观与文化的内在关系，我们要特别重视社会主义核心价值观建设在先进文化建设中的地位，发挥价值观建构在先进文化建设中的作用，探寻核心价值观建构的文化路径，推动社会主义文化的发展和繁荣。

一、社会主义核心价值观理论述要

（一）社会主义核心价值体系与社会主义核心价值观

从多元文化和价值观并存的角度，可以把价值观体系从总体上划分为核心价值观和非核心价值观。核心价值观是在一定社会的各种价值观中具有主导或支配地位的价值观，是整个价值观体系中的基础、核心部分，是一个人、一个群体乃至一个国家和民族长期秉持的一整套根本的价值原则，代表着价值观体系的基本特征，体现着价值观体系的基本价值倾向，也是一种文化区别于另一种文化的基本标志。"在存在着阶级的社会中，核心价值观就是与统治阶级那种占统治地位的意识形态相一致的价值观。"① 非核心价值观即核心价值观以外的其他价值观,基本包括两部分:一是处于核心价值观外围,与核心价值观没有根本冲突的其他价值观;二是与核心价值观对立和冲突、对核心价值观形成冲击的其他价值观。核心价值观在整个价值观体系中居于核心、主导地位。核心价值观与非核心价值观相互影响、相互作用。

"社会主义核心价值体系"和"社会主义核心价值观"是两个既统一又相互区别的概念,二者是一般和具体的关系。社会主义核心价值体系是一般指导原则,是社会主义制度的内在精神和生命之魂,社会主义核心价值观是社会主义核心价值体系的具体化。"社会主义核心价值体系"概念主要从理论结构的角度来说明社会主义价值观的本质,而"社会主义核心价值观"则主要从价值观的核心内容的角度来说明社会主义价值观的本质,但价值观的理论结构与核心内容又是辩证统一的,所以二者在某些情况下可以作为意义大体一致的范畴加以运用。

在我国目前的价值观体系中,核心价值观是社会主义价值观,社会主义核心价值观是社会主义价值观的核心内容。社会主义价值观是在社会主义和资本主义相互斗争的历史过程中形成的,是随着社会主义的发展而发展的,是对资本主义价值观批判和超越的结果。社会主义价值观和社会主义核心价值观都是随着历史发展而发展的。现阶段,我国的社会主义核心价值观是由社会主义事业的领导核心——中国共产党倡导的,是社会主义初级阶段的核心价值观。从本质上讲,当前我国的社会主义核心价值观"就是指我们党和政府的价值观。它是由党和政府的立场、基础所决定的,并用马克思主义理论装备起来的一整套价值观体系。

① 宋惠昌:《社会主义核心价值观专题解读》,中共中央党校出版社,2010,第13页。

党是领导核心，党的价值观也成为各种价值观的共同核心"。① 中共十六届六中全会明确提出："社会主义核心价值体系是建设和谐文化的根本。"十七大报告指出，要"建设社会主义核心价值体系，增强社会主义意识形态的吸引力和凝聚力"，并提出了"大力建设社会主义核心价值体系"的战略任务。十九大报告提出"培育和践行社会主义核心价值观"。显然，总结、凝练和建构当代中国的社会主义核心价值观，是建设社会主义核心价值体系、发展和繁荣社会主义先进文化的重要内容。

中共十六届六中全会通过的《中共中央关于构建社会主义和谐社会若干重大问题的决定》指出："马克思主义指导思想，中国特色社会主义共同理想，以爱国主义为核心的民族精神和以改革创新为核心的时代精神，社会主义荣辱观，构成社会主义核心价值体系的基本内容。"《决定》指出的这四个部分，是一个内在联系的有机整体，构成了我国社会主义核心价值体系的理论架构，也规定了我国社会主义核心价值观的理论内容。

马克思主义指导思想是社会主义核心价值观由以形成的世界观、方法论和理论基础，指导和统摄社会主义核心价值观的其他方面。坚持马克思主义的立场、观点、方法，用马克思主义中国化的最新成果武装全党、教育人民，是建设社会主义核心价值观的根本思想保证。正确认识和理解社会主义核心价值观，积极践行社会主义核心价值观，全面推进社会主义先进文化建设以至整个中国特色社会主义建设，都需要坚定不移地坚持马克思主义指导思想。

中国特色社会主义共同理想，确立和保证了社会主义核心价值观的

---

① 李德顺：《关于社会主义核心价值观的几个问题》，《上海党史与党建》2007年第7期，第9页。

正确政治方向，本质上是现阶段中国人民政治价值观的集中表现。一方面，中国特色社会主义共同理想是建立在马克思主义指导思想基础之上并与共产主义最高理想相统一的，是现阶段国家建设的总体价值目标，反映着中国最广大人民的根本利益，有利于形成强大的精神感召力和凝聚力，在全党和全国人民中形成科学的价值观；另一方面，只有形成建立在共同理想基础上的社会主义核心价值观，凝聚社会共识，形成全民族奋发向上的文化环境，才有利于中国共产党团结和带领人民共同奋斗，实现中华民族伟大复兴的历史使命，使中华民族自立于世界民族之林。

以爱国主义为核心的民族精神和以改革创新为核心的时代精神，作为社会主义核心价值观的重要组成部分，是中国特色社会主义建设的精神动力之源泉。爱国主义是中华民族民族精神的核心，具有悠久的传统。随着时代的发展，爱国主义价值观的内容也在不断丰富和发展。我们今天要发扬的爱国主义精神，具有社会主义意识形态的性质，是一种社会主义的爱国主义，表现为热爱中华民族、热爱社会主义祖国、维护祖国安全和统一的精神，也表现为坚韧不拔、自强不息的奋斗精神。以改革创新为核心的时代精神，主要表现为勇于改革、不断创新的精神，这是在全球化时代保证民族自立自强和国家兴旺发达的必要条件，是民族精神在新时代的展现。以爱国主义为核心的民族精神和以改革创新为核心的时代精神，是现阶段社会主义核心价值观的集中体现。

社会主义荣辱观，本质上就是社会主义的伦理道德观，是社会主义核心价值观的重要内容，也是社会主义核心价值观的伦理道德基础，它使社会主义核心价值观具有了强烈的道德感染力和号召力。现阶段，"在社会的道德建设中，在国家的文化发展中，以至于在个人的道德修养上，

进行正确的荣辱观教育，都是有重要现实意义的。"① 社会主义荣辱观以
"八荣八耻"为基本内容，即"以热爱祖国为荣、以危害祖国为耻，以服
务人民为荣、以背离人民为耻，以崇尚科学为荣、以愚昧无知为耻，以
辛勤劳动为荣、以好逸恶劳为耻，以团结互助为荣、以损人利己为耻，
以诚实守信为荣、以见利忘义为耻，以遵纪守法为荣、以违法乱纪为耻，
以艰苦奋斗为荣、以骄奢淫逸为耻"。以"八荣八耻"为基本内容的社会
主义荣辱观，坚持了马克思主义的指导地位，充分吸收了中华民族的传
统美德，借鉴和反映了人类文明发展的道德成果，彰显了社会主义时代
的道德主流。"八荣八耻"在形式上正反对比，在内容上旗帜鲜明。其实
质就是倡导热爱祖国、热爱人民、热爱科学、热爱劳动、团结互助、诚
实守信、遵纪守法、艰苦奋斗的社会主义世界观、人生观和价值观，引
导和鼓励广大公民增强道德自律，"尚荣"而"知耻"，形成与社会主义
市场经济相适应、与中华传统美德相承接、与中国特色社会主义共同理
想相统一的价值取向和行为准则。

社会主义核心价值体系的这四个方面，各有其独特的地位和作用，
但又是辩证统一、各有侧重的有机整体。社会主义核心价值观理论为社
会主义核心价值观建设提供了指导原则和理论基础。

（二）中共十八大以来对社会主义核心价值观的新凝练

自从中共十六届六中全会提出"建设社会主义核心价值体系"的宏
伟战略以来，凝练社会主义核心价值观成为理论界、文化教育界等各界
关注的热点。中国共产党十八大报告指出，"社会主义核心价值体系是兴
国之魂，决定着中国特色社会主义的发展方向。要深入开展社会主义核

① 宋惠昌：《社会主义核心价值观专题解读》，中共中央党校出版社，2010，第
163页。

心价值体系学习教育，用社会主义核心价值体系引领社会思潮、凝聚社会共识"，并进一步提出三个"倡导"（倡导富强、民主、文明、和谐，倡导自由、平等、公正、法治，倡导爱国、敬业、诚信、友善），积极培育社会主义核心价值观。这是在原有基础上，对社会主义核心价值观所做的最新凝练和概括，这一凝练和概括将过去较长的表述精炼为 24 个字："富强、民主、文明、和谐"，"自由、平等、公正、法治"，"爱国、敬业、诚信、友善"。这一新凝练是社会主义核心价值观理论发展的必然结果，它特点鲜明，意义深远，标志着社会主义核心价值观建设将进入新的阶段，也必将为社会主义核心价值观的培育和践行指明方向。

众所周知，"社会主义"是作为"资本主义"的对立物而产生、存在和发展的，它具有多方面的内在规定性。它是一种思想理论体系，是一种不断发展的社会历史运动，也是一种不断变革的社会制度和社会形态。但毫无疑问，社会主义也是作为一种价值体系而存在的。社会主义既然不同于资本主义，在其核心价值上就必然有其特殊性，即在社会主义多方面的内在规定性中，必然内蕴着它不同于资本主义的价值意涵。从莫尔、康帕内拉等早期空想社会主义者对平等、和谐、幸福、人的全面发展等价值的追求，到科学社会主义对公平正义、尊重人权、友爱互助、和谐、自由等价值理念的畅想，再到苏联、东欧、新中国等社会主义国家的社会主义实践，可以说，不同时代的社会主义都有其旗帜鲜明的价值追求。价值观是社会主义的应有之义，是社会主义不同于资本主义的价值标签。某种程度上，社会主义就是基于对资本主义价值观的批判、承载着人类的价值理想而诞生和发展的。从本原意义上讲，社会主义是关于未来理想社会的价值追求，它反对一切压迫、奴役和剥削，主张消灭贫穷和阶级对立，实现全人类的自由和解放。这些价值追求不仅仅停留在理论层面，更重要的是指导了社会主义的实践，形成了人类历史上最深刻、最波澜壮阔的社会主义革命和建设实践，对人类历史的发展产生了和正在产生深刻的影响。

总起来看，社会主义和资本主义的斗争，是两种制度的斗争，两种意识形态的斗争，同样也是两种价值观念的斗争。价值观方面的问题，过去没有引起我们足够的重视，也没有进行深入的研究。环顾当今世界，全球化趋势不可逆转，文化发展呈现多元化态势。而数字化、信息化的潮流又使得文化传播途径趋向多样化，传播速度日益快捷化，文化交流范围不断扩大化，文化交流和冲突日趋频繁，文化和价值观的冲突、碰撞、交流、整合日渐成为常态，成为全球化过程中最引人瞩目的问题之一。价值观作为文化的核心，从来没有像今天这样凸显在人们面前。所以，当我们反思社会主义所遭受的挫折的时候，就不得不重视价值观的维度。某种程度上，社会主义核心价值观的晦暗不明也是世界范围内社会主义曾遭受挫折的深刻原因。

在建设中国特色社会主义的征程中，通过全面总结社会主义历史发展中的经验和教训，中国共产党对这一问题有了更加清醒的认识。中共十六届六中全会提出了社会主义核心价值体系的战略构想，构筑了社会主义核心价值体系的理论框架；十七大报告强调指出，"社会主义核心价值体系是社会主义意识形态的本质体现。要巩固马克思主义指导地位，坚持不懈地用马克思主义中国化最新成果武装全党、教育人民，用中国特色社会主义共同理想凝聚力量，用以爱国主义为核心的民族精神和以改革创新为核心的时代精神鼓舞斗志，用社会主义荣辱观引领风尚，巩固全党全国各族人民团结奋斗的共同思想基础"；十八大报告进一步指出，"社会主义核心价值体系是兴国之魂，决定着中国特色社会主义发展方向"，要"大力弘扬民族精神和时代精神，深入开展爱国主义、集体主义、社会主义教育，丰富人民精神世界，增强人民精神力量。倡导富强、民主、文明、和谐，倡导自由、平等、公正、法治，倡导爱国、敬业、诚信、友善，积极培育社会主义核心价值观。牢牢掌握意识形态工作领导权和主导权"。十八大报告对社会主义核心价值的新凝练，必将推动社会主义核心价值观的培育和践行。这预示着社会主义核心价值观建设进入了新的历史阶段。

十八大对社会主义核心价值观的新凝练，具有以下特点：

第一，从凝练的根据来看，十八大对社会主义核心价值观的新凝练具有深厚的理论和现实根基。这一新凝练的理论根基是中国化马克思主义，现实根基是中国特色社会主义的伟大实践，离开这两大基础，社会主义核心价值观的凝练就会偏离方向，丧失内涵，成为无源之水、无根之木。

中国化马克思主义是中共十八大凝练社会主义核心价值观的指导思想和理论根基。自从提出社会主义核心价值体系的命题以来，凝练社会主义核心价值观逐渐成为学界、政界、文化界关注的热点。社会主义核心价值观是马克思主义基本价值理论与中国实际相结合的产物。如果不坚持中国化马克思主义的指导思想和理论基础地位，不坚持马克思主义的立场、观点和方法，不坚持马克思主义的基本价值理论，而照抄照搬西方文化价值观或中国传统文化价值观，缺乏历史的批判和继承，社会主义核心价值观的凝练必然会偏离方向，丧失其本质属性。中共十六届六中全会决议指出："马克思主义指导思想，中国特色社会主义共同理想，以爱国主义为核心的民族精神和以改革创新为核心的时代精神，社会主义荣辱观，构成社会主义核心价值体系的基本内容。"这一论断不仅指出了社会主义核心价值观体系的基本内容和理论架构，实际上也指出了社会主义核心价值观的指导思想和理论基础。这个理论基础就是中国化马克思主义。中国化马克思主义是马克思列宁主义、毛泽东思想的继承和发展，是改革开放新时代的马克思主义。坚持中国化马克思主义理论的基础地位，是科学凝练社会主义核心价值观的必备前提。

科学凝练社会主义核心价值观，还必须立足于中国特色社会主义的具体实践。十八大对社会主义核心价值观的新凝练是中国特色社会主义伟大实践的必然结果。中国特色社会主义伟大实践是凝练，社会主义核心价值观的现实根基。实践是认识的源泉，是检验真理的根本标准。建设社会主义核心价值体系，凝练、培育和践行社会主义核心价值观，必须立足于中国特色社会主义的伟大实践。在中国特色社会主义的实践过程中，我们不断总结实践经验，并借鉴人类文化之精华，逐步形成了一系列社会主义性质的价值观，如富强、民主、文明，依法治国和以德治国，为人民服务、集体主义、勤劳致富、共同富裕、公平正义，以人为本、诚信友爱、社会和谐、科学发展、人与自然和谐发展、社会主义荣辱观等价值理念和价值取向，这是我们凝练社会主义核心价值观的重大成果。十八大报告对社会主义核心价值观的新凝练，实际上是对中国特色社会主义建设伟大实践中的价值理念和价值取向的一次集中概括。当然，这一概括还会随着中国特色社会主义建设实践的不断深化而逐步完善。

第二，从结构上看，十八大对社会主义核心价值观的新凝练，更加简明，既具体而又层次井然，使社会主义核心价值观的培育和践行具有更强的可操作性。"富强、民主、文明、和谐，自由、平等、公正、法治，爱国、敬业、诚信、友善"，共24个字，将社会主义核心价值观首次具体化、明晰化。这就初步解决了社会主义核心价值观"是什么"的争论，让社会各界对社会主义核心价值观的认识和理解有了最基本的依据。这是一个历史的进步，也为解决下一步"怎么做"（即如何培育和践行社会主义核心价值观）提供了理论支撑。构建社会主义核心价值体系，培育和践行社会主义核心价值观，只提供一个宏伟的体系架构是远远不够的，还必须进一步凝练出指向更为集中、更为简明的价值观，以凸显主导价值观的"核心性"。[①] 如今，这一问题得到了初步解决。当然，结构的简明并非对此前社会主义核心价值体系的否定，相反，这一"删繁就简"是以此前的社会主义核心价值体系架构为前提的。这也是理论辩证发展所必经的阶段。

这一凝练和概括还表现出鲜明的层次性：包括国家层面的价值诉求——富强、民主、文明、和谐；社会层面的价值诉求——自由、平等、公正、法治；个人层面的价值诉求——爱国、敬业、诚信、友善。这样的结构层次，既体现和勾画了全体公民对国家未来的期许和向往，也为施政者和各级社会管理者提供了价值观念上的顶层设计，同时还为全体公民的行为提供了价值理念和价值规范。这必将使社会主义核心价值观的培育和践行具有更强的可操作性，从而有利于形成社会主流价值观，引领社会思潮，凝聚社会共识，壮大主流思想舆论，推动中国特色社会主义的全面发展。

第三，从表述上看，十八大对社会主义核心价值观的新凝练，更加科学严谨、易记易懂，大大增强了亲和力和公众的社会参与度。从根本上讲，价值观是人的思想和行为的标准，价值观建设就是对人的改造，就是把人民改造成为具有社会主义核心价值观的现代公民。这就必须有

---

① 韩震：《社会主义核心价值体系引领作用论略》，《光明日报》2011 年 11 月 23 日。

广大公民的主动和积极参与。构建社会主义核心价值体系、培育和践行社会主义核心价值观这样一个艰巨而浩大的工程，脱离人民这个主体，没有广大公民的主动和积极参与，官方再怎么提倡和推动，也只能是独角戏。而要让广大公民主动、积极参与，首先需要社会主义核心价值观能够反映人民的利益和需要，并在表述上贴近百姓、贴近民生、通俗易懂、亲和力强，为老百姓所喜闻乐见，易于理解和接受，并不断转化为具体行动。所以，社会主义核心价值观的凝练必须面向全体公民，必须交给广大人民群众一个科学严谨、直指民心、易记易懂、便于实践的价值观架构和内容。这样，社会主义核心价值观的培育和践行才能促进全民参与，在实践中具有更强的可操作性，从而增强社会主义核心价值观建设的社会公众参与度，使最广大的人民群众真正参与其中，成为人民群众自觉的追求和实践，形成自觉、主动、积极参与的态势。十八大报告对社会主义核心价值观的表述，无疑为社会主义核心价值观在未来的进一步凝练和表述做了一个成功的示范。

中共十九大延续、深化和发展了十八大中关于社会主义核心价值观理论的相关论述，把培育践行社会主义核心价值观与"文化自信"和"中华民族伟大复兴"密切联系起来。十九大报告指出，"文化自信是一个国家、一个民族发展中更基本、更深沉、更持久的力量。必须坚持马克思主义，牢固树立共产主义远大理想和中国特色社会主义共同理想，培育和践行社会主义核心价值观，不断增强意识形态领域主导权和话语权，推动中华优秀传统文化创造性转化、创新性发展，继承革命文化，发展社会主义先进文化，不忘本来、吸收外来、面向未来，更好构筑中国精神、中国价值、中国力量，为人民提供精神指引"，"社会主义核心价值观是当代中国精神的集中体现，凝结着全体人民共同的价值追求。要以培养担当民族复兴大任的时代新人为着眼点，强化教育引导、实践养成、制度保障，发挥社会主义核心价值观对国民教育、精神文明创建、精神文化产品创作生产传播的引领作用，把社会主义核心价值观融入社会发展各方面，转化为人们的情感认同和行为习惯。坚持全民行动、干部带头，从家庭做起，从娃娃抓起。深入挖掘中华优秀传统文化蕴含的思想观念、人文精神、道德规范，结合时代要求继承创新，让中华文化展现出永久魅力和时代风采"。

二、社会主义核心价值观建设的文化意义

社会主义核心价值体系理论，为社会主义核心价值观建设提供了根本的指导原则和理论基础。社会主义核心价值观既是社会主义先进文化建设的组成部分，也是社会主义先进文化建设的中心环节和重大举措。加强社会主义核心价值观建设，具有重大的文化意义。

第一，社会主义核心价值体系和社会主义核心价值观，代表着社会主义文化的先进性。我们建设的是中国特色社会主义先进文化。如前文所述，先进文化就是一定历史时期、一定地域范围内能够促进社会发展以及人的自由而全面发展的文化，归根结底是促进生产力发展和人民利益实现的文化。中国特色社会主义先进文化应该吸收和借鉴人类文化的精华，能够引领文化发展方向和时代潮流，反映社会发展的规律。文化的核心是其价值体系。社会主义核心价值体系是一个科学的价值理论体系，它包括马克思主义的指导地位、中国特色社会主义共同理想、以爱国主义为核心的民族精神和以改革创新为核心的时代精神、社会主义荣辱观，是一个辩证统一的理论整体，集中体现了中国特色社会主义先进

文化的价值内涵和价值取向，也规定了社会主义先进文化的基本方向，决定了社会主义文化的先进性。

第二，社会主义核心价值观建设是社会主义先进文化建设的核心，是贯穿先进文化建设的一条主线。社会主义先进文化建设是一个系统工程，涉及指导思想、政治路线、理想信仰、风俗习惯、教育、科学、文学艺术、文化产业等各个方面，而价值观作为文化的核心，则渗透在文化建设的各个方面，是先进文化建设得以正常运转的重要的观念结构和精神力量，是当代中国文化发展的灵魂，是文化建设的一条主线，牵一发而动全身。抓住了这个核心、这条主线，文化建设才能纲举目张、事半功倍。所以，必须采取切实可行的措施，加强社会主义核心价值观的宣传和教育，坚持社会主义核心价值观宣传和教育工作的稳定性、常态化，真正使社会主义核心价值观成为社会的主流价值观，使其内化为社会成员的自觉的价值标准和价值原则，在社会生活中自觉践行社会主义核心价值观。

第三，社会主义核心价值观建设是社会主义和谐文化建设的中心环节。和谐文化是现阶段中国特色社会主义先进文化的集中表现。社会主义核心价值体系不仅为和谐文化建设指明了方向，而且为和谐文化建设提供了核心内容。《中共中央关于构建社会主义和谐社会若干重大问题的决定》指出："社会主义核心价值体系是建设和谐文化的根本。"因为价值观是文化的核心，没有价值认同，没有价值观的和谐，也就谈不上文化的和谐。社会主义核心价值体系所规范的核心价值观，是一个具有人民主体性、科学性、民族性和开放性的价值观系统，因而也是一个具有灵活性、包容性的价值观系统，有利于在价值观建构过程中处理好核心价值观与非核心价值观的关系。尊重差异、包容多样、积极引导、促进和谐，是社会主义核心价值观的基本品格，这种品格有利于在全社会形成价值共识，增强民族凝聚力和向心力，促进社会和谐，建设社会主义和谐文化。

第四，社会主义核心价值观建设是关系社会主义先进文化建设乃至整个中国特色社会主义建设兴衰成败的重大举措。从全球化的趋势来看，当今世界已进入了全球化全面发展的时代。这是一个竞争不断走向全面、深入的时代，这种竞争与殖民主义时代、冷战时代的竞争迥然不同。这种竞争不再采取赤裸裸的殖民掠夺、常规战争或意识形态的直接对抗等传统形式，而是以经济、科技、人才的竞争为基本手段。但在深层次上，竞争表现为"文明的冲突"、文化软实力的竞争，核心是价值观念的冲突、调适与整合。所以，在文化全球化的浪潮中，在文化霸权主义的威胁下，要注重包括文化软实力在内的整个综合国力的提高。世界许多国家和民族都意识到了文化问题尤其是价值观问题的重要性。我们也已清醒地认识到，"价值观是一国文化的体现。坚强的有力的核心价值观建设，对内可以凝聚和团结人民，促进经济发展，对外是体现国家的文化形象，使国家具有屹立于世界民族之林的建设支柱。"[1] 因此，社会主义核心价值观建设不仅是关系到社会主义先进文化建设，也是关系到整个中国特色社会主义建设兴衰成败的重大举措。下一步，如何通过具体而强有力的措施使社会主义核心价值观建设贯彻执行、长期坚持、取得实效，是问题的关键。否则，理论再完善，再有高度，也是空谈。

第五，从执政党执政的视角看，社会主义核心价值观建设，有利于中国共产党掌握社会主义意识形态的领导权和主动权，有利于巩固全党

---

[1]　宋惠昌:《社会主义核心价值观专题解读》，中共中央党校出版社，2010，第213页。

全国人民团结奋斗的思想基础，促进中华民族伟大复兴"中国梦"的实现。核心价值观的培育和践行是一个重大的意识形态问题。十七大报告强调指出，"社会主义核心价值体系是社会主义意识形态的本质体现"。核心价值观作为在一定时代和社会中居统治地位、起支配作用的核心价值观念和基本价值准则，具有相对稳定性。一个时代、一个社会、一个国家如若没有相对稳定的核心价值观，或核心价值观逐步丧失（或遭遇解构），社会必然是散漫、病态或不稳定的。中国封建社会形成并长期奉行"仁""义""礼""智""信"的核心价值观，西方资本主义社会以"自由""平等""博爱""民主""人权""法治"等核心价值观为主导。在普遍实行政党政治的情况下，任何一个国家的执政党，都必然重视价值观问题，都必然通过行之有效的价值观塑造来掌握意识形态工作的领导权和主导权。因为"核心价值观是一定社会形态社会性质的集中体现，在社会思想观念体系中处于主导地位，决定着社会制度、社会运行的基本原则，制约着社会发展的基本方向"。① 中国共产党领导中国人民走中国特色社会主义道路，实现中华民族的伟大复兴，就必须凝练、倡导、培育和践行与之相适应的价值观，以振奋民族精神、引领社会思潮、凝聚社会共识，巩固中国特色社会主义建设的政治思想基础，从而激发社会发展进步的"正能量"。中国共产党适时提出了建设社会主义核心价值体系、培育和践行社会主义核心价值观的问题，积极构建社会主义核心价值体系，凝练和概括社会主义核心价值观，并把社会主义核心价值观提高到"兴国之魂，决定着中国特色社会主义发展方向"的高度，这是中国共产党在中国特色社会主义理论和实践方面的一个重大突破，它必将

---

① 王晓晖：《积极培育和践行社会主义核心价值观》，《求是》2012 年第 23 期，第 32 页。

为引领意识形态建设提供新的理论视野和方法论指导。①

最后，社会主义核心价值观建设有利于建设社会主义文化强国、不断增强中华文化的国际影响力、迎接全球化时代的文化和价值观挑战。价值观是文化的核心，是民族文化的精神内核，是一个深层次的文化问题。全球化时代，文化交流日益频繁、文化冲突日益加剧，"全球化背景下的文化竞争，将是以价值体系和价值观念为核心的思想和智慧之争。"②对中国这样一个有着深厚文化传统而又处于社会转型进程中的发展中国家而言，价值观问题显得尤为迫切和重要。当今中国，传统文化价值体系已经逐渐被打破、被边缘化，而新的现代文化价值观正在经历选择和建构的历史进程，文化冲突鲜明地表现为价值观的渗透、冲突和碰撞。近年来，我们忧心忡忡的所谓"信仰缺失""价值失范"等，印证了文化冲突的现实和价值观建构的必要性。我们必须看到，无论在理论上还是在实践上，我们的价值观建构与文化发展、社会进步还远远没有形成自觉的统一。价值观建构与文化发展的疏离，往往使核心价值观建构失去文化依托；而文化发展中的价值迷失，又极易导致文化发展偏离正常的轨道。价值观建构与文化发展的自觉统一，是社会发展进步的必然要求。今天，我们要建设社会主义文化强国、增强中华文化的国际影响力、迎接全球化时代的文化挑战，就必须正视价值观问题的重要性，把社会主义核心价值观建设放在突出、重要的位置。十八大报告对社会主义核心价值观的新凝练，是我们在这个问题上迈出的重要步伐。

---

① 石国亮：《以社会主义核心价值体系引领意识形态建设》，《中国教育报》2007年3月27日。

② 李德顺：《价值论》，中国人民大学出版社，2007，第29页。

三、社会主义核心价值观建构的文化路径

价值观的培养和确立是一个长期文化积淀和文化浸润的过程，要采取切实有效的措施，多管齐下，加强和促进社会主义核心价值观建设。以下是对社会主义核心价值观建构的基本文化路径的简要探讨。

第一，必须牢牢把握社会主义核心价值观建构的文化领导权。社会主义核心价值观建设是先进文化建设的核心内容，是建设和谐文化的根本，是中国特色社会主义的重要组成部分。这是中国共产党深刻认识和总结社会主义文化发展规律的结果。党不仅要指明先进文化的前进方向，而且要牢牢把握文化领导权。这是社会主义先进文化建设和核心价值观建设的基本政治保障。葛兰西在20世纪二三十年代就提出了"文化领导权"的问题，指出了无产阶级在夺取和巩固政权过程中掌握文化领导权的重要性。东欧剧变与当地共产党在文化意识形态领域丧失警惕、放松领导有直接关系。或许有人认为，现在政权稳固，不存在放松文化领导权的问题。实际上，对文化领导权问题的漠视本身就意味着一种放松，措施不当、领导不力、成效不佳，也是放松领导的表现；对"西方中心主义""西化"和"分化"的图谋以及"淡化、消解意识形态""意识形态终结"等观点不加以强有力的批判，就更加危险了。把握文化领导权，就是加强党对文化工作的领导和监督，坚持以中国特色社会主义理论体系指导文化建设，坚持马克思主义文化的主导地位。社会主义核心价值观建设需要党的领导，从核心价值观的提炼，到宣传教育工作的开展，到物质、制度和法律保障，都需要强有力的领导和指引。掌握对价值观建构的领导权，推动核心价值观建设，也是对党在文化领域的执政能力

的一大考验。因为一定程度上，"掌握了社会主义核心价值体系的领导权，也就掌握了文化意识形态的领导权"。①

第二，加强知识分子队伍建设，发挥知识分子在社会主义核心价值观建构中的中坚作用。知识分子是文化传播、整理、创造、创新的重要力量，在社会结构和国家政权中都具有特殊的地位，发挥着重要的作用。我国的知识分子是工人阶级的一部分，为革命和建设做出了和正在做出巨大的贡献。知识分子队伍庞大，包括党的思想家、理论家，各级领导干部、公务员，思想理论工作者、社会科学工作者、科技工作者、医务工作者、法律工作者、教师，等等。他们具有较高的政治理论修养、科学文化素质和专业技术水平，是贯彻、执行、宣传党的文化政策的中坚力量，其思想言行在社会上也起着重要的示范作用。应采取有力措施，加强知识分子队伍建设。要积极倡导和形成学习的氛围，提供坚实的物质和制度保障，为知识分子创造良好的学习、工作和生活环境，调动他们参与社会主义核心价值观建设的积极性，激发他们的创造性，增强知识分子对社会主义核心价值观的认同和支持，形成一支践行社会主义核心价值观的中坚力量，发挥他们在社会主义核心价值观建构中的引导和示范作用。

第三，把社会主义核心价值观建设纳入国民教育体系，把校园建设成为社会主义核心价值观建设的前沿阵地。中共十七大报告强调指出，要"切实把社会主义核心价值体系融入国民教育和精神文明建设全过程，转化为人民的自觉追求"。我们离这一要求还任重道远，在教育领域尤其如此。教育是百年大计，为国家富强和民族振兴提供智力支持和人才保

---

① 余超文：《葛兰西文化领导权思想与社会主义核心价值体系》，《理论界》2009年第9期，第163页。

障。我国在校的青少年学生约占全国人口的四分之一，数量庞大，是社会主义建设的后备人才库，是国家富强和民族复兴的强大生力军。青少年时代是一个人的世界观、人生观、价值观形成的黄金时期和关键阶段，学校教育将直接影响和决定学生世界观、人生观、价值观的形成。目前我国学校的思想政治教育面临更加复杂的国际环境和社会环境，思想政治教育的实效性亟待提高，学生的世界观、人生观、价值观存在这样那样的问题，现状不容乐观，这更加凸显了价值观教育的必要性和紧迫性。把社会主义核心价值观建设纳入国民教育体系，使小学、中学、大学的校园成为价值观教育的前沿阵地，发挥学校教育长期性、连续性、稳定性、系统性的优势，使学生在人生的关键阶段达成对社会主义核心价值观的接受、认同和实践，这对于学生成人成才、对于贯彻党的教育方针、对于培养合格的社会主义事业建设者和接班人意义重大。所以，必须在尊重教育规律的前提下，把社会主义核心价值观纳入国民教育体系。要认真研究价值观教育内容的选择，课程的设置，教育的方式和方法；要坚持以学校教育为中心，把学校教育、家庭教育、社会教育结合起来；要加大物质保障力度，增强价值观教育的实效性，保持价值观教育的长期性和稳定性。

第四，以社会主义核心价值观引领和规范文化产业的发展，并以文化产业的发展为契机，推动社会主义核心价值观建设。文化产业被称为21世纪的"黄金产业""朝阳产业"。中共十六大报告指出："发展文化产业是市场经济条件下繁荣社会主义文化、满足人民群众精神文化需求的重要途径。"文化产业门类众多，例如广播、电影电视、报纸杂志、广告媒体、音乐、出版、文学艺术、电脑网络，以及商业性文艺演出、服装表演、文化旅游、文化展览等，不一而足。文化产业所生产或传播的文化产品不同于普通的商品，文化产品除了具有普通商品的价值和使用价值外，还具有鲜明的文化倾向性，主要表现为民族性、意识形态性、价值观念多样性等。也就是说，文化产品总是一定文化价值的产物和载体，总是要蕴涵、负载、传输、宣泄一定的情绪情感、思想意识、价值取向。所以，文化产品会对人的思想意识、价值观念产生不可忽视的影响。另外，在全球化条件下，"文化产业的生产和消费主要遵循市场规律，可以通过不断扩大的市场体系和商品逻辑而压倒其他一切社会关系和价值体系。"[①] 从意识形态的角度讲，对文化产业的引导和规范也是非常必要的。

我国现代文化产业发展时间不长，发展势头迅猛，但文化产品也泥沙俱下；同时，国外的文化产业和文化产品不断冲击我国的文化市场，使文化产品更加鱼龙混杂、良莠不齐。那些腐朽、低俗、媚俗、庸俗的文化产品，那些消极颓废、反动没落的文化产品，夹带着享乐主义、个人主义、金钱物欲、色情暴力、"戏说"、"恶搞"等价值观念或文化垃圾，侵蚀人们特别是青少年的思想意识，扭曲他们的价值观念，甚至使他们走向歧路、邪路。所以，我国的文化产业和文化市场亟待规范和引导。必须以社会主义核心价值观的建构为契机，用社会主义核心价值观引导和规范文化产业的发展，强化对文化企业的领导和监管，加强对文化产业从业人员的核心价值观教育，净化文化市场，调整产业结构，促使文化产业走向良性发展，给社会提供健康向上、催人奋进的优秀文化产品和精神食粮。同时，文化产业和文化市场是社会主义核心价值观建设的重要阵地，发展文化产业是核心价值观建设的基本手段，文化产品是社会主义核心价值观的重要载体，文化产业的良性发展，有利于推动

---

① 李昕:《文化全球化语境下的文化产业发展与非物质文化遗产保护》,《西南民族大学学报 (人文社科版)》2009 年第 7 期，第 173 页。

社会主义核心价值观建设。

第五，以社会主义核心价值观引领大众文化的发展，并以大众文化的发展为依托，推进社会主义和谐价值观建设。[①] 伴随着文化产业的发展，我国的大众文化蓬勃发展起来。大众文化是以现代传媒（现在主要是电子传媒）为载体，在当今社会普遍流行的一种消费性、通俗性、娱乐性文化。电影、电视剧、流行音乐、娱乐片、广告、时装、畅销书等，都是大众文化的表现。大众文化与精英文化、主流文化并非对立，它们之间实际上是相互影响、相互渗透的。大众文化现在已渗透到大众生活的方方面面，对繁荣和发展社会主义文化、丰富大众的精神文化生活起着日益重要的作用。但同时也要看到，大众文化中也充斥着一些质量低劣的文化产品和文化形态，它们对大众的负面影响不可忽视。例如，盲目追逐娱乐和时尚消费的生活方式，重感性刺激而轻理性思考的思维方式，享乐主义、虚无主义、消费主义的价值观念，大众文化产品的同质化和齐一化造成的人的个性泯灭和创造性丧失，等等。大众文化消费主体数量庞大，影响面广，如不对大众文化的发展加强引导和监管，不但会消解主流意识形态，颠覆优秀的传统文化价值观，也会直接侵害社会大众的文化消费权益，影响广大青少年的健康成长，从而制约社会主义先进文化的建构和发展。

大众文化无疑会对大众的价值观念和价值取向产生直接或间接的影响。它既可以引领和塑造核心价值观，也可以消解核心价值体系，使主流意识形态边缘化。必须双管齐下、标本兼治，发挥大众文化的正价值，降低其负价值。从生产上讲，要着眼于提高文化产品的品质，加强对文

---

① 上文第四点主要从生产的角度谈对文化产业的引导和规范，此处主要是从消费的角度谈这个问题。

化产业的引导和监管，提高文化产业从业人员的素质，保障文化产品的质量。从消费上讲，要着眼于健康消费，加强对大众的教育和引导，增强大众的文化鉴赏能力和消费自律能力，培养健康的文化消费观。作为中国的主流文化，马克思主义文化应该引领大众文化，主导其发展潮流。社会主义核心价值观作为马克思主义文化的一部分，在引领大众文化发展方面具有不可替代的作用。首先，社会主义核心价值观有利于引导大众形成正确的价值观，从而提高对文化产品的鉴别能力，加强道德自律，自觉拒绝不健康的文化产品；其次，社会主义核心价值观的建构，有利于净化文化消费环境，推动文化市场的健康发展；再次，社会主义核心价值观的建构，有利于形成大众对社会主义文化的价值认同，形成大众文化与主流文化的和谐统一。反过来，要把大众文化作为社会主义核心价值观的载体，把核心价值观的要素融入大众文化消费之中，依托大众文化来宣传和践行核心价值观，使社会主义核心价值观通过大众文化消费在公众中不断得到内化。在这方面，我们要打造强大的大众传播体系，充分利用多元化的文化传播手段，将价值观建设融入大众文化传播机制，用大众乐于接受的传播方式编织起牢固的"价值防线"，牢牢占据核心价值观传播的阵地。

第六，加强社会主义核心价值观建构的法律制度保障。建构社会主义核心价值观，加强领导、政策引导、舆论宣传、思想教育等手段都是必要的，但这些手段总体上还是"软"的。社会主义核心价值观还需要法律制度的"硬"保障。公平正义、诚实守信等核心价值观和基本的社会公德得不到有效实行，一些社会丑恶现象不能得到有效遏制，重要原因之一就在于缺乏法律保障，法制不健全。法律具有权威性和强制性，是国家意志的体现，是保障核心价值观认同的重要手段。法律使社会主义核心价值观权威化、规范化、明晰化，着眼于对公民行为的规范和约束，兼有教育、引导、预防和惩治的功能，具有威慑性和强制力。要通过法律法规的形式，把能够用法律加以规范的核心价值观固定下来，为社会主义核心价值观建构提供必要的法律保障。加强社会主义核心价值观建构的法律制度保障，首先要注重全面，要把社会主义核心价值观纳入社会主义法律体系之中，在法律的制定、修改、执行过程中体现核心价值观的指导地位，并把核心价值观内容适当融入其中；其次要突出重点，在一些有广泛社会影响和示范作用的法律的立法、修改和执行过程中，强化社会主义核心价值观要素，例如，关于领导干部和公务员队伍廉洁自律方面的法律，关于文化产业和文化政策方面的法律，关于教育和社会保障方面的法律，等等；再次要加大法律的执行力度，让那些破坏法律，违背基本道德准则和价值规范的违法犯罪分子得到应有的惩罚，维护社会主义核心价值观的地位。

第六章 ｜ 传统儒家文化价值观的
现代转换

作为中国文化的主流，儒家文化在中国源远流长，中国文化被打上了深深的儒家文化烙印。儒家道德和价值观至今仍影响着中国人的思维方式和价值观念。当代中国社会的核心价值观重塑，不能忽视儒家文化哲学的影响。

在儒家文化中，"仁""义""礼""智""信"是基本概念和基本要素，也是核心价值观念，被中国人视为"五常"之德。其中"仁"是儒家一以贯之的价值观。孔子思想中的"智""仁""勇"在《中庸》中被称为"三达德"，其思想中的"仁""义""礼"组成了一个价值观念系统。"仁"以"爱人"为核心，"义"以尊贤为核心，"礼"是对仁和义的具体规定。孟子在"仁""义""礼"之外加上"智"，构成"四德"或"四端"。董仲舒又加上"信"，将"仁""义""礼""智""信"视为天地之"常道"。

本章主要选择与"信"和"义"两方面相关的传统儒家文化价值观，从文化传承和借鉴的视角简略探讨一下传统文化中的价值观及其现代性转换。

第一节 儒家"诚""信"价值观及其当代借鉴

诚信问题之所以为当今中国社会广泛关注，有两个基本缘由：其一，诚信是中华民族的传统美德，在儒家文化中一直处于重要地位，在当今社会仍有广泛影响，从文化传承和发展的角度讲，我们义不容辞，需要批判继承和大力弘扬；其二，诚信缺失、诚信危机等现象已成为严重的社会痼疾，诚信建设是当今中国社会的一大短板，而现代性的生成和发展需要"诚信"道德和价值观，从现代社会的建构角度讲，我们需要痛定思痛，认真反思，着力建构。

中国社会转型过程中，传统与现代的博弈不断制造着新的文化矛盾。当代中国诚信缺失、诚信危机的痼疾，正是社会转型所带来的文化矛盾和文化阵痛的表现。要缓解矛盾、医治和减轻这种文化阵痛，需要从传统和现代两个层面发力。反思和借鉴传统文化中的儒家诚信道德和价值观，汲取其智慧和力量，古为今用，推陈出新，是建构现代社会的需要；对于当前我国的道德建设和社会主义核心价值观的培育践行而言，也具有重要的理论和现实意义。

一、儒家"诚""信"价值观的基本内涵

今天，我们把"诚信"视为基本的道德规范和价值观念，着力加以倡导。作为儒家文化的重要内容，"诚信"的基本内涵是诚实不欺、重信

守诺。

　　在儒家早期思想中，"诚"和"信"多数情况下是两个各自独立的概念，"诚信"作为一个整体概念使用的情况相对较少。中国古人讲究以德配天、以德化民、以德服人，"诚""信"之德一直为古圣先贤们看重。从历史发展来看，"诚""信"最初与古人的祭祀活动密切相关。如《礼记》中记载，"祷祠祭祀，供给鬼神，非礼不诚不庄"①，"贤者之祭也，致其诚信与其忠敬"②，"诚信之谓尽，尽之谓敬，敬尽然后可以事神明，此祭之道也"③。文中所及的"诚""信"以及其基本内涵，首先是对神灵、对祖先的忠诚虔信。看来，"诚"很早就被视为一种极为重要的道德标准和价值规范了。

　　《说文解字》认为，"诚者，信也"，"信者，诚也"，由此可见，"诚""信"可以互训互释，其义相通。我们今天谈论诚信，有时也以"诚"释"信"，或以"信"释"诚"。

　　其实，在儒家思想中，"诚"和"信"既相互统一又各有侧重。"诚"比较内在，比较形而上。进一步讲，"诚"源自天地真实无妄的本性，在道德原则上表现为真诚执着、不妄不纵的内心信念，具有本体论意蕴。很多儒家思想的代表人物都在这一意义上释"诚"。如孟子有言，"诚者，天之道也；思诚者，人之道也"④，即认为"诚"是"天道"，思诚、求诚是"天道"主宰下的"人道"。北宋时，作为理学开创者之一的周敦颐将"诚"视为"圣人之本"，甚至认为"诚"乃"五常之本，百行之源"，这

---

① 《礼记·曲礼上》。
② 《礼记·祭统》。
③ 《礼记·祭统》。
④ 《孟子·离娄上》。

样一来，"诚"不仅成为道德之本原，也成为宇宙之本体。明代王阳明则主张"诚是心之本体"①。

如果说"诚"比较内在，比较形而上，那么与"诚"相比，"信"则比较外在，比较形而下。"信"强调在道德践行、人际交往等层面讲信用、重承诺，即所谓"言必信，行必果"。《论语》中很少谈及"诚"，但谈论"信"的地方却俯拾皆是，其内涵除了"相信""信任"以外，多是指重信守诺、不欺诈、不虚妄，强调思想言行要合乎"仁""礼"的要求。如，"自古皆有死，民无信不立"②，"恭、宽、信、敏、惠。恭则不侮，宽则得众，信则人任焉，敏则有功，惠则足以使人"③，等等。关于"诚"和"信"的关系，北宋儒家张载的看法比较典型。张载认为，"诚善于心谓之信"④，"诚故信，无私故威"⑤。这样看来，"诚"居于内心信仰层面，是"信"的前提和基础，而"信"则是"诚"的自然流露和外在表现；没有"诚"，"信"无所依附，没有"信"，"诚"难以表征。

二、儒家"诚""信"价值观的文化价值

（一）诚信是为人之本、修身养性之道

诚信作为为人之本、修身养性之道，是儒家的基本道德规范和价值观念，在儒家思想发展史上世代传承，绵延不绝。

儒家学说创始人孔子非常重视"信"。《论语》中说，"子以四教：文，

---

① 王阳明：《传习录》。
② 《论语·颜渊》。
③ 《论语·阳货》。
④ 张载：《张载集·正蒙·诚明篇》。
⑤ 张载：《张载集·正蒙·天道篇》。

行，忠，信"①，可见孔子是将"信"作为教育的重要内容甚至是教学科
目的。孔子及其众弟子经常谈论"信"，如，"与朋友交，言而有信"②，
"弟子入则孝，出则弟，谨而信，泛爱众，而亲仁"③，"信近于义，言可复
也"④（复，践言也，"言可复"即能够兑现承诺）；"人而无信，不知其可
也"⑤；"主忠信，毋友不如己者，过则勿惮改"⑥；"自古皆有死，民无信不
立"⑦；等等。孔子及其弟子不但非常重视"信"，而且把"信"作为人的
基本品格和"仁""义"的重要体现，在实践上则把"信"作为达成"仁"
所必经的道德修养途径。在这里，"信"和"仁""义"是表里关系，"信"
为表，"仁""义"为里，两相统一。同样，"信"也是"礼"的要求。孔
子主张，为人处世，须以德为本、信义至上、表里如一，否则就不合乎
"礼"的要求。孔子虽然很少谈论"诚"，但在儒家思想中，"诚"与"信"
的内涵是相通的。孔子对"信"的强调，内里彰显着"诚"的意蕴。"诚"
与"仁"也是一脉相承的。试想，无"诚"无"信"，何以为"仁"呢？

　　儒家注重"诚""信"，把"诚""信"纳入了"五伦""五常"的伦
理道德框架中。孟子认为，"父子有亲，君臣有义，夫妇有别，长幼有序，
朋友有信"⑧是最基本的"人伦"规范。后世将此句中的"五伦"奉为道
德评判的基本标准和伦常规范。"朋友有信"的"信"当然不是说朋友之

① 《论语·述而》。
② 《论语·学而》。
③ 《论语·学而》。
④ 《论语·学而》。
⑤ 《论语·为政》。
⑥ 《论语·子罕》。
⑦ 《论语·颜渊》。
⑧ 《孟子·滕文公上》。

道只需要"信","信"也不仅仅限于朋友之间,只是强调朋友相交首要的是讲究"信"而已。西汉时期,经过"罢黜百家、独尊儒术",儒家思想逐渐上升为中国封建社会的正统思想。董仲舒在神学目的论的框架下第一次对"三纲五常"的名教纲常体系做了全面、系统的论述。他认为,"循三纲五纪,通八端之理,忠信而博爱,敦厚而好礼,乃可谓善"①。在对汉武帝的策问中,他又提出"五常之道":"夫仁、谊(义)、礼、知(智)、信,五常之道,王者所当修饰也。五者修饰,故受天之佑,而享鬼神之灵,德施于方外,延及群生也。"②在"仁""义""礼""智""信"这"五常"之中,"信"居其一,成为渗透于社会各领域的道德规范和价值观念,也成为中国封建社会的核心道德准则和价值观念,影响至深。

儒家非常注重把"诚""信"作为立身、立德之本,修身养性之道。《中庸》提出了"至诚尽性"的观点:"唯天下至诚,为能尽其性;能尽其性,则能尽人之性;能尽人之性,则能尽物之性;能尽物之性,则可以赞天地之化育;可以赞天地之化育,则可以与天地参矣。"③这里提出了所谓"至诚"。"至诚"即极端真诚,"至诚者"即极端真诚者。唯"至诚者"才有"至诚"之性,才能充分发挥人之本性,才能"仁民";进而"能尽物之性",能"爱物";"仁民爱物"则可以"赞天地之化育"(辅助天地化育万物),以致最后达到中国古人追求的极高境界——人"与天地参",即天、地、人三者达到统一。这段"至诚尽性"之论,逻辑清晰,步步推进,诠释了"至诚"在人之立德修身方面的基础性、重要性,充分反映了《中庸》全篇之主旨。《中庸》中还有多处论及"诚",如"诚

---

① 董仲舒:《春秋繁露·深察名号》。
② 《汉书·董仲舒传》。
③ 《礼记·中庸》。

者自成也，而道自道也。诚者，物之终始，不诚无物。是故君子诚之为贵。"① 这里强调，"至诚"之人不仅可以成就自己，更以成就万物为己任；"诚"贯穿物之始终，不诚则万物的存在对人而言就没有意义了；"诚"是君子最可贵的品德。所以"君子诚之为贵"，即君子必须以诚为贵。

那么，如何立德修身、培养"至诚"之性、"至诚"之德呢？这就到了实践的层面。《中庸》强调，经过"博学之，慎思之，审问之，明辨之，笃行之"②的过程，一般人也可以达到"诚"的境界。《中庸》还主张把"诚"和"明"结合起来，因为"自诚明，谓之性；自明诚，谓之教。诚则明矣，明则诚矣。"③"诚"乃人之性，"明"即明是非善恶，明是非善恶而后能"实其善"，然后至于"诚"。反过来，由"诚"也可以至于"明"。由"诚"至"明"是出于天性，由"明"至"诚"是出于教化。孟子强调"反身而诚"④（万物皆备于我矣，反身而诚，乐莫大焉；强恕而行，求仁莫近焉）的反省内求方法。孟子认为，只有以"反身而诚"的反省内求方法立德修身，达到"至诚"之境，才能体会到"乐莫大焉"。这种方法当然是建立在主体自觉的基础之上的。南宋时期理学的集大成者朱熹提出了"立诚"的观点："诚者，合内外之道，便是表里如一"⑤，人必须"立诚"。何谓"立诚"？朱熹认为，"'敬以直内，义以方外'，便是立诚"⑥，"惟立诚才有可居之处，有可居之处则可以修业。"⑦"敬

---

① 《礼记·中庸》。

② 《礼记·中庸》。

③ 《礼记·中庸》。

④ 《孟子·尽心上》。

⑤ 朱熹：《朱子语类》卷二十三《论语五》。

⑥ 朱熹：《朱子语类》卷九十五《程子之书一》。

⑦ 朱熹：《朱子语类》卷九十五《程子之书一》。

以直内"，就是"内在"要以敬畏的态度不断矫正思想；"义以方外"，就是"外在"行为要恪守仁义道德，规范自身行为。这样才能"合内外之道"，达到"立诚"。王夫之也十分强调"诚"的道德修养价值。他认为，"君子知人心固有其诚"[①]，"诚，心也，无定体而行其性者也。心统性，故诚贯四德，而四德分一，不足以尽诚。性与生俱，而心由性发。故诚必托乎仁义礼知（智）以著其用，而仁义礼知（智）静处以待诚而行。"[②] 在王夫之看来，"诚"，"贯四德"，为道德之本、仁义礼智之体，仁义礼智为"诚"之用；所以他还认为，"尽天地只是个诚，尽圣贤学问只是个思诚。"[③]

（二）诚信是为政之本、治国理政之道

作为儒家文化核心价值观之一的诚信，"是立人之道、齐家之道、处世之道、治国之宝"[④]。的确，在儒家思想中，道德从来就不仅关乎个人修为，更关乎政治理想和政治现实。儒家不仅把"诚""信"视为道德之本，视为修身、立人和齐家之道，更视为为政之本、治国理政之道。儒家主张"出世"，"修身""齐家"的最终目的在于施行"仁政""善政"。《尚书》记载，伊尹曾劝谕商王太甲，"惟天无亲，克敬惟亲。民罔常怀，怀于有仁。鬼神无常享，享于克诚。"[⑤] 意思是，上天亲近下民并非固定不变，谁亲近上天，上天就亲近谁；百姓归附君王并非固定不变，谁有仁爱之心百姓就拥护谁；鬼神庇佑生民也并非固定不变，谁有至诚之心，

---

① 王夫之：《读四书大全说》第二十五章。

② 王夫之：《读四书大全说》第二十五章。

③ 王夫之：《读四书大全说·离娄上篇》。

④ 韩星：《儒家诚信思想与社会主义诚信价值观的构建》，《当代中国价值观研究》2018 年第 1 期，第 48 页。

⑤ 《尚书·太甲下》。

鬼神就庇佑谁。在这段记载中，"诚"表面看来是对"鬼神"要虔诚笃信，但其真义在于规劝和要求统治者以德为本，常怀至诚之心、常行仁义之道，以巩固其统治，维护其利益。在这里，"诚"不仅是统治者的道德准则，也是为政之本、治国理政之道。

孔子一生致力于改变他那个时代"礼崩乐坏"的局面，恢复他理想中的政治秩序。他主张为政以德，为政要"仁"，而"仁"者必"信"。"上好信，则民莫敢不用情"[①]，"道千乘之国，敬事而信，节用而爱人，使民以时"[②]，这些都是主张统治者在政治上要讲信用，取信于民。《中庸》则强调："上焉者，虽善无徵（征），无徵（征）不信，不信民弗从；下焉者虽善不尊，不尊不信，不信民弗从。"[③] 这段话表达了两个方面的意思：一方面，作为统治者（上焉者），如果说话无凭无据，信口开河，就失去了信用，没有信用，百姓当然不会信任和拥戴你；另一方面，作为老百姓（下焉者），因为没有权威（不尊），也很难获得他人信任。这充分说明，统治者虽然有权威，但其权威并非先天的，而是必须建立在"信"的基础之上，本质上还是要求统治者取信于民。因为无"信"则无"仁"，也就谈不上为政以德、为政要"仁"了。

孟子的"仁政"，进一步把政治统治的实现与统治者的"诚""信"品格密切联系起来。他说，"居下位而不获于上，民不可得而治也。获于上有道：不信于友，弗获于上矣；信于友有道：事亲弗悦，弗信于友矣；悦亲有道：反身不诚，不悦于亲矣；诚身有道：不明乎善，不诚其身矣。是故诚者，天之道也；思诚者，人之道也。至诚而不动者，未之有也；

---

① 《论语·子路》。
② 《论语·学而》。
③ 《礼记·中庸》。

不诚，未有能动者也。"①在此，孟子旗帜鲜明地指出，下级官吏（居下位者）如果不能得到上级的信任（不获于上），就不能有效地施行"仁政"。那么下级如何获得上级的信任呢？孟子从"信于友"（得到朋友的信任）谈起，认为"信于友"方可"获于上"（获得上级的认可），"获于上"方可施"仁政"。但如何"信于友"呢？要看能否"悦于亲"（孝顺父母使其高兴）。如何"悦于亲"呢？必须其身"诚"，其身不"诚"，"不悦于亲"。最后，"诚"的关键在于"明乎善"，即知善恶。这样，"诚""信"就关系到能否行"仁政"，而能行仁政者必事亲以"诚"。当然，这里有个前提，那就是上下级官吏都必须有"诚"有"信"，都是仁德之人，能够通力合作，坚持"德治"，施行"仁政"。"仁政"始终不能脱离"德治"这个要求。

儒家的政治理想是"修身、齐家、治国、平天下"。儒家思想认为，要做到"修、齐、治、平"，就必须"格物、致知、诚意、正心"。这就是儒家提出的所谓"八目"。"八目"之论，揭示了"诚"在修身、处世、为政中的重要性。儒家经典《大学》开宗明义地指出："大学之道，在明明德，在亲民，在止于至善。"②那么，如何达到"明明德""亲民""止于至善"呢？《大学》认为："古之欲明明德于天下者，先治其国；欲治其国者，先齐其家；欲齐其家者，先修其身；欲修其身者，先正其心；欲正其心者，先诚其意；欲诚其意者，先致其知；致知在格物。物格而后知至，知至而后意诚，意诚而后心正，心正而后身修，身修而后家齐，家齐而后国治，国治而后天下平。"③此即所谓"八目"：格物、致知、诚

---

① 《孟子·离娄上》。
② 《礼记·大学》。
③ 《礼记·大学》。

意、正心、修身、齐家、治国、平天下。"八目"之间由小至大，是因果
关系；由大至小，是条件关系。"八目"之论，脉络清晰，阐释深刻，逻
辑缜密。"诚意"作为"正心"的条件、"致知"的结果，是"治国、平
天下"不可或缺的重要环节。"诚"与"治国、平天下"紧密相连，其意
义可谓大矣。《中庸》有言："至诚之道，可以前知。国家将兴，必有祯
祥；国家将亡，必有妖孽。见乎蓍龟，动乎四体。祸福将至：善，必先
知之；不善，必先知之。故至诚如神。"[①]"至诚如神"的说法有些神秘主
义，意在极言至诚之意义；而把"至诚之道"视为国家兴亡之道，也足
见"诚"在儒家政治思想中的地位。

三、儒家"诚""信"道德和价值观的当代借鉴

社会要正常运转，离不开政治、经济、文化、社会、生态等各方面
协调发展。一定的道德规范和价值观念作为人类文化的核心内容，是社
会正常运转的必要条件。一般说来，道德和价值观方面的"礼崩乐坏"，
往往会加剧社会失序，导致时代混乱。古今中外，概莫能外。

当前，在道德和价值观层面，我们正面临这样的现实：传统道德和
价值观念体系越来越难以适应现代社会，它们正逐渐被消解，被边缘化；
而以马克思主义为指导的现代道德体系和价值观念体系仍在探索过程中，
尚待建构和完善；社会道德和价值观念出现了历史性断裂，社会浮躁、
信仰缺位、道德滑坡、诚信缺失，各种不和谐甚至丑恶现象层出不穷。

造成这一现实的深层次原因在于：其一，当代中国正处于传统社会

---

① 《礼记·中庸》。

向现代社会转型的历史进程中，现代性正在逐步发育和成长，而传统文化受到了强烈的冲击，正日益遭遇解构；其二，市场经济的经济发展模式，追求利益最大化，而市场经济的法制化、制度化水平亟待提高，法律制度的制裁和约束还很不到位。于是就形成了这样的局面：一方面，全社会都弥漫着急功近利的浮躁情绪，很多单位和个人只顾眼前不顾长远、只顾自己不顾他人和社会；另一方面，上述状况却因为文化建设的相对滞后而得不到及时有效的制裁和约束，致使道德滑坡、诚信缺失、秩序紊乱的社会乱象一时很难扭转。

所以，以道德和价值观建设为核心的文化建设亟待加强。在这方面，传统儒家的"诚""信"文化价值观对于当前我国道德和价值观建设仍具有重要的借鉴意义。

（一）把诚信作为公民道德建设和价值观建设的切入点和着力点

把诚信作为公民道德建设和价值观建设的切入点和着力点，首先基于儒家诚信道德规范和价值观念给我们的历史启示。"诚信"在儒家文化中首先是为人之本、修身养性之道，进而是为政之本、治国理政之道。中国历史上很多儒家思想的代表人物都非常重视诚信，把诚信提到很高的位置。与"忠""恕""孝"等范畴相比，"诚""信"发挥作用的领域和范围更为广泛。中国封建社会的统治者和地主阶级思想家把儒家的"诚""信"作为最基本的道德标准和价值规范大力倡导，使之渗透到社会生活的方方面面。这里还有一点值得注意，即儒家对其道德主张和价值观念的倡导弃绝宏大叙事，往往从最切近人性的家庭人伦、生活日用着眼，注重伦理亲情，将家庭的隐喻渗透到国家和社会之中。这样由父母兄弟到君臣大义，由家庭到国家，由小到大，由近及远，不但极易引起人们的心理和情感共鸣，得到各方理解、认同和实践，而且与中国封建社会"家国同构"的政治模式相适应，有利于维护封建统治秩序，维护社会稳定。所以，自汉武帝以后的历代封建统治者均大力倡导儒家道德主张和价值观念，并使之在教育和考试制度方面不断规范和强化。再加之儒家知识分子世世代代"我注六经、六经注我"式的传承和阐扬，使得这些道德规范和价值观念内化于传统文化之中，具有极强的历史传承性和稳定性，也显示出一定的正当性与合理性。即便遭遇异质文化的冲击，其正当性与合理性也很难受到质疑，其历史传承性和稳定性也很难被动摇。

其次，把诚信作为公民道德和价值观建设的切入点和着力点，也是目前我国经济社会发展的现实需要。改革开放以来，我国的道德和价值观建设经历了不同的发展阶段。在公民道德建设、先进文化建设、树立社会主义荣辱观、培育践行社会主义核心价值观、实现中华民族伟大复兴等各个阶段，都注重对道德和价值观建设做出全面部署、规划和设计，而且取得了一定的成效。随着时代的发展和改革开放的不断深入，我们对道德和价值观建设的规律也有了更深刻的认识。道德和价值观建设是非常复杂的系统工程，既要把握方向，做好顶层设计，全面部署和规划，也要找到合适的切入点和着力点，点面结合，循序渐进。目前来看，社会主义核心价值观建设已经在顶层设计、总体部署方面开了个好头，在此基础上，必须采取切合实际、具体可行的措施，努力推动道德建设和价值观建设。

再次，把诚信作为公民道德和价值观建设的切入点和着力点，是切合我国社会实际的，也是具体可行的。因为：其一，中国文化素有崇德重义的传统，传统文化尤其是儒家文化中诚信是为人之本、为政之本、修身之道的观念已深深根植于其中，在我国具有广泛的社会影响；而儒家诚信文化的很多内容，经过去粗取精、批判借鉴，都可以成为道德和价值观建设可资借鉴的文化资源。其二，诚信作为道德标准、价值观念和行为规范，贴近于人们的人性需求、认识能力和现实境遇，而且涉及政治、经济、文化、社会、生态的广泛领域和生产生活的诸多层面，具有广泛的群众基础，易于得到最广大人民群众的理解和认同。其三，市场经济发展需要诚信体系的建立和完善，诚信、信用是经济发展和经济交往的基本条件，诚信建设越来越具备走向制度化和法制化的条件和空间，经济领域的诚信建设应成为道德和价值观建设的基础和抓手。

把诚信作为公民道德建设和价值观建设的切入点和着力点，切实搞好诚信建设，要做的工作很多，但当务之急是抓好两个方面：一是宣传，二是教育。在诚信建设的宣传工作方面，要坚持宣传工作的正确方向和价值取向，贯彻宣传工作的原则和要求，使之服从服务于中国特色社会主义建设的大局；要以实现中华民族伟大复兴为指向，以社会主义核心价值观的培育践行为重点，抓住契机，打开宣传工作新局面；要求真务实，力戒形式主义，注重宣传效果。在宣传工作上，我们有优良的传统，也积累了丰富的经验。但不能拘泥于此，一定要与时俱进、开拓创新。要特别注意结合信息时代的条件，结合现代新媒体，创新宣传方式和手段，扩大宣传广度，挖掘宣传深度，增强宣传信度，提高公民对诚信问题的关注度、对诚信建设的参与度，务求宣传工作的实效度。在教育工作方面，首先要注意全面，不仅要抓学校教育，也要抓社会教育和家庭教育；不仅要抓学生教育，也要抓干部教育和职工教育。其次，要把诚信教育纳入国民教育体系，突出学校教育的主阵地、主渠道地位，注重学校教育、家庭教育、社会教育的有机结合。再次，要坚持育人为本，德育为先，尊重教育教学规律，科学选择教育内容，通过科学的教育方式和教育手段，对青少年学生进行一以贯之的诚信教育。

（二）把政务诚信作为道德建设和价值观建设的关键

中共十八大报告在阐述"全面提高公民道德素质"问题时指出，要深入开展道德领域突出问题专项教育和治理，加强政务诚信、商务诚信、社会诚信和司法公信建设。这一论断可谓切中时弊、抓住要害。政务诚信、商务诚信、社会诚信和司法公信建设是当前我国道德和价值观建设的重点，而政务诚信则处于关键地位。没有政务诚信，就无法取信于民，形成良好的社会政治氛围和道德建设氛围；就无法凝神聚气，聚精会神搞建设、谋发展。当前，加强政务诚信建设应着力抓好以下几个方面：

第一，把诚信作为各级党政领导干部、公务员的基本道德规范和价值观念。孔子认为，"为政以德，譬如北辰，居其所而众星拱之。"① 这里的"德"首推"诚""信"，为政者只有"好信""敬事而信"，有诚信之德行，其治国理政才更具合法性，才能得到人民的信任和拥戴，否则就失信于民，最终被人民唾骂、被历史遗弃。现代社会，政府在社会生活中扮演着比传统社会更为重要的角色，而我国目前政策主导的社会治理体制也使人民对政府的关注越来越多、要求越来越高。人民对政府的关注和要求首先表现在对各级党政领导干部、公务员的思想意识、道德水准、价值观念、工作作风的关注和要求上。对领导干部、公务人员的选拔任用和监督评价，务必坚持德才兼备的标准。诚信就是"德"的基本要求之一。必须从"人格诚信"的高度，要求各级党政领导干部、公务员加强自身修养，从"制度诚信""法制诚信"的高度规范各级各类政务人员的施政行为，对诚信缺失的领导干部和公务员要及时教育引导，加

---

① 《论语·为政》。

大惩戒力度，直至使其接受法律制裁或将其清除出各级政务部门。

第二，把政务诚信作为政府公信力和政府权威的保证。诚信是为政之本，无诚信则无以为政。"为政以德"、施行"仁政"是儒家的主要政治思想，它要求为政者要在"诚信"基础上治国理政。为政以"诚"，"诚故信，无私故威"①，这是古人都了然于心的道理，我们今天更应该加以倡导。不同的是，我们应该比古人有更高的信仰和追求。今天，"诚"应表现为对人民、对国家的诚实、忠诚，主要是内心信念的维度；"信"表现为一切政治言论和政治行为都要重信守诺，对国家和人民负责，主要是外在规范的维度。现代社会，人民更重视、更需要政治诚信。没有诚信，就会出现庸政、怠政、懒政、不作为、乱作为等现象，就会滋生腐败、误国误民，政府在人民中间就难有威信、难塑形象，其施政行为也会丧失合法性。所以，政务诚信牵涉政府的社会公信力和政府权威的问题。没有政务诚信，就没有政府公信力，就没有政府权威，政府就会陷入信任危机，就无法有效施政。再者，"诚信"为政与中国共产党所一贯倡导的"全心全意为人民服务"也是一致的。"全心全意"，而不是三心二意，才有可能做到"诚信"为政，为人民谋利益。

第三，执政党及政府在诚信建设中要发挥表率作用。在目前我国的政治体制下，执政党及政府在政治、经济、文化、社会、生态建设等诸方面都承担着重大职责，在道德和价值观建设方面当然也是如此。就诚信建设而言，执政党和政府的职责，不只是加强诚信建设的顶层设计，教化民众要诚信，更重要的是加强自身诚信建设，以身作则，率先垂范，为全社会作出表率。因为道德和价值观建设具有鲜明的意识形态属性，也

---

① 张载：《张载集·正蒙·天道篇》。

是执政党意志和利益的体现。执政党及政府应以政治诚信为目标，以政务诚信为抓手，加强政务诚信的制度设计和法制建构，加强对政务人员的诚信教育，从公务人员的选拔任用、政府信息公开、科学民主决策、绩效评估、权力监督和问责等各方面推动政务诚信，建设诚信政府、诚信政治，提升政府的执政水平和执政能力，形成诚信、廉洁、高效的政务运行机制，为推动全社会的诚信建设以至整个道德建设和价值观建设做出表率。

（三）着力加强诚信建设的制度化和法制化

加强诚信建设，一方面要面向历史，汲取历史的经验教训；一方面要面向现实，采取有力措施加强诚信建设的制度化和法制化。在诚信建设中，人的道德因素当然不可忽视，儒家崇德重义的文化传统仍可资借鉴。但如果仅仅把诚信的愿景寄希望于公民和市场主体的道德自律和价值自觉，显然是远远不够的，必须使自律和他律相结合，把德治和法治两手抓。

从历史上看，儒家诚信思想对封建社会的影响不可谓不深。但在实践上，道德主体却往往不能完全贯彻诚信的内在要求，或者根本就走向诚信的反面。其原因是多方面的，首先有人性趋利因素的影响。正如有学者所分析的，主体履行诚信的承诺，可能意味着或多或少的自我牺牲，而这恰恰与人性的自为自利倾向相矛盾。[①]对封建统治者而言，阶级利益和统治地位至高无上，对人民讲诚信的前提是不危及他们的利益和统治；否则，他们就可以撕下诚信的伪装。因此，诚信对封建统治者来说不过是一个方便的招牌，随时可以弃之如敝屣。对一般人来说，如果诚信的兑现需要牺牲个人的某些利益，或者不能带来任何实际利益，那么诚信的兑现也可能会大打折扣。其次，一个至为深刻的原因是，诚信的

---

① 陈科华:《诚信如何可能——儒家诚说的意蕴》,《伦理学研究》2004 年第 6 期,第 52 页。

实现主要基于主体的道德自律和价值自觉，而缺乏制度和法律规范。所以，儒家的"诚""信"本质上就是基于主体自觉自律的道德修养论，其重点是主体道德人格的建构，要求在做人方面达到圣人或贤人的道德境界。与此相应，儒家的政治理想也就逃不脱圣贤明君政治的模式，在这一模式中，清明政治的呈现只能依赖圣主明君、贤臣良将。这显然不能适应现代社会的需要。

当前，加强诚信建设的制度化和法制化变得越来越迫切。因为：第一，我国社会正由传统向现代转型，新旧道德和价值观念激烈碰撞和冲突，道德断层和价值观断裂的状况非常明显，传统诚信观念受到强烈冲击，诚信问题已成为众多领域特别是经济领域必须面对的问题，但诚信建设措施乏力，收效甚微。第二，诚信建设是社会主义市场经济的必然要求。现代社会是以市场经济为基础的社会，市场经济是信用经济，市场经济的健康发育需要诚信建设的制度化、法制化来保驾护航，但这一领域显然依旧滞后、薄弱。在市场经济条件下，诚信不仅仅是市场主体应具备的道德素养和价值观念，也是基本的行为规范；不仅是义务，也是责任。市场主体诚信与否，不仅是道德和价值评价问题，其后果还必须诉诸制度和法制框架下的问责和惩处。当下社会不讲信用和缺乏诚信的状况日益严重，利用各种手段行骗欺诈者层出不穷，这种状况严重干扰了市场秩序，破坏了社会风气，影响经济社会的良性发展。这也进一步反证了诚信建设的现实性和迫切性。第三，诚信虽然已成为社会主义核心价值观的基本内容，但诚信道德和价值观建设依然没有突破依赖主体道德自律和价值自觉的思维惯性，诚信道德和价值观建设的理论研究多、贯彻落实少，宣传教化多、制度建设少，而在制度化和法制化建设上则水平不高、可操作性不强、执行力不够。

　　加强诚信建设的制度化和法制化，目前要着重抓好以下几个方面：一是抓住关键领域和重点环节，如政务诚信、司法公信，甚至官员财产申报、公开等具体的关键环节，以点带面，推动诚信建设制度化、法制化、常态化，形成诚信建设的良好氛围。其中，政务诚信建设对于政府的廉洁自律、高效运行至关重要。当前，人民群众对政务诚信建设的呼声非常高，必须拿出硬制度、硬规范，能够加以法律规范的应尽快以法律形式固定下来，颁布执行，并坚决贯彻，边贯彻执行边修正完善。例如政务信息公开、官员工资收入和财产公开、官员选拔任用、决策和监督等方面的制度化和法制化建设等。二是把工农业生产、商务、金融等领域的诚信建设作为重中之重。要积极培育制度思维和法制思维，力戒人治思维；要尽快修正经济领域已不合时宜的制度和法律，建立起适应新形势的市场信用制度和法律法规，并保持制度和法律的科学性、连续性；要严厉打击经济领域中制假售假、偷税漏税、坑蒙拐骗、虚假宣传等行为，提高失信行为的违法违纪成本；要加大规章制度和法律法规的执行力度，以雷厉风行的执法执纪行动遏制经济领域的诚信缺失势头。三是注重执法执纪部门自身的诚信建设，建设一支诚信执法、严格执纪的执法执纪队伍，加大各领域中相关规章制度、法律法规的执行力度，严格按制度和法制要求办事，执法执纪的情况必须在诚信的前提下接受社会监督和法制监督。四是继续深化改革，尤其是政治体制改革，以改革之剑兴利除弊，推动诚信建设的制度化和法制化，加快道德建设和价值观建设的整体推进。五是在全面推动依法治国的过程中，深刻认识诚信道德和价值观建设的重要性，把诚信建设纳入全面依法治国的全局，使诚信建设的制度化和法制化成为依法治国的重点领域和重要抓手。

第二节 儒家"义"价值观及其当代价值

"义"是中国传统文化的重要符号,是中华民族源远流长的道德和价值观念,是中国哲学的重要概念和范畴,后来成为儒家文化的重要内容,成为儒家文化中五"常德"(仁、义、礼、智、信)之一。考察儒家文化中"义"价值观的内涵,重新审视儒家义利观的文化意蕴,对于推进我国文化建设和提升文化内涵、促进经济社会良性发展,具有重要意义。

一、儒家文化中"义"之内涵的历史演变

关于"义"的原初内涵,有学者从字源角度对"义"的本原意义进行了追溯和考察。庞朴先生基于"义"与"宜"的关联,基于对殷商甲骨文和前人的相关研究,经过多方考证,指出"宜"即"俎",进而释"义"为"杀",认为"宜之本义为杀,为杀牲而祭之礼"。① 可见,殷商时代,"义"有"宜祭"之意,"义"在"宜祭"之祭祀礼仪中得以体现。因而,"义"字的原初意义与殷商时代宗教文化背景下的祭祀活动密切相关,指的是合适的仪式。

也有学者从造字法的角度来阐释"义"的内涵,认为"义"(義)从"羊"从"我",有"以戈宰羊"之意。其本义当是上古时代人们分配食

---

① 庞朴:《儒家辩证法研究》,中华书局,2009,第20—30页。

物时对捕猎收获物的分割，此"分割"应该理解为合适、合宜的分割，即分配公正合宜，强调合理、正当的规则。在后来的词义演化中，"义"就从实物的合宜分配发展到一般利益获得的正当性、合理性。从造字法角度，与"义"相对的"利"，从"禾"从"刀"，是"以刀收割庄稼"的意思，取锋利、顺利之含义，亦有获得物质利益之含义。"利"字在其演化中也从收获农作物扩展到一般性的物质利益，继而扩展到精神性利益、欲望的满足，以至于高层次的精神性满足。①

在儒家思想的发展历程中，"义"的内涵历经孔子、孟子、董仲舒、二程（程颐、程颢）、朱熹、王夫之等历代圣哲的解读，意义不断丰富和发展。

孔子对于"义"的理解主要体现在《论语》中。通观《论语》，在不同的语境中，"义"有不同的内涵，各有差异和侧重。但总起来看，"义"强调的是道德上的适宜、应当，是道德原则、行为准则，是克己修身、克制私利，反对因个人私利而为害家国大义。《论语》中"义"的内涵主要包括：合德、合宜、适宜、应当；道义、正义；法度、标准、职责。如，"君子义以为上。君子有勇而无义为乱，小人有勇而无义为盗"②，此句中"义"指"道义"；"君子之于天下也，无适也，无莫也，义之与比"③一句中，"义"有"合德""合宜"的意思；"不义而富且贵，于我如

---

① 李祥俊：《儒家义利之辨的概念含义、问题层次与价值取向》，《学习与实践》2019年第1期，第125页。
② 《论语·阳货》。
③ 《论语·里仁》。

浮云"①一句中,"义"即正义;在"见利思义"②、"见得思义"③中,"义"
有"道义""正义"的意味。不论哪种含义,在孔子那里,"义"都是
"仁"的内在要求和具体体现,是一种普遍的道德准则和价值取向,是人
之行止的内在根据。

　　《中庸》中出现"义"的地方不多,典型的有两处。第一处为"明
乎郊社之礼、禘尝之义,治国其如示诸掌乎"④,此处的"义",有"标
准""法度"的意思,也有"意义"之意味。第二处是"义者宜也,尊贤
为大"⑤。此句中前半句"义者,宜也"是人们耳熟能详的话,后半句"尊
贤为大"才是全句重点,是对"宜"的进一步揭示。此句中的"宜",有
适宜、合宜、合适之意,强调"尊贤"为"宜","尊贤"为"大",即
"尊贤"的重要性,表明一种合理的、应该的、具有正当性的价值规范、
行为准则和行为方式。

　　与孔子注重"仁"的伦理道德体系相比,孟子更注重"义",他将
"义"视为志士仁人必备之修为,视为明辨善恶的自觉自省能力、高尚的
价值追求和崇高的人生目标。孟子认为,欲得其"仁",必重其"义",
面对大是大非,应该舍生取义。如,孟子认为,"恻隐之心,仁也;羞恶
之心,义也;恭敬之心,礼也;是非之心,智也"⑥,"仁,人心也;义,
人路也"⑦。孟子还强调"义"在政治和社会生活中的普适性和社会约束

---

① 《论语·述而》。
② 《论语·宪问》。
③ 《论语·季氏》。
④ 《礼记·中庸》。
⑤ 《礼记·中庸》。
⑥ 《孟子·告子上》。
⑦ 《孟子·告子上》。

力。例如在君臣关系上，他劝诫"王何必曰利？亦有仁义而已矣"①，反对统治者上下交相征利；面对人之生死，孟子认为，"生，亦我所欲也；义，亦我所欲也，二者不可得兼，舍生而取义者也"②。

荀子比孟子更重视"义"，他进一步将"义"具体化。在荀子看来，道义是最高法官，他依据道义将君主进行分类，分为圣主、明主、王、霸主、暗主、贪主等，并认为以尧舜为代表的圣主、明主，只存在于历史上，现实的君主多为暗、贪之辈；在君臣关系上，他反对不顾大义的愚忠，高扬"道义"的旗帜，强调"从道不从君"③，道高于君；在父子关系上，他强调从父与否，前提是明"义"，不明大义则无"大孝"，在此基础上主张"从义不从父"④；关于义利关系，他承认义与利为"人之两有"，二者具有统一性，"义与利者，人之所两有也。虽尧舜不能去民之欲利，然而能使其欲利不克其好义也；虽桀纣不能去民之好义，然而能使其好义不胜其欲利也"⑤。

西汉董仲舒对"义"的理解有进一步发展。先秦儒家多强调"义"与"仁""礼"相结合，强调重"义"轻"利"；墨家主张"仁""义"并称、"义""利"并举；法家重"利"重"法"而轻"仁""义"；道家则主张绝"仁"而弃"义"。董仲舒主要继承了儒、墨两家"义"的观念，并有所发展。他认为义利不可分割，强调义与利、身与心的内在统一性。他说："天之生人也，使人生义与利。利以养其体，义以养其心。心不得

---

① 《孟子·梁惠王上》。
② 《孟子·告子上》。
③ 《荀子·臣道》。
④ 《荀子·子道》。
⑤ 《荀子·大略》。

义不能乐，体不得利不能安。义者心之养也，利者体之养也。"① 他还认为，"义者，谓宜在我者。宜在我者，而后可以称义。故言义者，合我与宜，以为一言。以此操之，义之为言我也。故曰有为而得义者，谓之自得;有为而失义者，谓之自失"②，"仁之法在爱人，不在爱我。义之法在正我，不在正人。我不自正，虽能正人，弗予为义。人不被其爱，虽厚自爱,不予为仁"③，要"以仁安人,以义正我"④。强调"义"在于"我"，"我"要做应该做的事，做道德上应该做的，就是在践行和落实"义"；"仁"之法在爱人、正人，而"义"之法在爱我、正我。所以"义"不仅是道德通则，也是修行人格，是达到道德自尊、自省的内在要求。

程颢、程颐是宋明理学的奠基人，他们从天理至尊的高度阐扬儒家仁义思想。在《遗书》等著作中，他们认为，仁、义、礼、智、信五"常德"之中，"仁"为性之本、天之理，而君臣、父子、兄弟、朋友、夫妻之义，是遵行天理的人之本性，是顺天理而行，"敬只是持己之道，义便知有是有非。顺理而行,是为义也。"⑤ 从"二程"开始，包括"义"在内的儒家思想和道德观念在理学的思辨倾向中得到进一步阐发。

朱熹是宋代理学的集大成者。朱熹认为，仁、义、礼、智四者相较，仁在于温和慈爱，义在于断制裁割，礼在于恭敬撙节，智在于分别是非。"凡此四者，具于人心，乃是性之本体……四者之中，仁固仁之本体也，义则仁之断制也，礼则仁之节文也，智则仁之分别也。"⑥ 朱熹指出，仅有

---

① 董仲舒:《春秋繁露·身之养重于义》。
② 董仲舒:《春秋繁露·仁义法》。
③ 董仲舒:《春秋繁露·仁义法》。
④ 董仲舒:《春秋繁露·仁义法》。
⑤ 程颢、程颐:《二程遗书》卷十八。
⑥ 朱熹:《晦庵集》卷七十四。

仁心是不足以修行成圣人的，仁心必须具化到万事万物之中，才能修得圣人之德，而仁心之具化，"义"是必要条件，对仁心起决断作用。朱熹对"义"的重视不亚于"仁"，他认为"义者，制事之本，故以为质干"①，这指明了"义"在五德中的重要地位。

明末清初思想家王夫之认为，"处事得宜曰义"，"行焉而各适其宜之谓义"，"事之所宜然者曰义"；"立人之道曰义，生人之用曰利。出义入利，人道不立；出利入害，人用不生。"②王夫之将"义"作为立人之本，将"利"当作立人之用，表达了义利辩证统一的义利观。他还进一步认为，义"有一人之正义，有一时之大义，有古今之通义；轻重之衡，公私之辨，三者不可不察。以一人之义，视一时之大义，而一人之义私矣；以一时之义，视古今之通义，而一时之义私矣；公者重，私者轻矣，权衡之所自定也。"③"义"的三个层次即"一人之正义""一时之大义"和"古今之通义"达到统一时，才是"义"的理想状态；"一人之正义"和"一时之大义"与"古今之通义"产生矛盾冲突时，应以"古今之通义"为终极原则，不能以私废公。

二、在儒家义利观和义利之辨中深化对"义"的理解

先秦时代是中国古代社会的大转型、大变动时期，与此相应，那个时代也经历了社会道德和价值体系的转换和重构。在那个百家争鸣的时代，阴阳、儒、墨、道、法、名，各家争鸣不已，不同的道德和价值观

---

① 朱熹:《四书章句集注·论语集注·卫灵公第十五》。
② 王夫之:《尚书引义》。
③ 王夫之:《读通鉴论·卷十四》。

念互相冲突、碰撞、融合。先秦时代正是中国传统义利观的初成时期。儒家义利观以包容进取的入世姿态出现，逐渐成为中国传统文化中义利观的代表，义利关系问题也成为贯穿儒家文化发展始终的核心问题之一。儒家义利观集中体现在穿越两千余年历史的"义利之辨"中，也体现在儒家思想自身发展和传承过程中对义利关系的不同认识和理解中，贯穿在儒家思想发展的历史进程中。孔子、孟子的义利观为儒家义利观和义利之辨定下了基调，经过汉代董仲舒"天人合一"思想的改造，宋代理学视野下的义利关系辩证，至清代王夫之在朴素唯物主义基础上形成义利统一观，儒家义利观不断丰富和发展。

（一）墨家、法家等儒家以外的义利观

"义"和"利"是一对矛盾，义利关系是先秦时代各思想流派都重视和讨论的问题。义利之辨首先体现在不同思想流派之间对义利关系的辩驳和争鸣中。在先秦诸子百家中，道家主张出世，老子"绝圣弃智，民利百倍……绝巧弃利，盗贼无有"①的主张有其合理性，但太过于理想化，其消极无为的思想基调，总起来看不符合社会发展潮流。与儒家就义利关系形成争鸣局面的，主要有以墨子为代表的墨家的功利主义义利观，还有以韩非子为代表的法家的"崇法尚义"的法治主义义利观。这两个学派对"利"都特别重视，旗帜非常鲜明，有别于儒家的义利观。

墨子的思想在先秦时代是非主流，不同于周以来的礼乐文化，有些独树一帜。墨子的很多思想都以"利"为核心，其志在"必务求兴天下之利，除天下之害"②。墨子主张"兼爱""非攻""非乐"，提倡"节用""节葬"，其实都是以"利"为中心的，其用意在于节俭——为民节

---

① 《老子》。

② 《墨子·兼爱下》。

俭，为民生利，避免劳民伤财。墨子提倡"兼相爱""交相利"。"兼"即既考虑自己又考虑别人。墨子不但强调"利"不非"义"，而且主张义利并行，强调义与利同，求利即谋义，取利即尚义。墨子又很"贵义"，认为"万事莫贵于义""贵义于其身"①，要求人们"不义不处，非理不行，务兴天下之利，曲直周旋，利则止"②。可见墨家重视"利"，但并不排斥"义"。在墨家看来，求利是正当、合理的要求，而且"义"本身也就是"利"，"利"是"义"的行为结果。

以韩非子为代表的法家崇法尚利，承认因等级不同而有不同的"利"。因此要求统治者"必明于公私之分，明法制，去私恩""私义行则乱，公义行则治，故公私有分"③。很明显，韩非子将"义"分为"公义"与"私义"，"利"则有"公利"与"私利"之分。公利、公义以国家和民众为对象，是大义、大利；私利、私义则以团体和个人为对象，是小利、私恩。韩非子认为，"顾小利，则大利之残也"④，只顾小利，则大利就难以实现。韩非子在"明于公私之分"、明确义利之公私大小之后，并不否认"求利"乃人之本性：人"不免于欲利之心"⑤，人之欲利是消灭不了的。关键在于为政者如何对待人之欲利。"利者，所以得民也"⑥，"利之所在，民归之"⑦。韩非子还对"义"做了具体而深刻的阐释："义者，君臣上下之事，父子贵贱之差也，知交朋友之接也，亲疏内外之分也。臣事君宜，

---

① 《墨子·贵义》。

② 《墨子·非儒》。

③ 《韩非子·饰邪》。

④ 《韩非子·十过》。

⑤ 《韩非子·解老》。

⑥ 《韩非子·诡使》。

⑦ 《韩非子·外储说左上》。

下怀上宜，子事父宜，贱敝贵宜，知交朋友之相助也宜，亲者内而疏者外宜。义者，谓其宜也，宜而为之。"① 可见，韩非子对"义"是极为重视的，"义"在他眼中就是规则、法度。韩非子的"崇法"和"尚义"是紧密联系在一起的。

（二）儒家思想发展进程中的义利之辨

所谓"义利之辨"，是"义"和"利"两种价值观念之间的争论，是对义利关系的审视和考量，是"义"和"利"二者孰为主导、孰先孰后、孰轻孰重、如何取舍的争论，是求"义"还是求"利"以及如何"求"的争论，其实质是人们在如何处理社会关系时所遵循的道义原则与功利原则两种价值观念的差异与对立。因而"义利之辨"本质上是一种义利关系之辨，是关于义利观的价值观之辨。

孔子强调"义"的至上性，"君子义以为上"②，将"义"作为评判德行的主要标准。孔子曾言，"富而可求也，虽执鞭之士，吾亦为之"③，"富与贵是人之所欲也，不以其道得之，不处也"④，"不义而富且贵，于我如浮云"⑤，"君子喻于义，小人喻于利"⑥。可见，孔子并不否定合理的利欲、富贵，他强调的是在利欲富贵面前要坚持"见利思义""见得思义"的道德原则，反对见利忘义，以利害义。同时，孔子又明确地区分了公利和私利，他十分重视"公利"，要求统治者"因民之所利而利之"⑦。对于私利，

① 《韩非子·解老》。
② 《论语·阳货》。
③ 《论语·述而》。
④ 《论语·里仁》。
⑤ 《论语·述而》。
⑥ 《论语·里仁》。
⑦ 《论语·尧曰》。

他强调"义以为质"①，"不义"则不处，即"不以其道得之，不处也"②。

孟子提出"王何必曰利？亦有仁义而已矣"③的论断，本质上是反对统治者"上下交征利"，以致"国危矣"，劝诫为国者治国理政要懂得"怀仁义"，与民谋利，与民同乐，济世利人，而不是处处"怀利"，与民争利。孟子的义利观，一方面继承了孔子的"义以至上"，用"舍生取义"补充了孔子的"杀身成仁"，即"生，亦我所欲也；义，亦我所欲也，二者不可得兼，舍生而取义者也"④；另一方面，孟子的"怀仁去利""怀义去利"，又始终围绕其"仁政"的政治主张和政治理想。

荀子继承了孔孟义利观的基本思想。他强调"先义而后利者荣，先利而后义者辱"⑤，这正是儒家一贯的主张。他承认欲望和利益的客观性，认为欲利乃人之本能、本性，"人生而有欲，欲而不得，则不能无求"⑥，承认义与利乃"人之两有"："义与利者，人之所两有也。虽尧舜不能去民之欲利，然而能使其欲利不克其好义也；虽桀纣不能去民之好义，然而能使其好义不胜其欲利也"⑦，义利具有统一性。在此基础上，荀子强调"以义制利"，"从道不从君"。

董仲舒进一步发展了孔孟的义利观。孔子的义利观重个人道德修养，重君子人格；孟子的义利观明确地劝诫统治者"怀仁去利"以取天下、治天下，但最终还是强调个体道德境界的提升。董仲舒继承了孔孟义利

---

① 《论语·卫灵公》。
② 《论语·里仁》。
③ 《孟子·梁惠王上》。
④ 《孟子·告子上》。
⑤ 《荀子·荣辱》。
⑥ 《荀子·礼论》。
⑦ 《荀子·大略》。

观的内在精神，在"天人合一"的理论基础上，进一步将义利观拓展到政治领域，使之成为统治术和政治权谋，强化了义利观的趋善求治色彩。董仲舒把人的好义、欲利之性也归之于天，论证了义与利同时为人所有，提出了"义利双养"的观点："天之生人也，使之生义与利。利以养其体，义以养其心。心不得义不能乐，体不得利不能安。"①

朱熹在继承儒家"重义轻利"义利观的基础上，将"义"在其理学理论体系中加以改造，赋予"义"以"天理"的本原地位，以天理规制利欲的合理正当性，即"以理制欲"，使之合于义，以确保"义"之于"利"的主导地位。朱熹认为，"义者，天理之所宜。利者，人情之所欲"②，"仁义根于人心之固有，天理之公也。利心生于物我之相形，人欲之私也。循天理，则不求利而自无不利；殉人欲，则求利未得而害己随之。所谓毫厘之差，千里之谬。"③仁义是天理之公，利益是人欲之私，朱熹在义利关系上主张重义轻利、以理制欲的价值取向，但并不否认人之为人的基本欲求。"存天理，去人欲"的说法，是要戒除不合理的私欲，而不是让人去掉正常、合理的欲望，"天理"和"人欲"不是对立冲突的。其着眼点还是以义制利、以理制欲。

王夫之是唯物主义哲学家，他在朴素唯物主义的哲学基础上坚持义利统一论。王夫之首先承认人的正当利欲的天然合理性，"使物各安其本然之性情以自利"④，"人则未有不自谋其生者也"⑤，"利者，民之依也"⑥。

---

① 董仲舒：《春秋繁露·身之养重于义》。
② 朱熹：《四书章句集注·论语集注·里仁第四》。
③ 朱熹：《四书章句集注·孟子集注·梁惠王章句上》。
④ 王夫之：《周易内传》。
⑤ 王夫之：《读通鉴论·卷十九》。
⑥ 王夫之：《尚书引义》。

"自利"是物之本性，也是人之本性，人之"自利""自谋"，对利的依赖，都是客观的。但是，对利的追求，应该由道德来规范："义者，天地利物之理，而人得以宜"①，即谋利必须合乎"义"。人之利莫大于生，但在王夫之看来，"生以载义，生可贵；义以立生，生可舍"②。可见王夫之虽然重视利的物质基础性，但"重利"的同时更加"贵义"。王夫之认为，义"有一人之正义，有一时之大义，有古今之通义"③，人之求利，不可害义，不以个人之私利而害家国之大义、古今之通义。王夫之进一步提出"义利和合"的观念，"《易》曰：'利物和义'，义足以用，则利足以和。和也者合也。言离义而不得有利也"④，强调义利相依的辩证关系。

　　总起来看，儒家义利观在理论基调上延续了一以贯之的传统。从孔子的"义以为上""义以为质"，到孟子的"舍生取义""王何必曰利，亦有仁义而已矣"，到董仲舒的"正其谊不谋其利，明其道不计其功"，再到朱熹的"存天理、灭人欲"，儒家处理义利关系的基本致思进路是以"义"为本、以"义"制"利"、重"义"轻"利"。即以"义"作为社会普遍、根本的道德规范、价值观念和行为准则，对人的物质利益、物质欲望和感性冲动加以限制与阻遏。因此，在儒家义利观的历史发展中，对"义"的褒扬和对"利"的贬抑始终是相互连接、不可分割的两个方面，而对"义"的褒扬又往往占据上风。在"义"和"利"的天平上，"义"是被看重而倾斜的一方。即便是王夫之的义利辩证统一观，最终也要归结到"古今之通义"的终极原则上。但从总体上看，儒家并不否认

---

① 王夫之：《读四书大全说·第二十章》。

② 王夫之：《尚书引义》。

③ 王夫之：《读通鉴论·卷十四》。

④ 王夫之：《尚书引义》。

和排斥合乎"义"的利欲,"义"与"利"的分割和对立并没有成为儒家义利观的主流。总之,"义以为上",即道义至上,是儒家处理义利关系的根本出发点和原则,是人之为人的安身立命之本,这样的道义论原则和德性追求基本奠定了儒家义利观的文化基调。

三、儒家"义"价值观的当代价值

世界潮流浩浩汤汤,当代中国已经进入传统社会向现代社会转型的快车道。在这一过程中,新旧文化、东西方文化的冲突和融合已经成为常态。继承和发展中华传统文化的精髓,促进传统与现代的交融,是一个关乎中华民族永续发展和伟大民族复兴的重大课题。当前,反思、批判和借鉴儒家文化中的"义"价值观和义利观,推陈出新、古为今用,对于促进我国经济社会的健康发展,促进文化建设和文化内涵的提升,促进人的全面发展,仍具有重要意义。

(一)**市场经济需要"义",发展市场经济必须树立正确的义利观**

目前我国正处在市场经济体制逐步建立、市场经济初步繁荣发展的经济和社会转型阶段。伴随着经济发展剧变而来的是整个社会的价值观念的转变,功利性价值观念和价值取向日益成为社会的主流价值观。在这一过程中,新旧价值观的冲突异常激烈,导致许多人在利益问题上一叶障目、不见森林,甚至在义利关系问题上无所适从。"极左"时代,人们的物质欲望长期被压抑,这种被压抑的物质利益需求一旦被释放,必然导致物欲膨胀,导致功利性价值观念的过度滋长,必然导致唯利是图、见利忘义、损人利己等社会不良现象和不良风气,导致道德虚无主义、拜金主义、享乐主义、利己主义等价值观念的肆意横行。所以,如何树立正确的利益导向、正确处理义利关系、形成与市场经济相适应的价值观念和道德风尚，是一个现实而又严峻的课题。这种情况下，重新审视儒家文化的"义"价值观，挖掘儒家义利观和义利之辨中有价值的理论内容并进行现代性转换，形成义利并重、义利统一的当代义利观，非常有必要，也非常有意义。

在发展社会主义市场经济、建立社会主义市场经济体制的征程中，必须要有正确的利益导向，要引导人们正确对待物质利益，处理好义利关系。时代不同了，要求人们过穷日子还要安贫乐道，是愚不可及；搞禁欲主义，是逆历史潮流而动；搞威权主义，打击压制，是开历史倒车。必须承认，看重物质、崇尚功利是人性使然，是理所当然；民殷国富也是国之大计、大势所趋。另一方面，市场经济追求"利"，即追求利益、利润、效率，利益、利润是经济发展的引擎，是内在动力，没有引擎、动力，市场经济的机器就难以运转。但以经济建设为中心、"兴天下之利"、崇尚功利的政策，不是利益至上，不是唯利是图，不是漠视"义"、违背"义"甚至抛弃"义"。"义"与"利"不可分割，任何"义"，没有"利"为基础，都是虚伪空洞的说教，都难以实现和保障；任何"利"都对应应有的"义"，"义"是"利"的统帅和灵魂。

市场经济追求"利"的同时更需要"义"。市场经济条件下的"义"究竟是什么呢？市场经济条件下的"义"，一是市场经济自身发展的规则和要求，二是国家的法律法规和法制秩序，三是社会的基本道德要求以至于国家和民族大义。没有这些"义"来校准经济发展方向，为市场经济保驾护航，市场经济就难以健康发展，公平公正的市场竞争环境就难以建立起来，市场经济秩序也就难以维护。所以，个人、企业可以"尚利"，但不可以"无义"。儒家所谓"义者，宜也"，在当下的市场经济中，就是于经济规则适宜、于国家法度相宜、于社会道德合宜，这是市场经济的应有之"义"、必守之"义"。个人、企业等市场经济主体，要学会"正义谋其利，明道计其功"。不义之财、不当得利、见利忘义、唯利是图，不公平竞争，等等，终不得长久，最终都会因小失大、引火上身、义利两失。

　　所以，市场经济条件下，人们更应重规则、讲法治、守道义，要"尚利贵义"，"取之有义"，"见利思义"，"见得思义"，甚至义利兼顾、义利双成。特殊情况下，为了国家利益和民族大义，要重义轻利，可以"义然后取"，甚至可以"怀义去利"，牺牲个人或团体的局部或短期利益。建设中国特色社会主义，要坚持物质文明和精神文明要两手抓，两手都要硬，邓小平的这个论断人们耳熟能详。这个论断运用到市场经济中，就是要处理好义利关系，坚持义利统一，树立正确的义利观。

　　（二）社会全面发展需要"义"，要重视"义"的价值引领功能

　　一个社会的全面发展，不仅要有雄厚的物质基础，更要有一套行之有效的精神和文化系统，尤其需要正确的价值观念，去引导、激励、规范、调整社会成员的行为，形成对道义的认同和对理想的追求，形成社会发展的凝聚力和向心力。在社会共同生活上，儒家义利观关注利义合宜的利益分配制度，主张以义制利、义利和合；在个体价值选择上，儒家义利观关注个体对规则的自觉遵循与自得自足，主张以义为利、以义取利。这样的价值取向塑造了中国传统社会的价值观念，对于现代社会的价值观塑造和价值引领仍有积极的借鉴意义。

　　现阶段，我们已经确立了政治、经济、文化、社会、生态五位一体的经济建设和社会发展格局，这就更需要与之相应的价值观体系。社会主义核心价值观就是这样的价值观体系，就是社会发展的"义"，是现代化的价值体系建构。按照普遍的理解，社会主义核心价值观包含国家、社会、个人三个层面的价值导向和价值目标，每个层面的价值内涵都可以从"义"的视角进行认识和理解。"富强、民主、文明、和谐"，是国家民族大义之圭臬；"自由、平等、公正、法治"，是社会正义之指针；"爱国、敬业、诚信、友善"，是人之为人的道义之必然。国家富强、民主、文明、和谐，这是全民族之利，是最大的利、最高的义，是王夫之所谓的"古今之通义"；社会自由、平等、公正、法治，是对一个公平正义的理想社会的追求，是现代社会发展应有之"义"；爱国、敬业、诚信、友善，则是对每一个公民提出的最基本的道德和价值规范，也是行为标准，是人之为人的"道义"所在。

实际上，这二十四字的社会主义核心价值观，为全体公民提出了十二个方面的价值观念、价值导向和价值引领，这些都需要我们每个公民在现实生活和工作中去践行、去落实。其中很多价值观念都涉及"义"和"利"，也必然涉及义利关系的处理。如"富强"，国家的富强，这是国家发展的价值目标，是一个价值结果，它需要转化为价值追求和创造过程，需要每一个人努力工作，各尽所能，加入发展经济、建设祖国的行列中去。实现"国家富强"无疑是一个"求利"的过程，在这个过程中，不同的利益主体有不同的利益诉求，多种利益互相缠绕、互相碰撞，这就需要建立科学合理的利益分配制度和利益协调机制，要正确处理好国家、集体、个人的利益关系。这一过程其实就是在践行"义"的要求，其中包括爱国、敬业、诚信、奉献，以及奉公守法、公平竞争、自由平等、和平相处等。

（三）文化建设和文化发展需要"义"，要弘扬"义"的人文精神

儒家思想的发展和影响跨越了两千多年，"义利之辨"成为中国古代

一个有生命力的哲学主题和文化议题。儒家一贯主张"义以为上""义然后取"、义利和合的思想，主张"杀身成仁""舍生取义"的超越物质利益的价值立场，始终将"义"作为坚定的德性立场和价值导向，作为人之为人的安身立命之本和不懈的精神追求，这深刻影响了中国的传统文化和人文精神，塑造了中国传统社会的士人理想和君子人格。现代中国文化的发展和文明的进步，应该批判继承儒家的"义"价值观，弘扬"义"的人文精神。

"义者，宜也"。"义"就是道德上的应当，行动上的确当，价值上的正当，就是做应该做的事情，力戒见利忘义，切忌不义之行。每个人心中有信义，才能在思想和道德上自觉自省，在行动上自我约束。在现代社会，"义"既可以看成道德原则，又可以视为法律规范。冯友兰先生指出，"义"是法治的内理，"义是事之'宜'，即'应该'，它是绝对命令。社会中的每个人都有一定的应该做的事，必须为做而做，因为做这些事在道德上是对的。如果做这些事只出于非道德的考虑，即使做了应该做的事，这种行为也是不义的行为。"① 在现代社会，如果能弘扬"义"的精神内核，遵从"义"，弘扬"义"，那必将助力于法治社会建设，有利于形成中国特色的法治文化。

"义"在中国传统文化中，是士人理想和君子人格的核心。是做"义以为上"、重义轻利的君子，还是做"放于利而行"、见利忘义的小人，区别就在一个"义"字上，这是中国文化人格的一个永恒的选择题。孔子"不义而富且贵，于我如浮云"的淡泊名利，孟子"富贵不能淫，贫贱不能移，威武不能屈"的浩然之气，欧阳修"不以物喜、不以己悲"

---

① 冯友兰：《中国哲学简史》，涂又光译，北京大学出版社，1985，第49页。

的通透豁达，范仲淹"先天下之忧而忧，后天下之乐而乐"的天下情怀，文天祥"人生自古谁无死，留取丹心照汗青"的正气凛然，是传统士人理想和君子人格的生动写照，是中华民族宝贵的文化遗产和精神财富。在义与利的天平上，物质利益和感性欲求总是向天理正义、道德理想倾斜，多少志士仁人，总能超越物质利益和感性欲求的纠葛，追求精神的富足与心灵的自由。这样的文化特质和文化底蕴，对中国人的影响是深刻的，也必将是长远的。

在实现中华民族伟大复兴的征程中，人民对丰富多彩的文化生活的需求越来越迫切，我们也越来越感受到文化建设的重要性。文化建设必须坚持古为今用、洋为中用的原则，不能割裂传统与现代的关系。过去的一百多年，我们向西方学习和借鉴的很多，但却忽视了自己的传统文化。有些阶段，如"文革"十年，传统文化还遭受过摧残和破坏，为此我们曾经付出了沉重的代价。直到当下，我们对传统文化的重视依然是远远不够的。这种状况必须扭转，否则，不可能达到真正的文化自信、理论自信，不可能全面建设现代文化，提升文化的内涵。

参考文献

▲ 著作类

[德] 马克思、[德] 恩格斯:《马克思恩格斯文集》(1～10 卷),人民出版社,2009。

[德] 马克思:《1844 年经济学哲学手稿》,人民出版社,2000。

毛泽东:《毛泽东选集》(1～4 卷),人民出版社,1995。

张岱年:《文化与哲学》,中国人民大学出版社,2006。

张岱年、方克立:《中国文化概论》,北京师范大学出版社,2004。

林语堂:《孔子的智慧》,长江文艺出版社,2015。

杨伯峻:《论语译注》,中华书局,2015。

袁贵仁:《价值观的理论与实践:价值观若干问题的思考》,北京师范大学出版社,2006。

袁贵仁:《价值学引论》,北京师范大学出版社,1991。

李连科:《价值哲学引论》,商务印书馆,1999。

李德顺:《价值论》,中国人民大学出版社,2007。

王玉樑:《当代中国价值哲学》,人民出版社,2004。

王玉樑：《邓小平的价值观》，陕西人民出版社，1995。

梁漱溟：《东西文化及其哲学》，商务印书馆，1999。

梁漱溟：《中国文化要义》，上海人民出版社，2005。

王葎：《价值观教育的合法性》，北京师范大学出版社，2009。

晏辉：《现代性语境下的价值和价值观》，北京师范大学出版社，2009。

陶德麟、汪信砚：《马克思主义哲学的当代视域》，人民出版社，2005。

潘维、玛雅：《聚焦当代中国价值观》，三联书店，2008。

黄凯锋：《当代中国价值观研究新取向》，学林出版社，2007。

朱谦之：《文化哲学》，商务印书馆，1999。

许苏民：《文化哲学》，上海人民出版社，1990。

李鹏程：《当代文化哲学沉思》，人民出版社，1994。

霍桂桓：《文化哲学论稿》，中国社会科学出版社，2007。

宋惠昌：《社会主义核心价值观专题解读》，中共中央党校出版社，2010。

黄楠森：《马克思主义哲学史》，高等教育出版社，2002。

冯友兰：《中国哲学简史》，涂又光译，北京大学出版社，1985。

邹广文：《当代文化哲学》，人民出版社，2007。

司马云杰：《文化价值论》，陕西人民出版社，2003。

孙美堂：《文化价值论》，云南人民出版社，2005。

蔡俊生、陈荷清、韩林德：《文化论》，人民出版社，2003。

冯天瑜、杨华：《中国文化发展轨迹》，上海人民出版社，2000。

何萍：《马克思主义哲学和文化哲学》，武汉大学出版社，2002。

李宗桂:《中国文化导论》,广东人民出版社,2002。

程裕祯:《中国文化要略》,外语教学与研究出版社,2003。

何兆武:《中西文化交流史论》,湖北人民出版社,2007。

刘登阁:《全球文化风暴》,中国社会科学出版社,2001。

苏国勋、张旅平、夏光:《全球化:文化冲突与共生》,社会科学文献出版社,2006。

庄锡昌等:《多维视野中的文化理论》,浙江人民出版社,1987。

陈胜云:《文化哲学的当代发展》,江西人民出版社,2007。

杨善民、韩锋:《文化哲学》,山东大学出版社,2002。

郑杭生:《中国特色社会学理论的探索》,中国人民大学出版社,2005。

李秀林等:《辩证唯物主义和历史唯物主义》,中国人民大学出版社,2004。

周宪:《中国文学与文化的认同》,北京大学出版社,2008。

陈树林:《文化哲学的当代视野》,人民出版社,2010。

阮青:《价值哲学》,中共中央党校出版社,2004。

孙隆基:《中国文化的深层结构》,中信出版社,2015。

[加] 梁鹤年:《西方文明的文化基因》,生活·读书·新知三联书店,2014。

[英] 马林诺夫斯基:《文化论》,费孝通译,中国民间文艺出版社,1987。

[英] 彼得·沃森:《20世纪思想史》,朱进东等译,上海译文出版社,2008。

[德] 蓝德曼:《哲学人类学》,彭富春译,工人出版社,1988。

[德]李凯尔特:《文化科学和自然科学》,涂纪亮译,商务印书馆,1986。

[德]恩斯特·卡西尔:《人论》,甘阳译,上海译文出版社,2004。

[美]本尼迪克特:《文化模式》,张燕、傅铿译,浙江人民出版社,1987。

[美]丹尼尔·贝尔:《后工业社会的来临》,商务印书馆,1984。

[美]塞缪尔·亨廷顿、[美]劳伦斯·哈里森:《文化的重要作用——价值观如何影响人类进步》,程克雄译,新华出版社,2010。

[美]克利福德·格尔茨:《文化的解释》,韩莉译,译林出版社,1999。

[美]杰里·D.穆尔:《人类学家的文化见解》,欧阳敏等译,商务印书馆,2009。

[日]牧口常三郎:《价值哲学》,马俊峰、江畅译,中国人民大学出版社,1989。

▲论文类

张岱年:《中国古典哲学的价值观》,《学术月刊》1985年第7期。

张岱年:《中国文化的基本精神》,《齐鲁学刊》2003年第5期。

张岱年:《传统文化与现代化》,《北京大学学报(哲学社会科学版)》1989年第3期。

张岱年:《论价值与价值观》,《中国社会科学院研究生院学报》1992年第6期。

袁贵仁:《关于价值与文化问题》,《河北学刊》2005年第1期。

袁贵仁:《价值概念的语义分析》,《社会科学辑刊》1991 年第 5 期。

袁贵仁:《价值观念与价值认识——兼论价值真理概念的科学性》,《人文杂志》1987 年第 3 期。

袁贵仁:《价值观念研究与价值学的发展》,《哲学研究》1992 年第 9 期。

袁贵仁:《价值观研究中的几个问题》,《人文杂志》1998 年第 1 期。

李德顺:《关于社会主义核心价值观的几个问题》,《上海党史党建》2007 年第 7 期。

李德顺:《关于价值与核心价值》,《党政干部学刊》2008 年第 3 期。

李德顺:《关于价值学的几个理论问题》,《人文杂志》1992 年第 5 期。

李德顺:《李德顺谈当代中国人的价值观念》,《中华儿女（海外版）》1996 年第 1 期。

李德顺:《关于文化、先进文化及其前进方向》,《思想政治工作研究》2004 年第 4 期。

李德顺:《价值观的"主流"与"边缘"》,《人民论坛》2010 年第 3 期（上）。

李连科:《对价值观念变革的评估》,《中国社会科学》1994 年第 3 期。

李连科:《关于价值、价值评价与科学认识》,《学习与探索》1985 年第 3 期。

李连科:《价值哲学在中国》,《求是学刊》2000 年第 6 期。

邹广文:《论改革开放中的文化价值冲突》,《求是学刊》2001 年第 3 期。

陈科华:《诚信如何可能——儒家诚说的意蕴》,《伦理学研究》2004 年第 6 期。

王晓晖:《积极培育和践行社会主义核心价值观》,《求是》2012 年第 23 期。

汪信砚:《普世价值·价值认同·价值共识——当前我国价值论研究中三个重要概念辨析》,《学术研究》2009 年第 11 期。

汪信砚:《全球化中的价值认同与价值观冲突》,《哲学研究》2002 年第 11 期。

王锐生:《社会转型、文化转型与文化自觉》,《中共合肥市委党校学报》2002 年第 3 期。

邹广文:《寻求文化价值与时代视野的融合》,《理论学刊》1996 年第 4 期。

刘奔:《从历史观的高度研究哲学价值论——一个并非可有可无的"旧话重提"》,《求是学刊》2000 年第 6 期。

荆学民:《文化哲学三形态检讨》,《求是学刊》2000 年第 4 期。

李小娟:《新世纪中国文化哲学的发展趋势》,《哲学动态》2002 年第 12 期。

洪晓楠:《文化哲学研究的回顾与展望》,《哲学动态》2000 年第 12 期。

崔新建:《文化认同及其根源》,《北京师范大学学报(社会科学版)》2004 年第 4 期。

刘敏中:《文化模式论》,《学习与探索》1989 年第 4—5 期。

孙伟平:《文化价值冲突及其调适》,《湖南师范大学社会科学学报》2002 年第 6 期。

马捷莎:《对我国社会转型期价值观建构几个关系的思考》,《湖南社会科学》2007 年第 2 期。

杨冬雪、王列:《关于全球化与中国研究的对话》,《当代世界与社会主义》1998 年第 3 期。

唐文清、张进辅:《中外价值观研究述评》,《心理科学》2008 年第 3 期。

任洁:《"文化热"的唯物史观透视》,《江西社会科学》2005 年第 12 期。

余晓慧、张禹东:《文化认同的世界历史语境》,《东南学术》2011 年第 2 期。

李志祥:《科学发展观中"以人为本"思想的价值论解读》,《理论探讨》2008 年第 3 期。

石松云:《社会主义核心价值观建构的理论意义和实践价值》,《新课程研究》2008 年第 7 期。

李荣海:《市场经济条件下价值观建构的视角指向》,《道德与文明》1995 年第 5 期。

张晓虎:《论价值观念与文化的建构》,《陕西教育学院学报》2000 年第 11 期。

罗玉达:《论社会转型期的主导价值观建构》,《贵州大学学报》1997 年第 3 期。

汪田霖、吴忠:《全球化与文化价值观》,《学术研究》2002 年第 2 期。

刘芳:《全球化时代的价值认同》,《甘肃理论学刊》2004 年第 9 期。

黎永泰:《十年来中国文化价值观与社会的变迁》,《四川大学学报》1989 年第 2 期。

张传平:《市场逻辑与文化价值观念的建构》,《学海》2006 年第 2 期。

姚秋杰:《试论社会主义现代价值观建构》,《新长征》1999 年第 5 期。

戴安良：《试论文化价值观对构建和谐社会的作用与影响》，《理论探讨》2009 年第 5 期。

郑伟：《文化建构与价值观建构》，《马克思主义与现实》1995 年第 4 期。

王中汝：《社会主义核心价值观与当代中国的文化发展》，《科学社会主义》2010 年第 6 期。

张晓虎：《文化意识的二重性与价值观念的传承、建构》，《学术交流》2004 年第 12 期。

吴群芳：《新时期价值观建构的方法论浅析》，《新时代论坛》1997 年第 3 期。

韩华：《改革开放以来社会主义价值观研究综述》，《思想理论教育导刊》2005 年第 12 期。

宋修岩：《改革开放以来中国社会价值观研究进展》，《山东教育学院学报》2005 年第 3 期。

罗燕明：《中国主流价值观研究：一种理论探讨》，《当代世界社会主义问题》2006 年第 1 期。

王学玉：《全球化与国家、民族文化的发展前景》，《文史哲》2000 年第 6 期。

闫顺利、敦鹏：《中华民族文化认同的哲学反思》，《阴山学刊》2009 年第 2 期。

周安伯：《文化转型的哲学观照》，《唯实》1999 年第 1 期。

张健明：《论主导价值观建构的三个基本视角》，《求实》2004 年第 5 期。

余超文：《葛兰西文化领导权思想与社会主义核心价值体系》，《理论界》2009 年第 9 期。

丁琴海:《论全球化时代的文化认同》,《国际关系学院学报》2009 年第 2 期。

李燕:《文化全球化：文化冲突与和谐发展》,《山东师范大学学报（人文社会科学版）》2010 年第 6 期。

王娟:《社会主义核心价值观研究综述》,《理论导报》2008 年第 8 期。

隋丽娟:《历史上的三次文化高潮》,《黑龙江社会科学》2003 年第 4 期。

李昕:《文化全球化语境下的文化产业发展与非物质文化遗产保护》,《西南民族大学学报 (人文社科版)》2009 年第 7 期。

方章东、侯惠勤:《文化整合与社会主义核心价值观》,《安徽大学学报（哲学社会科学版）》2009 年第 3 期。

蒙培元:《张岱年的中西哲学观及其"综合创新论"》,《北京大哲学社会科学版)》2004 年第 5 期。

曹挹芬、曾长秋:《新媒体时代促进社会主义核心价值观民众认同的探讨》,《中南大学学报（社会科学版）》2014 年第 6 期。

张小飞、陈莉:《新媒体时代文化生态的嬗变与社会核心价值观传播策略》,《理论视野》2013 年第 6 期。

韩星:《儒家诚信思想与社会主义诚信价值观的构建》,《当代中国价值观研究》2018 年第 1 期。

李祥俊:《儒家义利之辨的概念含义、问题层次与价值取向》,《学习与实践》2019 年第 1 期。

后 记

文化哲学是比较后起的研究领域，其中很多问题还在不断探讨和争论，而从文化哲学视角对价值观所进行的研究也相对较少，再加上本人学识、能力和水平所限，使得本书的研究在诸多方面不够深入，甚至是浅尝辄止，所以从博士毕业直到今天，很多问题仍在脑海中萦绕，可谓初心难忘。当初确曾神往过披荆斩棘、独辟蹊径，但一路走来却跟跄磕绊，勉强留下几个深浅不一的脚印。鲁迅先生曾说，地上本没有路，走的人多了，也便成了路。我想，即便走的人不多，如若耐得住寂寞，不间断地去走，也能辟出一条曲径，赏鉴几树繁花。所以，这几年来写的文章和做的课题，都没有偏离那条初心小路。

本书是在我的博士论文基础上，结合近几年的教学和相关课题研究修改而成的。书稿付梓之际，不禁忆起当年的求学时光，怀想起那些可敬的师长和难忘的同窗。特别是我的导师张禹东教授，他对我这个工作多年重返校园的"老"学生关怀备至，谆谆教诲常响耳畔，学者风范时现心田。如今张老师虽已退休，却退而不休，继续为教育事业无私奉献。遥祝张老师身体健康，生活幸福！

　　感谢我的家人特别是我的妻子一直以来对我求学和工作的支持。想当年，曾经工作十几年的我放弃原有工作从头再来，颇历曲折和艰难，没有家人的理解和无私支持是无力支撑的。悠忽又一个十几年过去，当初陪我南征北战的儿子从懵懵懂懂的少年变成英姿勃发的青年，已走进了大学校园，希望他珍惜多姿多彩的大学时光，健康成长，努力创造属于自己的青春记忆！

　　本书的出版承蒙福建工程学院的鼎力相助，从书稿修订到出版事宜，我的同学、福建工程学院马克思主义学院袁小云教授都付出了许多心血和努力；九州出版社的郭荣荣主任和邹婧编辑为本书的出版提出了许多宝贵意见，付出了辛勤劳动。在此向诸位致以崇高的敬意和诚挚的谢忱！

王现东

2019 年 6 月于济南

附录：博士论文后记

作后记，随俗总要追忆和感恩一番，想来也很有必要，这俗其实断不能免，因为我们毕竟乃俗世之人，至少要记得自己如何来、如何去。踏上读研读博之路如今已六年，这条路，坎坎坷坷走来时还常感漫长，及至终点，始觉时光之飞逝，岁月之无情。光阴荏苒春秋度，发已疏兮鬓将白。恍然间自己已年届不惑！回想当初，自己不顾亲朋好友的反对抑或质疑，毅然决然放弃原有工作踏上这条路，颇有几分豪情、几分悲壮。为何要做如是选择？彼时理由似乎很充分。此间想来，为实现昔年之理想也罢，为摆脱俗世之牵累也罢，为逃避烦厌之工作也罢，种种理由，似乎都不足为要了！重要之处在于，自己想走且已经走过的这段路程将向何处延伸？人生的下一段路程将如何走过？这远比做一篇博士论文复杂、现实的多。

应该说，能在华侨大学这座著名的华侨高等学府读博是我的幸运。攻读博士学位的三年，自己不敢稍有懈怠，唯恐努力不够。稍感欣慰的是，三年来，自己在思想品德、专业理论、学术素养、情感志趣等方面都还有些进步和收获。成绩之取得离不开学校的培养、老师的教诲、同学的关爱、亲友的支持和期望。这里首先要特别衷心感谢我的导师张禹东教授在我学业、生活、求职等各方面给予的关怀、指导和照顾；衷心感谢杨楹教授、许斗斗教授、黄海德教授、王四达教授、王福民副研究员、林壮青副教授、吴苑华副教授、张世远副教授等诸位师长的辛勤教诲和指导；感谢赵琰博士在论文送审、答辩期间给予的支持和付出的辛劳。

三年里，我与同学卢坤、袁小云、王玲莉、刘子瑛、杜早华等朝夕相处，学业上互帮互助，生活上互相关心，情同兄弟姐妹，彼此间结下了深厚友谊。衷心感谢诸位同窗挚友给予我无私的帮助和关爱！

衷心感谢我硕士阶段的导师、新疆师范大学的马风强教授对我学业的一贯支持、鼓励和关注！

特别感谢中国社会科学院的两位专家：李景源研究员（毕业论文答辩委员会主席）和魏小萍研究员。感谢他们百忙之中不辞辛劳莅临华侨大学主持我们的论文答辩，感谢他们在答辩过程中提出的宝贵意见和给予的无私教诲！

最后要衷心感谢我的家人和亲友给予我的支持和厚望。时时想起我远在家乡的年过花甲的老母亲，我不但无力奉养，却狠心让她老人家一人独守故土家园，真真枉为人子！我的岳父母操劳一生，如今退休赋闲，本该颐养天年，却也不得不为我的事情操心费神。感谢我的妻子王丽，是她的包容、贤惠、辛劳和奉献让我得以毫无后顾之忧地完成六年学业。她是职业女性，在单位是白衣天使，兢兢业业；在家里是贤妻良母，相夫教子。多年以来，她一直默默坚守，陪我南征北战，辛勤操持着一切。而作为丈夫，我却没能让她享受她本该享受的生活，内心深感愧疚。感谢我的爱子翼通，这六年正好是他读完小学的六年，本该无忧之童年却在东奔西走中陪我度过，他的懂事和健康成长足慰我心！

是为后记。

王现东

二〇一二年六月二日于厦门集美学村租居处